Über dieses Buch

»Danke, dass Sie zu diesem Buch gegriffen haben. Jetzt möchten Sie sicher wissen, was es bietet. Sie können ›Das große Buch der Farben‹ als unterhaltsame und faktenreiche Vorstellung aller Farben fortlaufend lesen. Dabei werden Sie Hinweise und Tipps zur Nutzung jeder Farbe im Alltagsleben finden. Die mythologische und symbolische Bedeutung dieser Farbe wird hier ebenso dargestellt wie ihre psychologische Seite, die betrachtet, wie die Farbe wirkt und für Heilzwecke angewendet werden kann. Außerdem werden Sie spielerisch in die Farbenlehre und einige physikalische Fakten der Farben eingeführt, soweit diese für unseren alltäglichen Umgang mit Farben notwendig sind.

Wer malen möchte, findet jeweils die wichtigsten Pigmente der Farbe und Hinweise auf bekannte Maler, Malschulen und Gemälde.

Sie können dieses Buch auch als Nachschlagewerk benutzen: Im ersten Kapitel finden Sie eine kurze Einführung in die Farbenlehre. Falls Sie an diesen allgemeinen Grundlagen der Farben nicht interessiert sind, können Sie das Kapitel ›Wie Farben wirken‹ überschlagen.

Danach folgen die einzelnen Farben. Jede Farbe wird nach der gleichen Struktur vorgestellt, so dass Sie keine Mühe beim Suchen haben. Zu Beginn des Kapitels über die Farbe finden Sie einen Steckbrief, in dem stichwortartig die wichtigsten Informationen zur betreffenden Farbe gegeben werden.

Ich wünsche Ihnen farbenfrohe Ein- und Aussichten!«

Klausbernd Vollmar

Über den Autor

Klausbernd Vollmar, Diplompsychologe und Autor, wurde 1946 vor den Toren Kölns geboren. Studium der Germanistik, Linguistik, Philosophie und Geowissenschaften, Lektor des Goethe-Instituts in Finnland, Forschungsstipendiat des Canada Council und Lehrauftrag an der McGill University/Montreal. Zweitstudium der Psychologie. Leiter eines Therapiezentrums in Amsterdam, längere Aufenthalte in Findhorn und Nepal. Mitbegründer der Internetfirma TraumOnline. Vollmar lebt in England und hält seit Jahren Seminare und Vorträge. Er führt Einzel- und Firmenberatungen sowie Team-Coachings durch. Seine Bücher sind in mehr als fünfzehn Sprachen übersetzt. Er ist häufig im Radio zu hören und im Fernsehen zu sehen.

Weitere Informationen unter *www.kbvollmar.de* und *www.traumonline.eu*.

Inhalt

Am farbigen Abglanz haben wir das Leben.

Faust, Teil II

Einführung

*Nicht nur unser Herz und unsere Gefühle,
auch das Denken ist notwendig,
um die Farbe erleben zu können.*

(Liane Collot d'Herbois,
Begründerin der anthroposophischen Farbtherapie)

Farbe bewusst erkennen und erleben

Sind Sie ein bunter Vogel? Oder gehören Sie zu den Graugekleideten oder den Schwarzfans?

Die Farbzusammenstellung Ihrer Kleidung ist keineswegs zufällig. Es kommt auf Ihren persönlichen Geschmack an, auf die herrschende Mode, darauf, ob Sie einer bestimmten Szene angehören, und nicht zuletzt auf Ihre Stimmung. Die Farben, die Sie zeigen, sind Ihre optische Visitenkarte. Mit ihnen teilen Sie sich der Umwelt mit. Mit Ihren Farben setzen Sie eine optische Marke wie mit Ihrem Parfüm eine Duftmarke.

Farben sind eine der Ursprachen der Welt. Wir teilen uns durch Farben mit und verstehen die Signale, die unsere Umwelt durch Farben aussendet. Wer Farben versteht, versteht mehr von der Welt. Obwohl Farben uns überall begegnen – es gibt in unserem Universum keine farblose Welt –, beschäftigen wir uns wenig mit ihnen. Goethe dagegen sah in der Kenntnis der Farbwirkung einen Schlüssel zum Verstehen des Lebens. So lässt der Dichter seinen Helden Faust zu Beginn des zweiten Teils der Tragödie ausrufen: »Am farbigen Abglanz haben wir das Leben.«

Farbe ist eine Energie, die Stimmungen erzeugt. Wer geschickt mit Farben umgeht, der kleidet sich vorteilhaft, schafft sich eine beflügelnde Wohnatmosphäre, kann Werbung einschätzen und achtet auch beim Essen auf die Farbe. Wer Farben kennt, erlebt nicht nur bewusster und sinnlicher, sondern auch sinn–voller.

■ Farben gehören zum Leben

Das weite Spektrum der Farben mit seinen vielen Nuancen wirkt auf die Gefühle und unser Wohlbefinden. Farben sprechen unmittelbar tiefe Seelenschichten an. Die Maler mittelalterlicher Altargemälde wussten das ebenso wie die Gestalter der Glasfenster der gotischen Kirchen und die Schöpfer der tibetischen Mandalas. Wenn bereits Goethe zu seiner Zeit die *Farbe als Schlüssel* zum Verständnis der Welt ansah, was sollen wir da erst in unserer heutigen bunten Medienwelt sagen?

So ist es nicht verwunderlich, dass ein Großunternehmen wie die Dresdner Bank einen ganzen Stab hoch bezahlter Fachleute anstellte, die ein Grün als Farbe dieser Großbank auswählten, das dem Kunden vom Kontoauszug bis zur Leuchtreklame begegnet. Grün vermittelt dem Kunden die Sicherheit, dass sein Geld gut aufgehoben ist. Dafür kommt es genau auf den richtigen Farbton an. Das Grün durfte zum Beispiel keineswegs an die Grünen oder andere Öko-Richtungen erinnern.

Jede Farbnuance besitzt ihre eigene Schwingung und wirkt unterschiedlich auf den Menschen. Die genaue Farbwahrnehmung lässt uns den Alltag sinnlicher erleben und gestalten. Heilungsprozesse kann man mit Farben unterstützen – ohne Nebenwirkungen – und die psychische Verfassung eines Menschen an seinen Farbvorlieben erkennen.

Newtons Farbenkreis

Wie Farben wirken

*Die Farbe ist der Ort, wo unser Gehirn
und das Weltall sich begegnen.*

(Paul Cézanne)

Farben wirken auf allen Ebenen: körperlich, geistig und seelisch. Wie kann
man diese Wirkungen erklären?

■ Physikalische Eigenschaften und physiologische Prozesse

Farbe ist ein Sinneseindruck, der entsteht, wenn Licht mit Wellenlängen
zwischen etwa 300 und etwa 700 Nanometern auf die Netzhaut des Auges
fällt. Das Licht, eine farblose Energiestrahlung, veranlasst spezielle Sinnes-
zellen im Auge zu einer Nervenerregung, die zum Gehirn geleitet wird und
dort auf bisher weitgehend ungeklärte Weise als Farbe ins Bewusstsein des
Menschen tritt.

Die Brechung des Lichts in prismatische Farben wurde erstmals von Sir
Isaac Newton (1643–1727) beschrieben. Er erklärte, dass der Brechungsindex
(das Maß der Brechung) von der Farbe des Lichts abhängig ist. Deswegen liegen die Farben im Regenbogen wie bei anderen prismatischen Brechungen
nebeneinander statt »ineinander« wie beim weißen Licht. Newton untersuchte
ferner Interferenzerscheinungen, die entstehen, wenn zwei oder mehrere Farbschwingungen sich überlagern, woran unser heutiger Begriff »Newton'sche
Ringe« noch erinnert. 1704 erschien sein Werk »Opticks«, das den Beginn der
wissenschaftlichen Beschäftigung mit dem Phänomen des Lichts und der Farbe darstellte. Die Anordnung der Farben im Farbenkreis zur Verdeutlichung
der logischen Farbbeziehungen stammt ebenfalls von Newton und fand viele
Nachahmer von Goethe bis zum Bauhaus.

Das Auge kann den Schwingungsbereich des Lichts von etwa 400 bis 700
nm wahrnehmen (1 Nanometer, abgekürzt nm, entspricht dem Milliardstel
eines Meters: 1 nm = 10^{-9} m). Trifft Licht aus diesem Schwingungsbereich auf
unser Auge, wird das Licht durch die Linse u. a. auf die Zapfen (Sehzapfen)
der Netzhaut geleitet. Dort fällt es auf die Rezeptoren für die Farbwahrnehmung. Diese geben über den Sehnerv die Information an das Gehirn weiter.

Die entsprechende Farbschwingung wird »eingelesen« und die Vorstellung der bestimmten Farbe im Betrachter erzeugt.

Farbe wirkt über das Gehirn direkt auf die Energie des Menschen. Durch entsprechende Farbwahl können auf diese Weise Blockaden gelöst werden. Die Energie kann wieder frei fließen. Wir fühlen uns gut, leicht und beschwingt.

Albert Einstein (1879–1955) gelang es, anknüpfend an Max Planck (1858–1947), die Doppelnatur des Lichts nachzuweisen, indem er Licht sowohl als Korpuskel (kleine Teilchen) als auch als Welle erkannte. Farbe wirkt nicht nur gemäß dem Wellenmodell auf den menschlichen Körper, sondern auch direkt materiell nach dem Korpuskelmodell. Dies ist eine weitere mögliche Erklärung, warum Farben, die wir nicht sehen, auf uns wirken.

■ Psychologische Wirkungen

Farben wirken auf unsere psychische Gesundheit. Sie sind Nahrung für Seele und Sinne. Alle Sinneswahrnehmungen haben Einfluss auf unsere Gefühle, im besonderen Maße die Farben. Wir verknüpfen Gefühle mit Farben: Mit Rot würden Sie beispielsweise niemals eine depressive Stimmung verbinden. Farben lösen automatisch unbewusste Reaktionen und Assoziationen aus (die teilweise archetypisch, d. h. angeboren und deswegen grundlegend sind):

- Blau beruhigt
- Rot wirkt anregend bis aggressiv
- Gelb hemmt Ängste

Farben sind somit wesentlich für unser Wohlbefinden. Kommt ein Gestresster in einen roten Raum, wird er noch angespannter, während er in einer blauen Farbumgebung zunehmend ruhiger wird.

Leuchtende Farben erhöhen die Wachsamkeit und sind deswegen dort sinnvoll, wo vor Gefahren gewarnt werden soll. Blau- und Grüntöne dagegen eignen sich für Räume, in denen wir uns entspannen möchten, beispielsweise für Badezimmer.

Die mentale Reaktion auf Farben haben besonders die Architekten und Schlossbaumeister seit dem Barock studiert. Es zeigte sich, dass die Farbe einen erheblichen Einfluss auf die Raumwirkung ausübt. Ein roter Raum wirkt zum Beispiel kleiner als ein blauer. Möchte man eine niedrige Decke optisch heben, kann das mit einem hellblauen Anstrich geschehen, wohingegen ein dunkelblauer Anstrich die Decke optisch niedriger erscheinen lassen würde.

■ Wir sehen nicht alle gleich

Wir sehen, was unserem Bewusstsein entspricht, d. h., was wir sehen wollen. Das Auge sieht nicht unschuldig, wie es etwa der englische Maler John Ruskin (1819–1900) verkündete. Das Auge sieht aktiv – es gestaltet die Wahrnehmung mit. Zu jeder Farbe haben wir bewusst oder unbewusst eine Meinung, die abgerufen wird, wenn wir die Farbe sehen. Bei Blau denkt jeder (in unserer Kultur) zunächst an Wasser und Himmel, bei Rot an Liebe und Wärme und bei Gelb an Licht und Kommunikation. Untersuchungen am Bauhaus fanden heraus, dass dies archetypisch ist.

Zu emotionalen Reaktionen des Menschen auf Farben liegen viele Untersuchungen vor. Bei ihnen wandte man sich oft dem Phänomen der Lieblingsfarbe zu und fand übereinstimmend heraus, dass die meisten Menschen Blau (etwa 40 Prozent) vor Rot (etwa 20 Prozent) und Grün (etwa 10 Prozent) bevorzugen, während sie Braun, Violett und Orange klar ablehnen.

Grundlagen

Jede Farbe weist drei Dimensionen auf
- Farbton
- Helligkeit
- Sättigung

Farben dienen der
- Kommunikation
- Tarnung
- Warnung
- Anziehung

Mit geschicktem Farbeneinsatz kann man
- Erwartungen erzeugen
- Gefühle auslösen
- eine Mitteilung übermitteln, was weitgehend in der Werbung genutzt wird

Grundsätzlich gibt es Körperfarben und Lichtfarben. Die Farbe von Materialien und Gegenständen nennt man Körperfarbe. Lichtfarben sind farbige Lichter und materiell nicht fassbar, z. B. die Farben des Regenbogens oder die Bildschirmfarben. Lichtfarben besitzen etwas Leichtes, Durchsichtiges, während Körperfarben einen materiellen und dichten Eindruck vermitteln.

Lichtfarben entstehen durch selbstleuchtende Körper wie die Sonne, Bildschirme (Fernsehen und Computer), fluoreszierende Zifferblätter oder eine gefärbte Glühbirne (Bühnenlicht). Sie sind uns von der prismatischen Brechung sowohl in Kristallen als auch im Regenbogen bekannt, wobei im Regenbogen die Wassertröpfchen als Prisma wirken. Goethe stellte in seiner Farbenlehre fest, »dass die prismatischen Farben viel lebhafter sind als die Farben der Fläche, worauf man sie fallen lässt« (Goethe, J. W. v.: Die Farbenlehre [in drei Bänden, hg. von Rudolf Steiner]. Verlag Freies Geistesleben, Stuttgart 1984, S. 220).

Bei den Körperfarben beginnt die bunte Welt mit den Primärfarben Rot, Gelb und Blau. Diese Farben können nicht aus anderen gemischt werden, sondern alle anderen bunten Körperfarben entstehen durch Mischung dieser drei Grundfarben. Bei den Druckfarben sind die Grundfarben Cyan (Blaugrün), Magenta (Purpurrot) und Yellow (Gelb).

Es gibt ferner unbunte Körperfarben, die Abstufungen der Mischung von Schwarz und Weiß darstellen.

Bei der Mischung der Körperfarben wird der Farbeindruck zunehmend dunkler. Da Licht weggenommen wird, nennt man diese Mischung subtraktive Mischung. Aus dieser Mischung ergeben sich die Komplementärfarben zu den drei Grundfarben: Grün, Violett und Orange. Das sind die Sekundär- oder Mischfarben. Alle anderen bunten und unbunten Körperfarben sind Farbtöne dieser sechs Farben und von Schwarz und Weiß. Alle Körperfarben gehen also auf acht Farben zurück.

Im Pigment der Körperfarbe ist selbst keine Farbe vorhanden, sondern das entsprechende Pigment absorbiert (schluckt) und reflektiert einen bestimmten Ausschnitt des Lichtspektrums. Das heißt, dass von dem Licht, das beispielsweise auf eine grüne Farbfläche fällt, alle Farben absorbiert werden bis auf Grün. Das grüne Licht wird reflektiert, wodurch der grüne Farbeindruck zustande kommt.

Bei den Lichtfarben sind Grün, Rotorange und Blauviolett (Purpur) die Primärfarben. Mischen wir die Lichtfarben vom langwelligen Rot bis zum kurzwelligen Violett, ergibt sich ein durchsichtiges Licht (Sonnenlicht), das in der Literatur »weißes Licht« genannt wird. Die Lichtfarben mischen sich also additiv, d. h., mit jeder Mischung kommt mehr Licht hinzu, die Farben werden zunehmend heller. Alle Lichtfarben streben dem reinen Licht zu.

Subtraktive Farbmischung   *Additive Farbmischung*

Goethes Farbenlehre

Die Farben sind Taten des Lichts, Taten und Leiden.

(Johann Wolfgang von Goethe)

Von allen Schriften Goethes mutet seine Farbenlehre am befremdlichsten an. Nicht nur, dass der große Dichter in ihr aus der Rolle fällt, indem er Newton als seinen Erzfeind angreift, sondern auch, weil die Fachwissenschaft dieses umfangreiche Werk ignorierte – bis Physiker wie Edwin Herbert Land und Quantenphysiker wie Werner Heisenberg es rund 150 Jahre später wieder entdeckten. Goethe selbst bezeichnete kurz vor seinem Tod die Farbenlehre als das wesentlichste seiner Werke.

Seit seiner italienischen Reise (1786–1788) war Goethe begeistert von Farben. Fräulein von Klettenberg, seine Freundin, die »unvergleichliche Einsichten in die Farben besaß« (wie Johann Caspar Lavater sie charakterisierte), hatte ihm tiefergehend das Wesen der Farben nahe gebracht. In seiner Goethe-

Studie vermutet allerdings Kurt R. Eisler, dass Goethe ein psychisch gestörter Farbfanatiker war. Diese Ansicht halte ich für übertrieben, aber ich kann nachvollziehen, was Eisler meint. Goethe ist in seiner Farbenlehre auf den ersten Blick eigenartig dogmatisch. Der Germanist Albrecht Schöne, der sich Ende der 1980er Jahre ausgiebig mit Goethes Farbenlehre beschäftigte, brachte es auf den Punkt, wenn er von Goethes »Farbentheologie« spricht.

Trotz allem ist Goethe keineswegs als Laie auf dem Gebiet der Farbe einzuschätzen. Er hatte in Leipzig und Straßburg Vorlesungen in Physik gehört und sich auf seiner italienischen Reise ausgiebig mit Kunst beschäftigt. Er tauschte sich mit Malern wie Johann Heinrich Wilhelm Tischbein und Philipp Otto Runge (der ebenfalls eine Farbenlehre schrieb) aus, nahm Zeichen- und Malunterricht und war sein Leben lang an der Physiologie des Sehens interessiert.

Goethes Idee war, eine auf der Physiologie aufbauende Farbenlehre zu schreiben. Sie kam in zwei Bänden 1808 und 1810 heraus. Goethe greift in ihr und in den Gedichten zur Farbenlehre die Auffassung Newtons von der Aufspaltung des weißen Lichts in die Farben gemäß ihrer Wellenlänge an. Für Goethe ist weißes Licht eine Einheit und nicht mehr teilbar (eine spirituelle Ansicht – deswegen nennt sie Schöne »theologisch«). Auf Grund dieser Annahme ist es verständlich, dass Goethe sich grundsätzlich gegen die Betrachtung der Wellenlängen des Lichts wandte. Rudolf Steiner, der Herausgeber von Goethes Farbenlehre (in Kürschners »Deutsche Nationalliteratur«, Bd. 35/6, 1883–1897), drückt es so aus: Goethe tritt in seiner Farbenlehre gegen die Überbewertung des Rechnerisch-Quantitativen in der Forschung auf. Sein Blick ist auf das Qualitative gerichtet. Es ist ihm wichtig, wie der Sinneseindruck der Farbe mit einer Idee verbunden wird und damit der subjektive Farbeindruck entsteht, der von den objektiven Gesetzen der Farben bestimmt ist. Goethe interessierte es (wie später Rudolf Steiner), welche Bewegungen in der Seele stattfinden, wenn das Auge Licht aufnimmt.

Dass Newtons Erkenntnis der Lichtbrechung nach Wellenlängen gültig ist, ist heute allgemein bekannt. Aber auch Goethes Ansicht hat ihre Berechtigung. Erst im zwanzigsten Jahrhundert fand der amerikanische Physiker und Farbfotospezialist Edwin Herbert Land heraus, dass bei Fotografien mit Farbfiltern Phänomene entstehen, die mit der Optik Newtons nicht zu erklären sind. Farben entstehen auch dort, wo deren Wellenlänge nicht nachweisbar ist.

Land verwarf die von Newton inspirierte Dreifarbentheorie. Stattdessen begründete er das Land-System der Farbfotografie, das auf Goethes Polarität

14

der Farben (Gelb und Blau) beruht. Damit war der wesentlichste Einwand gegen Goethes Farbenlehre entkräftet, dass sie zwar ein zutreffendes Modell darstelle, aber im Gegensatz zur Newton'schen Optik nicht anwendbar sei.

Auch Bauhauskünstler wie Wassily Kandinsky (1866–1944), Paul Klee (1879–1940) und der einflussreiche Farbtheoretiker Johannes Itten (1888–1967) richteten ihren Bauhausunterricht und ihre Kunst nach Goethes Farbenlehre aus. Kandinsky studierte Zeit seines Lebens Rudolf Steiners und Goethes Farbenlehre, auf die er in seinen Schriften »Über das Geistige in der Kunst« (1912) und mehr noch in »Punkt und Linie zur Fläche« (1926) eingeht.

■ Farbentstehung nach Goethe

Farben entstehen nach Goethe durch das Zusammenspiel von Licht und Finsternis. Der Blick des Betrachters gegen Licht (Sonne) und Finsternis (der schwarze Weltraum) wird durch die Trübe (Atmosphäre) gebrochen.

Bei der Blickrichtung auf das Licht entstehen die Farben der linken Seite des Farbenkreises:

- ■ Gelb: wenig Trübe vor Licht
- ■ Orange: Trübe vor Licht
- ■ Rot: viel Trübe vor Licht
- ■ Weiß: Trübe an sich (völlige Trübe)

Bei der Blickrichtung auf die Finsternis entstehen die Farben der rechten Seite des Farbenkreises:

- ■ Schwarz: keine Trübe vor Finsternis
- ■ Violett: wenig Trübe vor Finsternis
- ■ Blau: Trübe vor Finsternis

■ Goethes Farbenkreis

Goethe übernahm von Newton die Idee, die sechs Farben zum Studium ihres Wesens (ihrer »Leiden und Freuden« in Goethes Worten) in einem Farbenkreis anzuordnen. Auf diese Idee war auch der Schmetterlingsspezialist Johann Ignaz Schiffermüller gekommen, der 1772 in Wien einen der ersten Farbenkreise veröffentlichte, bei denen sich die Komplementärfarben gegenüberstehen. Der Ordnung der »blühenden Farben« folgend (damit meint Schiffermüller die Farben in der Natur) setzt er *Blau* (oben im Farbenkreis) dem Übergang zwischen *Oraniengelb* und *Feuerrot* (also Orange) entgegen, *Gelb* dem *Veilchenblau* (altertümlicher Ausdruck für Violett) und *Rot* dem *Meergrün*. Etwa 150 Jahre früher hatte bereits Robert Fludd (1574–1637) einen Farbenkreis mit sieben Farben veröffentlicht. Aber alle diese Farbenkreise »nach der Natur« krankten daran, dass keine logisch nachvollziehbare Farbenlehre hinter ihnen stand. Das änderte sich mit Newton und Goethe.

Der sechsstellige Farbkreis nach Goethe

In diesem Farbenkreis stehen Purpur (oben) und Grün (unten) einander gegenüber. Purpur ist für Goethe die Steigerung aller Farben (der Dynamikpunkt des Farbenkreises, zu dem alles hinstrebt), Grün dagegen der Ruhepol des Spektrums, in dem Licht und Finsternis ausgeglichen sind.

Dieser Farbenkreis ist gemäß der heutigen Konvention dargestellt. Links stehen die warmen, rechts die kalten Farben. Dahinter steht die Idee, dass zuerst das Licht war (links lichte Farben) und dann die Finsternis (rechts dunkle

Farben). Goethe zeichnete den Farbenkreis bisweilen andersherum. Er stellte die kalten Farben Violett und Blau auf die linke Seite und die warmen Farben Gelb und Orange auf die rechte Seite des Farbenkreises. Dahinter steht die biblische Auffassung, dass erst Finsternis herrschte, bevor das Licht geschaffen wurde.

Die Farben, die sich gegenüber stehen, sind bei Goethe Komplementärfarben. Farben, die im Farbenkreis nebeneinander stehen, lehnt Goethe als Farbkombinationen ab, da ein zu geringer Kontrast vorhanden ist. Farbkombinationen wie Gelb und Orange sind für ihn langweilig. Das Auge und der ästhetische Sinn wollen durch Kontraste gereizt werden.

Die Farbdreiklänge, die durch die Spitzen der beiden Dreiecke miteinander verbunden werden, empfand Goethe als charakteristisch und harmonisch.

■ Farbharmonien nach Goethe

- ■ »Charakterlose« Farbzusammenstellung – benachbarte Farben im Farbenkreis wirken unharmonisch:
    Blau – Grün
    Blau – Violett
    Rot – Violett
    Rot – Orange
    Gelb – Orange
    Gelb – Grün
- ■ Ästhetische Farbzusammenstellung – eine Farbe wirkt zusammen mit ihrer übernächsten Farbe im Farbenkreis harmonisch:
    Gelb – Blau – Rot
    Blau – Rot
    Blau – Gelb
    Rot – Gelb
- ■ Harmonische Kontraste:
    Grün – Violett – Orange
    Orange – Grün
    Orange – Violett
    Violett – Grün
- ■ Komplementärfarben wirken zusammen harmonisch und steigern sich in ihrer Wirkung.

■ Warme und kalte Farben

Goethe unterscheidet als Erster warme und kalte Farben – ein Unterschied, der sich aus dem Farbenkreis ergibt und zugleich die innere Qualität zweier Farbengruppen verdeutlicht. Die warmen Farben befinden sich auf der linken Seite des Farbenkreises, die kalten Farben auf der rechten. Farben, die viel Licht reflektieren wie zum Beispiel Gelb und Orange, sind warm und strahlen von der Farbfläche aus. Farben, die das Licht stark absorbieren wie beispielsweise Blau und Violett, sind kalt und ziehen in die Farbfläche hinein.

Grün und Rot sind so genannte laue Farben, die zwischen den warmen und kalten Farben stehen.

Besonders die Bauhauslehrer und Maler Wassily Kandinsky, Paul Klee und Johannes Itten betonen die laue Qualität von Rot und Grün, da Rot vom kalten Magenta (Blaurot) bis hin zum warmen Orangerot sein Spektrum ausweitet. Den gleichen Effekt können wir bei der Farbe Grün beobachten, die sich vom warmen Lindgrün (Gelbgrün) bis hin zum kalten Türkis (Blaugrün) zieht.

Helle kalte Farben lassen mehr Weite entstehen. Räume in solchen Farben wirken bis zu zehn Prozent größer. Warme Farben lassen die Raumtemperatur wärmer erscheinen, man fühlt sich innerlich warm. Sie vermitteln lebendige Heiterkeit. Kalte Farben vermitteln Distanz und Ruhe. Ferner kommunizieren warme Farben Bekömmlichkeit, weswegen die meisten Gummibärchen meist rot, orange und gelb sind. Ist Ihnen aufgefallen, dass es keine blauen Gummibärchen gibt? Das liegt daran, das Blau bei Speisen nicht anziehend wirkt und dass es keinen natürlichen blau färbenden Farbstoff für Gummibärchen gibt.

Formen und Farben

Ich möchte Ihnen eine Spielerei des Bauhauses mit Farben und Formen präsentieren, die speziell Ende der 1920er und zu Beginn der 1930er Jahre in Kandinskys und Ittens Unterricht durchgeführt wurde und welche die Malerei und Grafik für lange Zeit beeinflussen sollte. Die Bauhauslehrer gingen davon aus, dass bestimmte Formen den Charakter der einzelnen Farben unterstützen würden. Die Aufgabe lautete: In welchen Figuren können sich die bunten Farben am besten ausdrücken? Hier die Lösung:

- Rot: Quadrat; 90°-Winkel
- Orange: regelmäßiges Fünfeck
- Gelb: gleichseitiges Dreieck.
- Grün: regelmäßiges Viereck mit runder Seite unten;
            kein Winkel zugeordnet
- Blau: Kreis
- Violett: Form, die halb ein Quadrat und halb ein Kreis ist

*Geometrische Farbfiguren
nach dem Bauhaus*

Die Zuordnung von Farben zu Formen geht auf die Ursprünge der Farbentheorien in der Antike und der Renaissance zurück. Zur Zeit Leonardo da Vincis (1452–1519) pflegte man in Künstlerkreisen vier Grundfarben zu unterscheiden, weil es vier Grundformen nach damaliger Ansicht gab:

- Kreis: grün
- Dreieck: rot
- Quadrat: gelb
- Oktagon: blau

Die davon in jedem Punkt abweichende Zuordnung des Bauhauses, die weitgehend auf Kandinsky zurückgeht, wurde rein theoretisch abgeleitet (in Kandinskys frühem Werk »Über das Geistige in der Kunst«, 1912) und am Bauhaus durch eine ebenso aufwändige wie fragwürdige Fragebogenaktion erhärtet. Die Zuordnung in der obigen Grafik wurde zum Dogma vieler Bauhauskünstler und deren Nachfolger bis heute.

19

Leben

Glanz Glück Sonne Licht

Gott Teufel Geist Intellekt

Schnelligkeit Blitz

Klarheit Kommunikation

Spannung

Moderne

Reichtum

Warnung

The Yellow Kid Hexen

Eifersucht

Yellow Sunshine

Schwefel

Outlaws

Gelb

Geometrische Form:	Dreieck
Lage im Spektrum:	linke Seite zwischen Orange und Grün
Wellenlänge:	600–550 nm
Körperfarbe:	eine der drei Grundfarben (Primärfarbe)
Druckfarbe:	Y (Yellow)
Lichtfarbe:	additive Farbmischung von Rot und Grün
Farbreichweite:	gering (verliert schnell seinen Charakter bei Mischung mit anderen Farben)
Temperatur:	warme Farbe
Komplementärfarbe:	Violett
Goethes Farbenlehre:	farbiger Stellvertreter des Lichts, polare Farbe zu Blau
Bauhaus-Farbenlehre:	zentrifugale Farbe (ausströmend); entsprechende Form: Dreieck
Volkstümliche Symbolik:	Sonne, Sommer, Sonnenschein, Blitz, Gott; aber auch Neid, Feigheit
Esoterische Symbolik:	Geist, alle Luftzeichen
Chakra:	Nabel-Chakra (Manipura)
Moderne Symbolik:	Kommunikation, Intellekt
Psychologie:	Intellekt, Kommunikation
Götter:	alle Lichtgottheiten

Farbbezeichnungen und Pigmente

Ich denke an nichts, wenn ich male, ich sehe Farben.

(Paul Cézanne)

Wenn Sie Künstlerfarben kaufen – ob Buntstift, Öl- oder Aquarellfarben –, entsprechen weitgehend die Farbnamen den Pigmenten. Bei den Polychromos-Farbstiften gibt es zum Beispiel zwei Gelbtöne im Handel: »Kadmiumgelb« und »Lichtgelb«, wobei das Kadmiumgelb ein nur leicht rotgebrochenes Gelb darstellt. Lichtgelb ist ein kaltes Gelb, das zum Lasieren benutzt wird.

Gelbes Farbpigment wurde lange Zeit aus der Pikrinsäure gewonnen. Pikrinsäure ist ein Explosivstoff – deutlicher kann das Ausstrahlen des Pikringelbs gar nicht ausgedrückt werden.

Gelbtöne wurden seit dem Mittelalter entweder aus Beeren, Erde oder Feingold gewonnen. Im asiatischen Bereich wurde und wird Gelb aus Safranessenzen hergestellt.

Nachfolgend werden die wichtigsten Gelbpigmente aufgeführt, von denen auffallend viele giftig sind.

▶ Bleigelb

- ▶ auch »Massicot«, »Bleiglätte« oder »Königsgelb« genannt
- ▶ kaltes Gelb
- ▶ Sehr gesundheitsschädlich (Bleioxid).

Die Farbe wird heute wegen ihrer Gesundheitsschädlichkeit nicht mehr hergestellt. Im Altertum war sie bei Wandmalereien beliebt. Seit der Renaissance wurde sie bei Tafelbildern benutzt.

▶ Blei-Zinn-Gelb – das Gelb der alten Meister

- ▶ ein blassgelber Farbton

Das Pigment wurde in Europa vom 14. bis zum 17. Jahrhundert bei Tafel- und Wandbildern benutzt. Die alten Meister von Giotto (Giotto di Bondone, 1266–1338) bis zu den holländischen Malern des 17. Jahrhunderts malten mit diesem Gelb. Blei-Zinn-Gelb wird heute durch billigere synthetische Farben ersetzt.

▶ Chromgelb

- ▶ das am stärksten leuchtende Gelb

Es wurde 1809 von dem französischen Chemiker Vauquelin zum ersten Mal hergestellt und war sogleich ein großer Erfolg. Arnold Böcklin (1827–1901) liebte Chromgelb, Henri Matisse (1869–1954) verwandte es in seinem »Bildnis André Derain«, und es wurde von van Gogh bei seinen Sonnenblumendarstellungen benutzt. Dieses Chromgelb ist leuchtend, deckt hervorragend, dunkelt jedoch nach. Es ist nicht lichtecht und tendiert zu einem Grünton beim Malen.

▶ Eisenoxidpigmente

- ▶ Eisenoxidgelb, Marsgelb
- ▶ viele Gelbtöne

Schon Plinius berichtet von künstlicher Eisenoxidherstellung, um gelbes Pigment zu gewinnen. Diese Farben werden heute künstlich hergestellt und sind beliebt, da sie preisgünstig sind.

▶ Kadmiumgelb

▶ harmonisch warmer und klarer Gelbton

Kadmiumgelb wird seit Mitte des 19. Jahrhunderts in großen Mengen produziert. Als Öl-, Tempera- und Aquarellfarbe bietet dieses Pigment harmonische Gelbtöne. Van Gogh benutzte dieses Gelb. Modernes Kadmiumgelb ist äußerst lichtecht und leuchtend und sollte in keiner Sammlung gelber Farbtöne fehlen.

▶ Nickeltitangelb

▶ warme Gelbtöne

Wurde erstmalig in den 1950er Jahren in den USA hergestellt und besteht aus Oxiden von Nickel, Titan und Antimon. Es ähnelt in jeder Hinsicht dem klassischen Neapelgelb, deckt aber noch besser und wird heute bei fast allen Gelbtönen verwandt. Zu dieser Pigmentgruppe gehört das Chromtitangelb, das heute hauptsächlich benutzt wird, um warme Gelbtöne herzustellen.

▶ Ocker

▶ warme Gelbtöne

Es ist haltbar und beeinträchtigt andere Farben nicht bei der Mischung. Schon zur Eisenzeit wurde es als Malpigment benutzt, den Griechen und Römern war es unter dem Namen »Sil« oder »Ochra« bekannt. Es wurde wegen seiner hervorragenden Maleigenschaften zum beliebtesten aller Farbpigmente. Heute werden meist »Standard-Ocker« industriell mit fest definierten Farbtönen hergestellt. Sie sind hervorragend lichtecht und decken gut.

▶ Safran

▶ warmer, harmonischer Gelbton (siehe ausführlich S. 45)

▶ Weld

Kommt ursprünglich aus Marokko und ist in allen Gelbtönen vertreten. Weld wird auch Reseda genannt. Es ist die älteste Färberpflanze, um Gelb herzustellen.

Einführung

Die Gelbfarbe führt in ihrer höchsten Reinheit immer die Natur des Hellen mit sich und besitzt eine heitere, bunte, sanft reizende Eigenschaft.

(Johann Wolfgang von Goethe)

▶ Wortstamm

Das Farbwort Gelb geht auf die indogermanische Wurzel *ghel* zurück, ein Begriff, der eigentlich eher Gelbgrün als Gelb bezeichnete. Ghel war die Farbe der jungen Saat und des neu gewachsenen Grases. Bei den Farbworten waren oft Gelb und Grün in frühen Kulturen bis hin zu den Römern nicht eindeutig unterschieden. Noch das althochdeutsche Farbwort *gelo* bedeutet »glänzend« und »schimmernd« und kann auf Gelb, Grün und Rot angewandt werden.

▶ Bildende Kunst

In der holländischen Malerei im 17. Jahrhundert (zum Beispiel Pieter de Ring, Abraham van Beyeren, Willem Kalf, Adriaen van Utrecht und Jan Jansz den Uyl) haben sich die Maler in Stillleben speziell um die Farbe Gelb bemüht. Ansonsten ist Vincent van Gogh (1853–1890) für die Gestaltung seiner Gelbtöne berühmt.

Zur Eröffnung der »Yellow and White Exhibition«, die 1883 von der Londoner Fine Arts Society veranstaltet wird, trägt James Abbott McNeill Whistler (amerikanischer Grafiker und Zeichner, 1834–1903) leuchtend gelbe Socken und seine Begleiter tragen gelbe Halstücher und verteilen kleine gelbe Pappschmetterlinge.

Aubrey Beardsley (berühmtester Vertreter des englischen Jugendstils, 1872–1898) trug häufig zitronengelbe Handschuhe und ließ sein Atelier am Warwick Square in London mit einem satten Gelb streichen, das vom schwarzen Holz kontrastiert wurde. Für Beardsley galt Gelb als erotische Farbe.[1]

▶ Farbtöne

Vom eher kalten Zitronengelb mit grünen Anteilen bis zum rötlich-warmen Orangegelb oder Goldgelb spannt sich das Spektrum von Gelb. Diese Polarität drückt sich in der Symbolik dieser hellsten Grundfarbe aus: Gelb ist sowohl die Farbe der Ausgestoßenen als auch die Farbe Gottes – dabei gilt das reine Gelb als Gottes Farbton. Giftgelb ist der polare Farbton des verunreinigten Gelbs (oft mit Grünton).

Das verdorbene Mehl auf Magellans endlosen Seereisen wurde als giftgelb (vom Urin der Ratten) beschrieben.

Gelb kann kalt, grell oder warm sein. Das Gelb des Lebens ist näher am Rot, das Gelb des Todes näher am Grün.

Falb

Diese gelblichbräunliche Farbe Falb kommt bei Tieren vor wie z. B. bei Kühen und Pferden. »Falb« ist ein Farbbegriff, der nur auf Tiere angewendet wird. Diese Farbe und ihre Schattierungen wird poetisch in dem Roman von Ernst Augustin »Mahmud der Schlächter«[2] beschrieben. Falb sind die »vorsichtigsten Farbschattierungen vom Dunst ferner Berge bis zum Perlmutt eines verhangenen Tages«, es ist in falb »die Totenblässe welkender Rosen ebenso zu sehen wie der Schatten alten Elfenbeins.«

▶ Gelb ist beliebt

Gelb gefällt Menschen, die Neues suchen und sich für Medien und Kultur interessieren. Gelb scheint speziell jeder Mann zu lieben, wie der ungeheuerliche Erfolg des Broadway-Musicals »Blondinen bevorzugt« vor über fünfzig Jahren zeigte. Dort trat Marilyn Monroe als gelbhaarige Loreley auf und verdrehte gemeinsam mit Jane Russell vielen Männern den Kopf. Und so verwundert es nicht, wenn in Peru die Frauen zu Neujahr gelbe Dessous tragen. Allerdings werden aus diesen weltlichen Gründen in der katholischen Kirche Gelb und auch Orange bei den liturgischen Farben ausgeschlossen.

In der Verkaufs- und Marketing-Branche heißt es, dass Kunden mit einer Vorliebe für Gelb einen Hang zum Intellektuellen, aber auch zur Kritik zeigen.

▶ Gelb ist die strahlendste und hellste aller Farben

Als strahlendste aller Farben bedeutet Gelb »Achtung!«. Gelb warnt. Auffallend viele giftige Pflanzen sind gelb. Bienen und Wespen warnen ebenfalls mit der gelben Farbe vor ihrem Stachel.

Als strahlendste Farbe ist Gelb beliebt. Wenn Sie jetzt innehalten mit dem Lesen und sich ein leuchtendes Gelb vorstellen, werden Sie gute Laune bekommen – und was gute Laune macht, ist beliebt.

Wer denkt nicht gleich bei Gelb an die Sonne – und somit an das Licht? Kurz vor seinem Tod flüsterte der englische Maler William Turner[3] (1775–1851), dass die gelbe Sonne Gott ist. Eine ähnliche Auffassung vertrat der armenische Weisheitslehrer Georges I. Gurdjieff (1866–1949), der von der »Sonne absolut« sprach, die natürlich gelb gedacht wurde.

Licht, ob strahlend oder sanft, besitzt fast immer einen gelblichen oder goldenen Schein.

Gelb als ungemischte Farbe hat einen klaren Glanz. Dieser Glanz macht Leben aus. Was matt ist, wird als tot wahrgenommen. Genau das zeigte der Maler Wassily Kandinsky in seinem Theaterstück »Der gelbe Klang« (1912), nämlich wie die Welt durch das Licht aus dem Chaos hervorgeht.

Gelb veränderte unsere Wahrnehmung der Welt drastisch, als der schwefelgelbe Glanz der Gaslaternen die Nacht zu beleuchten begann. Gelb brachte Leben in die Nacht – mit der Straßenbeleuchtung.

Allgemeine Symbolik

„... das Gelb [war] noch stärker, wie ein Licht, das plötzlich vor meinen Augen angeknipst wird."

(Umberto Eco)

▶ Gelb strahlt

Gelb will sich ausbreiten, ausströmen. Malen Sie auf einem weißen Blatt Papier eine Fläche gelb aus, werden Sie bemerken, dass Gelb über seine Ränder strahlt. Das Gleiche fällt auf, wenn Sie bei einem Bild ein ungebrochenes Gelb gegen eine andere helle Mischfarbe setzen: Gelb bedrängt diese Farbe und raubt ihr die *Strahlkraft*. Gelb lässt nichts Strahlendes neben sich zu.

Diese Ausstrahlung macht Gelb zur Farbe der Kommunikation: Die Post ist gelb, Nachrichtenkabel sind gelb – wo Gelb ist, fließt Information.

▶ Gelb ist sympathisch

Gelb ist beliebt in der Werbung. Es ist die Farbe der Shell AG und vieler Kommunikationsfirmen wie der Deutschen Post. Gelb ist die *ideale Werbefarbe*, da es anspricht, aber nicht so aggressiv ist wie Rot, das dennoch in der Werbung noch häufiger benutzt wird. Es fällt als hellste Farbe besser auf als Rot und Blau und trägt im Gegensatz zum Blau Wärme in sich. Seien Sie sicher, mit Gelb kommen Sie an.

▶ Blond ist geil

Blondes Haar lässt eine Person nach neueren Untersuchungen stets – auf dem ersten Blick – sympathisch erscheinen (allerdings Blondinen-Witze betonen den Schatten der Schönheit – nämlich die Dummheit). In seinem Bestseller »Sarum« beschreibt Edward Rutherfurd eindrücklich, wie zur Zeit des Baus von Stonehenge zum ersten Mal eine blonde Frau als Sklavin nach England gebracht wurde.[4] Die blonden Haare zusammen mit den blauen Augen lassen diese Frau als wunderschöne Engelsgestalt erscheinen. Natürlich wird sie als eine weitere Frau des Königs eingekauft.

In der Homosexuellenszene wird ein besonderer Kult mit platinblond gefärbtem Haar betrieben, das als speziell erotisch gilt.

Friedrich Nietzsche allerdings prägte den Ausdruck »blonde Bestie«[5]. Er bezeichnet damit den heruntergekommenen blonden germanischen Herrenmenschen der Völkerwanderungszeit und Wikingerzüge, der zur vornehmen, verweichlichten Herrenrasse verkam. Obwohl Nietzsche diese blonden Abkömmlinge der Germanen als negativ sieht, wurde von Nationalsozialismus dieses Bild von der blonden Herrenrasse von Nietzsche übernommen und ins Positive gewandt. Heute wird nach dem »Duden« mit »blonder Bestie« ein besonders wilder Mensch bezeichnet.

»Der große Blonde mit dem schwarzen Schuh« das ist die deutsche Version des französischen Films »Le grand blond avec une chaussure noire« (1972), eine Parodie auf die Arbeit der Geheimdienste im Stil einer Verwicklungskomödie. Der große Blonde ist dabei ein vertrottelter Musiker, der jedoch sehr auffällt. So wird noch heute von auffälligen blonden Menschen als »der große Blonde« gesprochen.

▶ Blondes Haar

Blondes Haar ist überall in der Welt erotisiert und begehrt. Schon in der Renaissance hat Simona Vespucci – die als eine der schönsten Frauen ihrer Zeit galt – ihr Haar noch blonder aufgehellt. Sie hatte Erfolg und saß Modell für das berühmte Bild Botticellis »Die Geburt der Venus« und das nicht minder schöne Bild des gleichen Künstlers »Der Frühling«. Weitere hoch begehrte und erotisierte Frauen der Renaissance wie Isabella d´Este und Giulia Farnese waren auch hellblond, ebenso wie die berühmt-berüchtigte Lucrezia Borgia, die von Pinturicchio eindrucksvoll schön gemalt wurde. Lucrezia Borgia soll sich Goldstaub in ihr Haar gewaschen haben. Alle diese Frauen hatten honigblondes Haar, wie es noch heute stark erotisiert wird.

Schon in der Renaissance – in der man der Schönheit sehr huldigte (ein wahres venusisches Zeitalter) – schrieb Caterina Sforza eines der ersten Modehandbücher mit dem Titel »Esperimenti«, in dem sich einige Rezepturen finden, um sein Haar unwiderstehlich blond zu färben.

Wollen Sie es auch mal versuchen? Dann nehmen sie 2 Pfd. Alraun, ein ½ Pfd. schwarzen Schwefel und ein ⅓ Pfd. Honig. Mischen Sie alles gut und verdünnen Sie es ein wenig mit Kamillentee (zur Renaissance nahm man Olivenöl) und Sie werden unwiderstehliche Haare bekommen. Dabei ist es auch wichtig, Wimpern und Schamhaare einzufärben.

Vor der Renaissance haben schon die mittelalterlichen Ritter Frauen und Männer mit hellblondem Haar verehrt. Helden wie Achilles und Pelides stellt man sich blond vor. In der Antike pflegten ferner Dirnen ihr Haar blond zu färben (und trugen oft auch vorschriftmäßig gelbe Kleidung).

Als später Perücken aufkamen, waren diese zunächst nur flachsfarben. Im 19. Jahrhundert wurde in Venedig unter den Frauen ein schwunghafter Handel mit Rezepten zur künstlichen Blondfärbung (selbst schwarzer Haare!) betrieben.

Rita Hayworth ließ sich auf Bitten ihres Mannes Orson Welles für den Film »Die Lady von Shanghai« (ein fürchterlicher Film voller Betrug und Gewalt) ihre Haare topasblond färben.

In arabischen Staaten werden Blondinen meist als Huren behandelt, die jedoch bei Männern (sofern sie nicht wie so viele im Nahen und Mittleren Osten eher ihresgleichen vorziehen) hoch im Kurs stehen. Schwarzhaarigen Frauen traut man zwar Hysterie, aber keinen freudvollen oder gekonnt kultivierten Sex zu.

▶ Was macht blond so besonders?

Blondinen gelten als sexy, leicht zu haben, aber etwas dümmlich. Echte Blondinen sind relativ selten und mit über dreißig ist man nicht mehr rein blond (hormonell bedingt dunkeln die Haare nach).

Bei Männern wird jedoch bisweilen blondes Haar als negativ betrachtet: Eugéne Sue beschreibt das Haar des ewigen Juden, des Tierbändigers Morok, als gelb und stumpf und schon bei Chaucer heißt es von dem Söldner Pardoner, dass er Haare gelb wie Wachs und glatt wie Flachs habe. Es ist besonders das glatte blonde Haar bei Männern – das Spaghetti-Haar – das rassistisch negativ bewertet wird. Krauses blondes Haar wird jedoch mit Engelqualität verbunden. Bis in die Neuzeit hinein wurde Engel prinzipiell blond dargestellt im Gegensatz zum schwarzen Teufel.

Die tarzanartige Dschungelheldin »Blonder Panther« war ein Comic, der zuerst 1950 als Lizenzausgabe des italienischen Erfolgscomics »Pantera Bionda« herauskam und an Kiosken verkauft wurde. Da Deutschland im Gegensatz zum restlichen Europa ein Entwicklungsland in bezug auf Comics war, fand dieser Comic reißenden Absatz. Der berühmte Zeichner Enzo Magni, der die Figur des blonden Panthers schuf, erhitzte mit dieser leicht bekleideten Frau derart die Gemüter, dass im Juli 1950 nach 19 Ausgaben diese Serie in Deutschland eingestellt werden musste. So wurde der »Blonde Panther« berühmt und Vorbild für viele ähnliche Comics. Heute ist das Original ein hoch begehrtes Sammlerobjekt.

Blondi ist der erstaunliche Name von Hitlers Schäferhündin, die ihm ein wichtiges Mittel zur Selbstdarstellung war. Kurz vor seinem Selbstmord am 30. 4. 1945 ließ Hitler Blondi töten, um sich von der Wirkung seiner Blausäurekapseln zu überzeugen. Hitler bemerkte 1945, dass Blondi und Eva Braun – man beachte die pikante Zusammensetzung – die einzigen Wesen gewesen seien, die ihm Treue gehalten haben. Im Gegensatz zu Eva Braun durfte Blondi in Hitlers Zimmer schlafen. Blondi konnte übrigens Eva Braun und deren Hunde Stasi und Negus nicht ausstehen. Hitler sagte über Blondi, dass sie ein edles Tier sei, nämlich »scharf und anhänglich, tapfer, kühn und schön.«[6]

▶ Gelb macht groß

Die ausstrahlende Seite der Farbe Gelb, die ins Auge sticht, ist es, die *alles größer* macht. Glanz lässt etwas größer erscheinen, und so wirkt ein gelber Gegenstand größer, als er eigentlich ist. Um größer zu wirken, trug der Kaiser von China traditionell Gelb[7]. Um nicht größer zu wirken, lehnen fülligere

Menschen Gelb als Kleiderfarbe ab. Vieles Große ist gelb, z. B. LKWs und Schwermaschinen wie Bagger und Raupen. Gelb gebietet mit seinem Glanz Aufmerksamkeit.

▶ Licht und Glanz gibt man mit Gelb wieder

Gelb gilt in vielen Kulturen als *Farbe Gottes*.

Das Licht ist das Licht des Geistes: Gelb ist die Farbe des Intellekts, des ewig Kommunizierenden. Deswegen sollten Sie in Ihrem Büro Gelb sehen. Überall, wo Sie denken wollen, bringt Gelb die nötige Klarheit.

▶ Farbsymbolik

Immer kommt es bei der Symbolik auf den Farbton an. Gelb ist nicht nur fröhlich, leicht und spielerisch:

Gelb (speziell ein mattes Gelb) symbolisiert Verrat, Neid, Betrug.

Hellgelb symbolisiert Sonne, ist meistens positiv, kann aber auch eine Warnung vor leichtsinnigen Höhenflügen sein (wie Ikarus, der zu nahe an die Sonne flog und abstürzte).

Dunkelgelb verweist auf Gift, Schwefel, Eifersucht, Geiz, Eiter und den »Gilb«, aber es schwingt auch eine positive Verbindung von Licht/Luft und Erdverbundenheit mit.

Ein besonders schönes Gelb ist das warme **Löwenzahngelb**, die Farbe der Londoner Busse im 19. Jahrhundert, die der exzentrische Schriftsteller Oscar Wilde (1854–1900) geradezu zärtlich beschreibt.

An den New Yorker Taxis wirkt das Gelb dagegen *schnell*. Bereits bei der Postkutsche symbolisierte Gelb Schnelligkeit.

▶ Gelb ist schnell

Gelb ist schnell wie Licht, deswegen erwirbt im Radsport der Schnellste das begehrte Gelbe Trikot. Wenn Sie Ehrgeiz besitzen, kaufen Sie Ihr nächstes Auto in Gelb. Nicht nur, dass Sie überall auffallen, sondern das Auto wirkt schneller, als es wirklich ist – was Untersuchungen der amerikanischen Autoindustrie zeigen.

▶ Gelb kennzeichnet »Outlaws«

Eine lange Tradition besitzt Gelb, um Randgruppen und Ausgestoßene zu stigmatisieren. Bei Hans Sachs (1494–1576), einem einflussreichen Meisterdichter seiner Zeit, galt Gelb als Schimpfwort, wenn er populistisch gegen die Außenseiter schrieb.

Die Juden mussten bereits 1430 in Venedig eine dicke gelbe Kordel um die Brust tragen, und während der Renaissance waren die in Stadtstaaten lebenden Juden oft verpflichtet, gelbe Kleider zu tragen. Aus diesem Grund war Gelb trotz seines freundlichen Charakters bis in die frühe Neuzeit hinein unbeliebt. Es war mit zu vielen negativen Assoziationen belegt. Besonders der gelbe Judenstern, der von Juden vor noch gar nicht so langer Zeit im Dritten Reich getragen werden musste, hat die Farbe Gelb erneut mit Hass oder Schuld verbunden.

Vor den Zeiten der heutigen politischen Korrektheit wurde öffentlich von *der gelben Gefahr* gesprochen. Der Begriff ist eine freie Übersetzung des amerikanischen Worts »yellowfish«. »Yellowfish« bezeichnete ursprünglich den illegalen Einwanderer, speziell an der Westküste Amerikas. Diese diskriminierende Bezeichnung wurde schnell in aller Welt in den Sprachschatz der Reaktionäre aufgenommen und rassistisch gegen alle Asiaten gewendet.

Das lässt sich auch bei Herman Melville (1819–1891) nachlesen. Er bezieht die tigergelbe Hautfarbe der Filipinos auf deren satanische Verschlagenheit. Als Rassist entpuppt sich ebenfalls Sir Arthur Conan Doyle (1859–1930), in dessen Kriminalgeschichten es an »Gelbgesichtern« nicht mangelt.

Sie alle können sich jedoch guten Gewissens auf die Autorität des schwedischen Naturforschers Carl von Linné (1707–1778) beziehen, der in seiner »Systema Naturae« von 1758 behauptet, dass die Asiaten gelb und träge seien.

▶ Gelb ist Spannung

Gelb ist die Farbe des Lichts – aber selbst eine Farbe des Lichts hat ihre Schattenseiten.

Durch viele Epochen hindurch hatte Gelb eine feindselige Wirkung. Gelb als Farbe der Ausgestoßenen schwingt in der Symbolik genauso mit wie Gelb als die Farbe der Sonne, als Symbol des absolut Guten. Diese Spannung macht Gelb interessant. Es wird symbolisch zur Farbe der Auffälligkeit, Kommunikation, Schnelligkeit und Unternehmungen.

Die Chinesen betrachten Gelb anders. China ist das Land, in dem die Farbe Gelb am höchsten geehrt wurde und noch wird. Letztlich prägt jede Symbolik die konkrete Erfahrung mit der natürlichen oder sozialen Umgebung. Die großen Flüsse, z. B. der Gelbe Fluss – Huang Ho –, nähren das Land mit ihrem gelben Schlamm. Dieser Schlamm bildet den fruchtbaren Löß, der sich am Flussufer abgelagert hat und besten Boden für die Landwirtschaft bietet. Im Gelben Meer kann man sehen, wie der Flussschlamm des Jangtse, des Huangpo und Huang Ho weit ins Meer hineingespült wird und dem Meer seine typisch gelbe Farbe verleiht. Gelb bedeutet Fruchtbarkeit. Da alles Leben auf Fruchtbarkeit beruht, ist Gelb die heilige Farbe des Kaisers von China, die er zu Ehren der Sonne trägt. In dieser Kultur ist Gelb ungebrochen gut, was sich in der gelb geschminkten Maske in der chinesischen Oper zeigt, die den Frommen, Guten darstellt.

▶ Gelb ist Leben

Ostern, wenn das Leben der Natur beginnt, ist gelb. Im Frühling legt sich ein Hauch von Gelb über die Natur, da alle Knospen gelblich schimmern und der Frühling sich mit vielen gelben Blumen – wie Narzissen und Krokussen – strahlend zeigt. Gelb verkörpert Wachsen und Sprießen.[8] Es drückt symbolisch den Elan des Anfangs aus. Auch Sie gehen eine neue Situation oder ein neues Projekt freudiger und zielgerichteter an, wenn Sie die Projektunterlagen im gelben Ordner abheften. Charles A. Lindbergh schrieb die 45.000 Worte über seinen ersten Atlantikflug des Buches »We« auf gelbem Papier. Das Geschriebene wird wichtiger und edler und wirkt nicht so abstrakt wie Schwarz auf Weiß.

Wenn Sie das nächste Mal an Ihrem Computer schreiben, stellen Sie als Experiment die Seitenfarbe Gelb ein und schreiben in Schwarz. Wie wirkt der Text auf Sie? Er wirkt ganz anders als auf Weiß. Das liegt daran, dass die Kontraste zwischen Schriftfarbe (Schwarz) und Hintergrund (Gelb) verringert werden – im Vergleich zu Schwarz auf Weiß. Ein gelber Hintergrund macht jeden Text gefälliger. Obwohl Gelb die Symbolfarbe des Intellekts ist, würde ich wissenschaftliche Texte niemals auf Gelb bannen. Das Gelb nimmt durch sein Strahlen dem Text die Autorität. Schrieb man deswegen noch zu Beginn des zwanzigsten Jahrhunderts galante Briefchen auf zartgelbem Papier?

Stifteliebhaber kennen die legendären Koh-I-Noor Stifte. Der Koh-I-Noor, der zuerst 1893 auf der Columbia-Exhibition vorgestellt wurde, war goldgelb lackiert. Ab 1938 wurden diese Bleistifte in Bloomsberry/New Jersey produziert, sorgfältig mit 14 Schichten goldgelben Lacks versehen, und die Enden wurden mit Goldbronze überzogen. Der Schriftzug bestand aus 16-karätigem Blattgold. Die gelbe Lackierung der Bleistifte wurde gewählt, da diese Farbe auf die orientalische Herkunft der besten Graphite hindeutete. Andere Marken kopierten diese ursprüngliche Kennzeichnung. Nach Henry Petroskis »The Pencil«[9] sind noch heute drei Viertel aller Bleistifte gelb lackiert. Das macht sich gut, denn Gelb signalisiert nicht nur geistige Arbeit, für die der Stift gemacht ist, sondern regt sie auch an.

Kaufen Sie gelb lackierte Stifte für Notizen. Erstens greifen Sie eher zum Stift, um sich etwas zu notieren, und zweitens sieht man solche Stifte gut, wenn sie irgendwo herumliegen.

Die Psychologin Ingrid Riedel betrachtet Gelb als eine der ambivalentesten Farben.[10] Es ist erstaunlich, dass seine Komplementärfarbe Violett ähnlich schwer symbolisch einzuordnen ist. Gelb ist eine »komische« Farbe: unschuldig wie der Frühling, wahnwitzig wie van Gogh und gut wie die Sonne. Diese grundsätzlichen Spannungen machen den Umgang mit Grundfarben schwer. Sie beunruhigen uns auf merkwürdige Weise, indem sie sich zum Herren unserer Stimmung aufspielen. Grundfarben sind daher gezielt und vorsichtig einzusetzen.

Gelb wirkt auf Dauer und auf großen Flächen zu grell und aufdringlich, deswegen gebietet man gewöhnlich seinem glänzenden Elan mit Weiß Einhalt (siehe den Abschnitt über unbunte Weißbrechung am Ende dieses Buches). Wohin einen eine gelbe Raumfarbe bringen kann, zeigt die berühmte Kurzgeschichte »Die gelbe Tapete« von Charlotte Perkins, die 1892 erschien: Ein Arzt bringt seine unangepasste Frau zur Ruhekur in ein einsames Landhaus. Er schließt sie dort in ein Zimmer mit einer gelben Tapete ein. Die Frau hasst die Tapete und wird wahnsinnig in diesem gelben Zimmer. Seit dieser Kurzgeschichte gilt die gelbe Tapete in englischsprachigen Ländern als Symbol psychischer Erkrankungen bei Frauen. Die Farbe des Geistes kann den Geist verwirren oder ihn heilen.

▶ Gelb ist trickreich

Der größte Trickbetrüger aller Zeiten, ein Schrecken gieriger Reicher, nannte sich *The Yellow Kid*. Eigentlich hieß er Joseph Weil, ein deutscher Einwanderername, der sich in Amerika jedoch nicht eignete. The Yellow Kid wurde zum Künstler des psychologisch ausgeklügelten Betrugs. Als er gefragt wurde, warum er diesen Künstlernamen in Amerika wählte, soll er geantwortet haben: »Yellow's tricky.«

Das Trügerische hat Gelb mit allen Farben gemein, die eine kleine Farbreichweite besitzen: Mischt man nur ein wenig andere Farbe ein, kann das den Farbcharakter grundlegend verändern. Deswegen ist Sorgfalt geboten, wenn Sie sich Ihr Lieblingsgelb mischen wollen. Ob bei Aquarell-, Öl- oder

Acrylfarben, Gelbmischungen verlangen Aufmerksamkeit. The Yellow Kid hat Recht: Gelb ist trickreich.

Es liegt nicht an Ihnen, es liegt am Gelb, wenn der Farbton plötzlich umschlägt. Gelb ist eine warme Farbe, die noch wärmer wird, wenn Sie etwas Rot einmischen. Ein leicht rotgebrochenes Gelb ist das Lieblingsgelb der meisten Menschen. Die aufdringliche Strahlkraft des Gelbs ist etwas gebremst und die Wärme gesteigert. Solch ein Gelb signalisiert heiteres Wohlgefühl. Unterstehen Sie sich jedoch, in ein reines Gelb ein wenig Blau einzumischen: Dieses Gelb wirkt kalt und eher unfreundlich.

Wassily Kandinsky stellt 1912 in seinem lesenswerten Buch »Über das Geistige in der Kunst« fest: Die längere Betrachtung von Zitronengelb tut weh.

Es gibt ein richtig unangenehmes Gelb. Das ist das Gelb vergilbter Tapeten und Gardinen, solch ein Gelb ist mit dem Alter assoziiert. Diese Farbe spricht von Auflösung und Verfall, wie man am gelben Gras und verwelkten Blumenblättern sieht. Nikotinverfärbungen haben ebenfalls ein unbeliebtes Gelb. Solche Gelbtöne lassen Infektionsherde vermuten. Um gar nicht erst solche negativen Stimmungen und Vermutungen aufkommen zu lassen, sollte man Gelb grundsätzlich nur dort einsetzen, wo es nicht so leicht verschmutzt. Gelb sieht schnell schmutzig aus und vermittelt dann eher unangenehme Assoziationen.

Am Ende dieser kleinen Reise durch die Symbolik von Gelb sind wir wieder bei der Sonne angelangt und beim Trick.

Wissen Sie, was »Yellow Sunshine« ist?

So
wurde
LSD in den 1960er
und 1970er Jahren euphorisch von
den Anhängern Timothy Learys bezeichnet.
Gelb war der Trick, in eine andere Dimension zu reisen.
Gelb war high – auch in der psychodelischen Kunst. Yellow Jackets oder
Yellow Pills waren die Pillen, die das Bewusstsein veränderten und mit denen
der Beatles-Song »Yellow Submarine« assoziiert wurde. – Wie Sie sehen:
Gelb ist wahnsinnig trickreich.

Die Pyramide ist gelb wie das Dreieck mit seinen Fluchtlinien ins Unendliche.
(Bauhaus: Kandinsky-Unterricht, 1929–1931)

Mythologie, Religion und Aberglaube

Gelb ist Licht und Leuchten in allen Mythologien. Zugleich wird es aber als eine schwer fassbare Farbe angesehen. Gelb ist unheimlich, rätselhaft, Gelb ist Gott.

Gelb und Weiß sind die beiden Farben, die stets bei Attributen und Accessoires des Göttlichen eine wichtige Rolle spielen. Das bedeutet, dass wir etwas erhöhen, wenn wir es in Gelb präsentieren. Wir heben es hervor.

▶ Mitteleuropäische Mythologien

Christliches Gelb

Das Christentum verhält sich zwiespältig zu Gelb. Auf der einen Seite symbolisierte ein warmes Safrangelb die Bekenner, auf der anderen Seite war Gelb die Farbe der Häretiker, jener teuflischen Gesellen, welche die Lehrmeinung der Kirche in Frage zu stellen wagten. Als teuflische Gesellen konnten im Mittelalter die Häretiker gar nicht anders, als gelb vorgestellt zu werden, da Gelb das gesamte Mittelalter hindurch als Farbe des Teufels galt. In Gelb zeigt sich so eine extreme Spannung von Licht und Finsternis: Es ist sowohl die Farbe Gottes wie des Teufels.

Gelb – das Gift der Hexen

Des Teufels Gespielinnen sind die Hexen, auf denen der gelbe Schein des Teufels ruht. Im Volksglauben sind Hexen und Geister wie keine anderen Wesen mit Gelb verbunden. Sie bringen Unheil, indem sie unbemerkt und hinterlistig drei gelbe Nadeln in den Menschen stechen, was bekanntlich den Hexenschuss erzeugt. Von den Hexen geht die Farbe Gelb geradezu wie ein Gift aus. So wusste ein jeder in früheren Zeiten, dass auf Hexentanzplätzen der Rasen gelb wurde und sich häufig das gelb verfärbte, was Hexen berührten – hier ist das oben erwähnte Gelb des Absterbens und Zerfalls gemeint.

Männer fürchteten damals nichts mehr, als mit der gelb blühenden Eberraute von einer Hexe berührt zu werden, was sogleich lebenslange Impotenz hervorrief. Gelb als Symbolfarbe für Gift finden wir noch heute bei den gelben Gasleitungen.

Gelb ist in Mythos und Volksglauben allerdings auch die Farbe, um Hexenzauber abzuwehren. Das scheint archetypisch zu sein. Ob gegen Hexen Europas, gegen bösen Zauber in Bengalen oder gegen die listigen Geister Chinas – stets hilft Gelb, deren Unheil abzuwehren.

▶ Außereuropäische Mythologien

Heiliges Gelb

Verbinden die europäische Mythologie und der europäische Volksglauben Gelb eher mit dem Bösen und dessen Abwehr, so nimmt der indische Subkontinent die gegenteilige Haltung ein. In seinen Mythen ist Gelb mit Krishna verbunden und speziell mit dessen Lendenschurz, der so erotisch wirkte, dass er mit ihm tausend Hirtenmädchen verführte.

Gelb wird in diesem Kulturbereich als schöne und heilige Farbe verehrt. Als die Krone der Schönheit gilt das mit Safran gefärbte Gewand, das im Hinduismus und Buddhismus Heilige und Mönche sowie diejenigen tragen, die der Welt entsagen. Für Hindus verkörpert Gelb Licht, Leben, Unsterblichkeit und Göttlichkeit.

Wie in China ist Gelb in Indien und der gesamten Region des Himalajas eine heilige Farbe. Das zeigt, dass die dortigen Mythen von Lichtmysterien abstammen, die durchweg Gelb als positiv ansahen.

Warum sind alle Götter gelb? Darauf gibt die mexikanische Mythologie eine verblüffende Antwort: Sie sind gelb, da Kan, der Gott, der den Himmel trägt, derart gelb leuchtet, dass davon alle Götter gelb werden.

▶ Moderne Mythen

Gelb war die Modefarbe vom Ende des 19. bis zum Anfang des 20. Jahrhunderts. Es war so dominierend, dass man diese Zeit oft »die gelben Neunziger« nannte. Abendkleider aus gelber Seide waren in und galten als erotisch. Henri Toulouse-Lautrec (1864–1901) nutzte in seinen Plakaten ausgiebig ein leuchtendes Gelb, mit dem er schockierte. Dieses Gelb entsprach dem Mythos dieser Aufbruchstimmung. Man wollte modern sein, da drängte sich Gelb geradezu auf.

Gelb ist modern

Gelb ist die Farbe der Moderne. In der Farbgeste von Gelb, sich nach vorne zu drängen, konnten sich die Menschen der damaligen Zeit erkennen. Gelb war der Mythos der Moderne, dem sich keiner entziehen konnte.

Heutzutage ist der Glaube in die Moderne geschwächt, und Gelb hat an Gunst verloren.

Gelb bringt Glück

Gelb beherrscht weltweit den Mythos vom Glück, das sich jeder wünscht. Es ist der Glanz, der mit dem Besten assoziiert wird, wie es der Ausdruck »das Gelbe vom Ei« sagt. Egal, wo wir hinschauen, vom Gelb verspricht man sich Glück.

Wenn Sie sich in Büros umschauen, dann lachen Sie an vielen Arbeitsplätzen gelbe Glücksbringer an, die gelb grinsend auf grauen Bildschirmen sitzen oder als Schlüsselanhänger zu finden sind. Und die gelben Smileys sind Ihnen sicher auch nicht fremd.

Gelb ist die Farbe des Reichtums

Gelb vertritt Gold in Symbolik und Mythos. So verbreitete der Reisende Marco Polo (1254–1324) bereits den Mythos von den unermesslichen Schätzen im gelben Reich – der China nicht unbedingt half. Gelb beschwört Gold und somit den Profit herauf; so wurde Gelb von den Vaisya, der Händlerkaste in Indien, als ihre Farbe gewählt.

Gelb bringt Unglück

Mit diesem Argument lehnt man gelbe Vorhänge im Kino und im Theater noch bis heute ab. Früher vermied man sogar die Farbe Gelb im Bühnenbild, was in der Moderne eine Gegenreaktion hervorrufen musste. Man denke an den Skandal um das ganz in Gelb gehaltene Bühnenbild von Jo Mielzener für die Aufführung von Arthur Millers »Tod eines Handlungsreisenden«. Dieses Bühnenbild war geradezu revolutionär, weswegen es in Theaterkreisen derart berühmt wurde.

Wenn Schausteller und Theaterleute Gelb ablehnten und teilweise noch ablehnen, begeben sie sich in der Rolle der Außenseiter, denen Gelb oft genug als Mal der Diskriminierung aufgezwungen wurde. Solche historischen Erfahrungen wirken nach. Gehen Sie gelb gekleidet in ein Restaurant, werden Sie noch heute der Außenseiter sein wie der mittelalterliche Häretiker, dem ein gelbes Gewand zu tragen aufgezwungen wurde. Mit Gelb setzt man sich ab. Zu Gelb gehen andere in Distanz, obwohl Gelb die Farbe der Kommunikation ist.

Bei der Symbolik sollten Sie stets den Zusammenhang beachten: Als Kleiderfarbe schränkt Gelb eher die Kommunikationsmöglichkeiten ein. Bei der Post und bei Nachrichtenkabeln jedoch zeigt Gelb den Kommunikationsfluss an. Dort ist Gelb eine moderne, nach vorne strebende Farbe.

Gelb warnt

Gelb heißt »Achtung«, worauf nicht nur die Verkehrsampeln uns täglich hinweisen.

Nach dem »Handbuch des deutschen Aberglaubens« kann Gelb gegen Krankheit, Verzauberung und Feuer schützen.

Alle *Warnungen* sind gelb, weil sie in dieser Farbe kaum zu übersehen sind. Von der Quarantäne-Fahne der Schifffahrt bis hin zum Rettungsgerät für Passagiere in der Luftfahrt wurde Gelb gewählt, da es diejenige Farbe des Spektrums ist, die über die größte Entfernung wahrgenommen werden kann.

Gelbe Etiketten gehören auf Flaschen mit ätzenden Flüssigkeiten, gelb sollten Baustrukturen markiert sein, über die man gern stolpert oder an denen man sich stoßen kann, und wenn Sie mit Sprengstoff arbeiten, dann wissen Sie, dass dieser in gelbe Behälter gehört. (Selbst die Sprengköpfe der V1 waren gelb.)

Psychologie

▶ Psychologische Wirkung der Farbe Gelb

Gelb verlangt Aufmerksamkeit, es zieht den Blick an. Das weiß nicht nur jeder Verkehrsteilnehmer, das ist auch von der Sehphysiologie her verständlich. Gelb baut viel Sehpurpur (Rhodopsin) in den Stäbchen Ihres Auges ab. Sein hervortretender Charakter kann allerdings schnell nervig wirken. Dann schafft es Anspannung statt Wohlgefühl. Für zur Trägheit neigende Menschen ist Gelb die geeignete Wohlfühlfarbe.

Im Gegensatz zu Rot, das körperlich anregend wirkt, beflügelt Gelb Ihren Geist. Gelb macht ideenreich und kreativ. Gelb gibt Ihnen speziell dann ein Wohlgefühl, wenn Sie Klarheit benötigen. Weil es einen lockeren Optimismus schafft, fühlen sich die meisten Menschen mit Gelb wohl. Allerdings darf dieses Gelb kein schmutziges sein oder ins Grünliche gehen. Ansonsten baut Gelb Ängste und damit Verspannungen ab. Wer häufig geistig angespannt ist und sich schwer entspannen kann, dem hilft ein warmer Gelbton. Eine gelbe Decke über den Schultern oder besser noch der Blick auf eine gelbe Wand hilft.

Haben Sie schon einmal darüber nachgedacht, die Wand gelb zu streichen, auf die Sie schauen, wenn Sie am Schreibtisch sitzen? Dabei werden Ihnen die Tücken des Gelbs deutlich: Wenn Sie Gelb auf einem kleinen Farbkärtchen sehen, dann tendiert es dazu, eher warm zu wirken und somit eine gute Stimmung zu versprechen. Dasselbe Gelb wird auf einer größeren Fläche kälter wirken. Sie werden von der Wirkung des Gelbs enttäuscht sein. Es wird einen leichten Grünstich aufweisen, der alles Wohlgefühl zerstört. Bei Farbkärtchen sollte man bei Gelbtönen stets eine Abtönung wärmer wählen als die Farbe, die man wirklich haben möchte.

Gelb unterstützt nachweislich die Konzentration, fördert die Klarheit und schafft eine optimistische Atmosphäre, da es Ängste mindert. Zu viel Gelb macht jedoch nervös und kann zu Übertreibungen führen. Der angeregte Geist wird dann zum leichtsinnigen und wahnwitzigen Geist. Als der Maler der Farbe Gelb wird stets Vincent van Gogh genannt. Im einem Atemzug folgt, dass van Gogh seine Geisteskrankheit mit der Farbe Gelb zu kontrollieren suchte – oder war sie deren Ausdruck?

Seit der Veröffentlichung der Bilder der Prinzhorn-Sammlung (Sammlung des Nervenarztes Hans Prinzhorn [1886–1933] von Bildern psychisch Kranker) schien es sich zu bestätigen, dass Geisteskranke sich mit Vorliebe der Farbe Gelb zuwenden. Eine der klassischen Hypothesen lautet, dass sie sich mit Gelb zu stabilisieren suchen, da sie sich von der Klarheit des Gelbs eine Heilung ihrer Verwirrtheit versprechen. So falsch scheinen diese Kranken nicht zu liegen, denn spüren Sie es nicht ebenfalls: Ein gelber Raum, gelbe Gegenstände senden Licht in ein trübes Gemüt und verhelfen zur Klarheit.

Van Gogh soll hier aber nicht einseitig als Geisteskranker dargestellt werden. Er hat mit seinem individuellen Stil und mit seiner geradezu materiellen Gestaltung der Farbe Gelb einen großen Einfluss ausgeübt. Das Bürgertum war speziell von seinen gelben Bildern derart berauscht, dass es sich geradezu epidemisch in eine Gelb-Mode im ausgehenden 19. Jahrhunderts stürzte.

▶ Lieblingsfarbe

Ist Gelb Ihre Lieblingsfarbe, mag ein Psychologe vermuten, dass Sie dominant sind, kommunikativ und freundlich. Eine Vorliebe für Gelb soll (wie bei allen Grundfarben) auf ein kindliches, das heißt naives Gemüt weisen. Das kann negativ ausgelegt werden. Andererseits – heißt es nicht schon in der Bibel, dass wir alle wieder zu Kindern werden sollen?

Der offene, kontaktfreudige Mensch liebt Gelb. Ihn findet man häufig in intellektuellen Berufen. Wenn Sie Gelb als Lieblingsfarbe bevorzugen, sollten Sie sich Folgendes fragen:

▶ Kommuniziere ich sinnvoll?

▶ Bin ich zu dominant oder zu schüchtern?

▶ Möchte ich jemand Besonderes sein oder stelle ich mein Licht unter den Scheffel?

Gelb ist die Farbe des Sanguinikers, Narrs oder Lebenskünstlers.

Positiv: ▶ regt intellektuell an

          ▶ macht heiter

          ▶ unterstützt jede Kommunikation

Negativ: ▶ wirkt stechend und schrill

          ▶ Leichtsinn

          ▶ Wahnwitz

Heilen

Ein Glas Weißwein ins Bad gegossen,
macht Kinder widerstandsfähig gegen Infektionen.

(französischer Volksglaube)

Gelb wird bereits von Paracelsus (Theophrastus Bombastus von Hohenheim, 1493–1541) als Heilfarbe gelobt. Es wird bei ihm zum Symbol des Sympathie-heilens, des Vorläufers des homöopathischen Prinzips.

Zum Farbheilen können Sie Tücher oder Farblicht benutzen. Gelbe, ein-farbige Bettwäsche hilft wie das Tragen von gelber Unterwäsche – Seide ist zu empfehlen. Die gelben Stoffe zum Farbheilen wurden traditionell mit der Rinde der Zitrusbäume, Safran und Aloe gefärbt.

Bequemer ist es, sich die Farbe möglichst deutlich vorzustellen, was im Kapitel zur Meditation (S. 50) genauer beschrieben wird.

Gelb regt an, deswegen benötigen Schmerzpatienten eine höhere Dosis Schmerzmittel, wenn sie in gelben Räumen untergebracht sind.

Als Farbe der Reinigung fördert Gelb die Ausscheidungsfunktion.

Gelb regt den Blutdruck wie den Geist an. Als Wunderfarbe gilt zurzeit Lemon, ein kaltes Gelb, das noch vor einigen Jahren wenige Anhänger gefun-den hätte. Lemon wird in der Farbtherapie inzwischen als positive Farbe ange-

sehen. Es stärkt das Immunsystem, regt die Thymusdrüse an, schafft Glücks-
gefühle und macht lustig.

Gelb wird mit der Eigenschaft *sauer* verbunden[11], was bekanntlich lustig
macht. Jede wirkliche Heilung beginnt mit einer Stimmungsaufhellung. So
gesehen ist Gelb der große Heiler unter den Farben. Gelb regt an und entgiftet.

Wenn Sie sich entgiften wollen – wie bei der Raucherentwöhnung oder
Fastenkuren –, hilft es, gelbe Seidenunterwäsche zu tragen. Diese Extravaganz
lohnt sich. Nicht weniger extravagant wie hilfreich ist ein gelbes Bettlaken.

Leiden Sie unter niedrigem Blutdruck, Verdauungsproblemen oder
irgendwelchen Energiestaus, sollten Sie ebenfalls in gelber Bettwäsche schlafen und darauf achten, genügend gelbe Lebensmittel zu essen (eine Liste finden Sie auf S. 46).

Bei Unlustgefühlen und Trägheit sollte man Gelb tragen, in Gelb schlafen, Gelb essen und sich mit Gelb umgeben – sozusagen das volle Gelb-Pro-
gramm absolvieren, um möglich viel Glanz aufzunehmen.

Gelb ist zu meiden, wenn Sie sehr sensibel oder aufgeregt sind und Gelb
nicht leiden können. Gelb regt das Nervensystem an – es ist »Nervennahrung«, deswegen wirkt es gut bei depressiver Stimmung oder fehlenden Ein-
fällen bei kreativer Arbeit. Gelb regt den Blutdruck an, aktiviert einen trägen
Magen, stimuliert die Niere (bei den Chinesen traditionell Sitz der Lebensenergie), wirkt entgiftend und hautreinigend (gelbe Seife).

Steine

Mit Halbedelsteinen und Edelsteinen können Sie die Heilung einer Krankheit oder Unpässlichkeit unterstützen. Für die Heilwirkung des Steins ist dessen Farbe ausschlaggebend. Wenn Sie sich einen Stein für Heilzwecke kaufen
möchten, achten Sie auf dessen Farbreinheit (und darauf, dass nicht farblich
nachgeholfen wurde durch Brennen oder Farbzusätze).[12]

Sie können mit schönen Steinen heilen – und schön sollten sie wirklich
sein, denn Ästhetik transportiert Heilkraft –, indem Sie diese auf die kranken, schwachen Stellen legen und sich dann entspannen. Vertrauen Sie darauf,
dass der Stein mit seinem Farbglanz Ihre Gesundheit verbessern wird.

Einige Menschen tragen ihren Heilstein in der Hosentasche und benutzen ihn als Handschmeichler. Mit dieser Methode können Sie Erkrankungen vorbeugen und sich in Ihrer Energie halten.

Alle gelben Steine und Mineralien wie Schwefel sollen dem analogen Denken entsprechend die Heilung von Gelbsucht und allen Leberkrankheiten und Leberschwächen unterstützen. Man kann diese Steine einsetzen, um den Kater nach zu viel Alkoholgenuss zu mindern.

▶ Bernstein (Härte 2–2.5)
Der Bernstein ist ein fossiles Harz, das zu den begehrtesten Heilsteinen gegen Allergien und Hauterkrankungen gehört. Früher wurde Kindern beim Zahnen eine Bernsteinkette umgehängt. Gegen Rheuma trug man ihn in der Tasche.

▶ Diamant (Härte 10 – der härteste aller Edelsteine)
Diamanten werden Sie wahrscheinlich aus finanziellen Gründen nicht zum Heilen benutzen, obwohl sich diese hervorragend hierfür eignen würden. Sie werden als ein universeller Heiler angesehen. Strohgelb ist die bei Rohdiamanten am häufigsten anzutreffende Farbe. Allerdings genießen gelbe Diamanten weniger Ansehen als blaue oder weiße. Die bekanntesten Diamanten sind:

»Orlow« (194,25 Karat)
Er ist hellgelb und wurde aus den Augen einer Götterstatue in einem Brahmanentempel von einem französischen Soldaten gestohlen. Ihm wurde der Diamant wiederum von einem Schiffskapitän entwendet, von dem Prinz Orlow ihn für etwa 600.000 € nach heutigem Geld erwarb. Der Orlow gehört zu den russischen Kronjuwelen.

»Muntaz Mahal«
Geschenk von Schah Jachan an seine Lieblingsfrau Arjumad Banu Begam. Ein herzförmiger gelber Diamant.

»Gelber Tiffany« (128,5 Karat)
Dieser Diamant wurde 1878 in der Kimberly-Mine (Südafrika) gefunden, in Paris geschliffen. Mit 40 Facetten in der Krone, 44 an der Schulter und 17 am Gürtel gilt er als der feinste gelbe Diamant. Die 101 Facetten verleihen ihm ein schwelendes gelbes Feuer. Durch den Schliff behält er seine Farbe auch bei Kunstlicht.

»Gelber Österreicher«, auch »Florentiner« oder »Großherzog der Toskana« genannt (137,25 Karat)
Rosenförmig als neunzackiger Stern geschnitten, zitronengelb. Er gehört zum österreichischen Kronschatz.

▶ **Saphir (Härte 9)**
Gerade die gelben Saphire gelten als besonders wertvoll. Man sagt ihnen nach, dass sie Körper und Seele verbinden. Saphir-Ketten trug man gegen Geschwüre und Wucherungen.

▶ **Schwefel (Härte 3)**
Gediegener Schwefel leuchtet schwefelgelb (es gibt auch schwarzen Schwefel). Er wurde gegen Hauterkrankungen und Gicht getragen.

▶ **Topas (Härte 8)**
In den Farben Kanariengelb bis Orange. Er wurde als Kette getragen, um sich gegen Schizophrenie, Paranoia und Epilepsie zu schützen.

Pflanzen

Gelbe Pflanzen sind bekannt für ihre Heilwirkung. Wenn wir mit Krankheit das Dunkel assoziieren, ist es verständlich, dass wir uns von der hellsten Farbe Heilung versprechen.

Die aufgeführten Pflanzen können, wenn nicht anders erwähnt, als Kräutertee genossen werden. Ich glaube, dass es auch hilft, sich diese Pflanze wie einen Blumenstrauß ins Zimmer zu stellen oder sie im Garten zu ziehen.

Wer mehr dem materiellen Denken zuneigt, nimmt die Heilkraft der Pflanze am besten durch einen Kräutertee zu sich.

Wer dem Geistigen zuneigt, dem mag jede Beschäftigung mit dieser Pflanze helfen. Man kann sie sich beispielsweise in einem illustrierten Buch anschauen und auf sie meditieren.

Wie gelbe Steine werden gelbe Pflanzen als Heilmittel für Gelbsucht und andere Leberprobleme angesehen. Die heutige Kräuterheilkunde bestätigt diese Heilwirkungen gelber Pflanzen.

Da es derart viele gelb blühende Blumen gibt, stelle ich Ihnen im Folgenden nur einige Pflanzen beispielhaft vor. In diesem Abschnitt über die Pflanzen möchte ich Ihnen nicht nur Heilpflanzen, sondern auch andere Pflanzen vorstellen, die eine spezielle Beziehung zur Farbe Gelb besitzen.

▶ Arnika

Bergwohlverleih – eine der altbekannten Heilpflanzen. In der Homöopathie ein beliebtes Mittel bei allen Verletzungen – vor und nach Operationen.
Arnika wird traditionell bei **Herzproblemen, Muskel- und Knochenbeschwerden** angewandt. Wirkt in Cremes und Gesichtswasser **entzündungshemmend** und **fördert die Durchblutung der Haut.**

▶ Gelbwurz

Wird als Bestandteil von einigen Heiltees benutzt, speziell wegen seines bitteren Geschmacks und seiner **verdauungsfördernden Wirkung.** Als Gewürz Bestandteil indischer Currymischungen. Beliebtes natürliches Färbemittel.

▶ Ginster

Ginster ist für Tees ungeeignet und gilt als altes Hexenkraut. Ginster **hilft** nicht nur als Bachblüte »Gorse« **gegen Unruhe und Nervosität**, sondern auch in der Schlacht. Geoffroy d'Anjou trug einen Ginsterzweig, als er 1144 in die Schlacht zog, die Normandie zu erobern. Es hat geholfen. Seitdem wurde der Ginster im Hause Anjou hoch geehrt.
Der große Naturforscher Carl von Linné (1707–1787) ehrte das Gelb des Ginsters auf seine Weise. Er sank auf die Knie, als er den strahlend gelb blühenden Ginster in England vor violettem Heidekraut (Komplementärfarbe) sah.

▶ Ingwer

Die meist gelben Sorten des Ingwers eignen sich für Tees. Die TCM (Traditionelle Chinesische Medizin) setzt häufig den berühmten **Kälte-Wind-Tee** gegen Erkältungen und besonders gegen Schnupfen ein. Er besteht aus Ingwer, Honig und Wasser, die zusammen aufgekocht werden. Es ist wichtig, ihn bei den ersten Anzeichen einer Erkältung zu nehmen. Je früher er genommen wird, desto schneller wirkt er.

▶ Löwenzahn

Als Tee geeignet, besonders wirkungsvoll ist die Löwenzahn-Wurzel. Im Englischen wird er wegen seiner **entgiftenden und ableitenden Wirkung** »Pisskraut« genannt. Besonders **entgiftet** er **die Leber** und hilft so beim Kater nach Alkoholgenuss. Löwenzahn ist eines der stärksten **pflanzlichen Antibiotika.**

▶ Ringelblume

Als Tee geeignet und als Zusatz zu Hautsalben. Sie wird in der Traditionellen Chinesischen Medizin (TCM) zur **Entstauung der Leber** genutzt, was die Emotionen reinigt. Schon Hildegard von Bingen lobte die Ringelblume als Heilpflanze mit **aufhellender psychischer Wirkung.**

▶ **Safran**

Safran, eine der ältesten Heilpflanzen der Menschheit, ist ein Gewürz und als Tee nicht geeignet. Bei Homer, Plinius, Vergil und Shakespeare erwähnt und auf altägyptischen Bildern dargestellt. Safran ist das arabische Lehnwort für die Pflanze, die wir als Krokus bezeichnen. Er ist das teuerste aller Gewürze und ein begehrter Farbstoff.[13] Safran war derart wertvoll, dass man in deutschen Landen für den Handel mit falschem Safran mit dem Scheiterhaufen bestraft wurde.

Safran dient seit Tausenden von Jahren als Heilmittel quasi gegen alles. Er wird als Pulver mit gewürzter Speise eingenommen. Als **Aphrodisiakum** und als ein beliebtes **Mittel gegen den Kater** wurde er gepriesen. Er **hilft der Niere, stärkt die Leber** und **hellt** dazu noch wie alles Gelbe **das Gemüt auf. Er entgiftet und macht den Trägen munter.**

Die englische Tudor-Zeit (16. Jahrhundert) machte mit Safran gefärbte Speisen in ganz Europa populär, wobei neben dem ästhetischen Farbgenuss auch immer die Heilwirkung von Safran als Verkaufsargument angeführt wurde. Der berühmte Tudorkönig Heinrich VIII. liebte Safran über alles und förderte den Safranhandel (der ihm gutes Geld brachte). Außerdem färbten sich die Frauen an den europäischen Höfen die Haare mit Safran. Wolle und Leinen wurden ebenfalls mit ihm gefärbt wie auch Teppiche.

Weitere Pflanzen, die mit der Farbe Gelb eng verbunden sind, weil sie gelb blühen oder gelbe Früchte tragen, finden Sie in der folgenden Übersicht:

Akazie:	Baum
	bildet in Australien Wolken von leuchtend gelben Blüten, die maßgeblich das Verständnis von Gelb dort prägen
Butterblume:	volkstümliche Bezeichnung für viele gelb blühende Pflanzen, speziell Hahnenfußgewächse
	Ihre Blüten werden oft als schöner Farbkontrast vor dunkelgrüner Wiese empfunden.
Fingerkraut:	gelbe bis gelborange Blüten
Gänseblümchen:	Tausendschön heißt die Zuchtform, deren Inneres noch gelber leuchtet.
Raps:	wichtige gelb blühende Ölpflanze
	Mit blühenden Rapsfeldern gibt uns die Natur einen perfekten Eindruck von einem großflächigem Gelb.
Sonnenblumen:	das »schöne Gelb« der Blütenblätter
Steinbrech:	Als kultivierte Steingartenpflanze gibt es schöne gelb blühende Sorten.
Tulpen:	Tulpenblüten zeigen oft das perfekte Gelb.

Tipps für den Alltag

▶ **Körperlicher und seelischer Nutzen der Farbe**

Achten Sie darauf, ob in der Ihnen gewohnten Farbumgebung genug Gelb auftritt. Falls andere Farben dominieren, sollten Sie das ändern – speziell wenn Sie eine angenehm wache Atmosphäre mögen. Sich mit Gelb zu umgeben, harmonisiert das Nervensystem, kann allerdings nervöse Menschen zu sehr anregen (in diesem Fall die Gelbdosis verringern oder stattdessen Lindgrün benutzen).

Einfacher kann man sich mit seinen Lebensmitteln die gelbe Farbenergie zuführen. Wir kennen die Fotografien von Gewürzhändlern im indischen Basar vor seinen Farbhäufchen, die meist von Orange bis zum reinen Gelb das Auge des europäischen Betrachters faszinieren. Gelb sind viele Gewürze. Natürlich müssen Gewürze die warmen Farben zeigen, denn sie sind »hot« – die schärfsten Gewürze allerdings sind rot. Sie können die indische Ästhetik kopieren, indem Sie Ihre Gewürze in Gläser abfüllen, die sie nach der Farblogik von Gelb nach Rot ordnen. Dabei werden Sie bemerken, dass am roten Ende die schärferen Gewürze stehen, am gelberen Ende (nach Grün hin) stehen die milderen Gewürze. Allerdings: Auf dieses System können Sie sich nicht völlig verlassen. Um es zu überprüfen, könnten Sie die Gewürzgläser nach der Schärfe der Gewürze ordnen, um zu sehen, wie dann die Abfolge der warmen Farben aussieht.

Im Folgenden findet der Gelbhungrige eine Liste von gelben Lebensmitteln, die ihn stärken:

▶ **Obst**	▶ **Gemüse**
Ananas	Gelbe Rübe
Banane	Mais
Birne	Paprika
Grapefruit	Kürbis
Limone	Wachsbohne
Melone	Zwiebel
Mirabelle	
Pfirsich	
Quitte	
Zitrone	

▶ Kleidung

Gelb als Kleidungsfarbe vergrößert. Das ist der größte Nachteil und zugleich der große Vorteil von Gelb: Wer größer und präsenter erscheinen will, der nutzt Gelb, und sei es nur die gelbe Krawatte. Aber seien Sie vorsichtig, gelbe Kleidung wirkt nur auf dunkler Haut sexy. Grundsätzlich kleidet Gelb eher dunkelhäutige Menschen gut. Hellhäutige Menschen wirken blass in Gelb. Gelb überstrahlt sie. Wie gut dem Gebräunten das Gelb steht, können Sie in der Werbung vieler Sonnenstudios bewundern, die gebräunte Frauen im gelben Bikini unter gelbem Sonnenschirm darstellen.

Der Nachteil von Gelb liegt darin, dass es Körperfülle betont. Nach dem herrschenden Schönheitsideal können nur schlanke Frauen Gelb vorteilhaft tragen.

▶ Farbtypen

Der Frühlingstyp kann gut ein warmes Gelb und alle Farben tragen, die Gelb enthalten. Ein reines Gelb steht auch dem Wintertyp gut.

▶ Make-up

Ein Gelbton wirkt beim Make-up attraktiv als Lidschatten für Damen mit braunen Haaren. Allerdings bei bereits gelblichen Hauttönen und bei blondem Haar sollte Gelb beim Make-up vermieden werden, da man sonst zu blass erscheint. Besonders auffallend wirken Gelbtöne beim Make-up, wenn mit Kajal oder Mascara Konturen gesetzt werden. Sehr gut kann man mit gelbstichigem Make-up Augenschatten oder bläuliche Äderchen überdecken.

▶ Architektur und Umgebungsgestaltung

Gelb macht einen Raum heller und wärmer. Es besitzt den Vorteil, dass es nicht träge ist wie Blau und nicht so aktiv wie Rot. Gelb nimmt sich quasi das Gute von seinen beiden anderen Primärfarben: Es regt im mittleren Maß an. Gelb kann so die Atmosphäre für konzentriert angeregte Gespräche hervorrufen. Deswegen ist es eine ideale Farbe für das Wohnzimmer oder das Esszimmer, wenn hier die Kommunikation gepflegt werden soll. Ein warmer, weißgebrochener Gelbton ist die passende Wandfarbe. In allen Arbeitszimmern und Klassenzimmern wirkt ein leicht rotgebrochenes Gelb gut.

Für gelbe Bettwäsche gilt das Gleiche wie für gelbe Kleidung: Für Dunkelhäutige und Gebräunte ist Gelb die ideale Farbe für den imponierenden Auftritt. Aber wehe, Sie leiden unter Winterblässe. Dann ist Gelb die falsche Wahl.

Gelb reinigt, und damit würde man es im Badezimmer vermuten. Gelbe Handtücher sollen Rheuma und Arthrose vorbeugen. Sie geben zwar nicht solche Wärme wie Orange, aber vermitteln ein warmes und sauberes Gefühl.

In der Küche sollte man Gelb als Wand- oder Schrankfarbe meiden, weil sie sehr schmutzanfällig ist. Viele kältere Gelbtöne können Säubern nicht ohne unschöne Verfärbungen ertragen. Gelb ist bei Küchenschränken schön, wenn ein relativ säure- und basenbeständiger Lack verwendet wird, der nicht kratzempfindlich sein darf. Verkratzte gelbe Oberflächen sehen billig aus.

Last not least: Wasser aus gelben Gläsern schmeckt nicht gut. Ob da die Assoziation »Urin« mitschwingt?

▶ Die Farbe Gelb mit anderen Farben

Gelb und die Grundfarben

Das Mittelalter erfreute sich der Grundfarben und der Kontraste von Gelb, Rot und Blau. Reine Grundfarben wie Gelb waren bis zur Entwicklung chemischer Farben nur aufwändig herzustellen. Optisch wird der Kontrast der drei Grundfarben besonders ausgewogen, wenn Gelb als hellste Farbe in der Mitte steht (Rot – Gelb – Blau oder Blau – Gelb – Rot). Wird Gelb nur mit den Grundfarben kombiniert, schafft das eine coole Farbatmosphäre, die an den Bauhausstil erinnert.

▶ Gelb und Blau

Diese Farbzusammenstellung wird als harmonisch empfunden. Sie lässt die Reinheit der schwedischen Natur assoziieren und ziert auch ein großes schwedisches Möbelhaus. Als Polarität im Reich des Lichtes wirkt diese Farbharmonie ausdruckskräftig und harmonisch.

▶ Gelb und Rot

Im Design und auf dem Bildschirm wirken Gelb und Rot harmonisch miteinander. Bei der Kleidung dagegen halte ich diese Kombination für gewagt. Bei der Männerkleidung kommt sie weitgehend nicht vor, außer bei Uniformen, wo sie aggressives Vorstreben signalisieren soll.

Die Farben des gesamten Spektrums von Gelb bis Rot wurden von den Anhängern Bhagwans zu Beginn ihrer Massenbewegung getragen. In diesem Umfeld trugen auch Männer Kombinationen von Gelb- und Rottönen.

Gelb und die Sekundärfarben

▶ **Gelb und Grün**

Wenn Gelb mit seiner Nachbarfarbe Grün zusammen auftritt, verheißt das angeblich nichts Gutes. Man ärgert sich gelb und grün, oder es wird einem gar grün und gelb vor Augen. Der geringe Kontrast zwischen Gelb und Grün ließ diese Farbkombination spätestens seit dem 18. Jahrhundert (Goethe) als charakterlos erscheinen. Das hat in Resten bis heute unser Farbempfinden geprägt.

In anderen Kulturen ist allerdings gerade diese Farbzusammensetzung sehr beliebt. Gelb und Grün sind die Nationalfarben Brasiliens, und bei den Rastas erfreut sich Gelb neben Grün ebenfalls großer Beliebtheit.

▶ **Gelb und Orange**

Diese Farbzusammenstellung wird ebenfalls wegen eines zu geringen Kontrastes abgelehnt, außer von den Sanyasin und in Indien, wo dieser Farbkontrast als harmonisch gilt.

▶ **Gelb und Violett (= Rot und Blau)**

Goethe und die Impressionisten schätzten den Komplementärkontrast als vollkommenste Farbwirkung, die Anwesenheit aller drei Grundfarben. Als Umgebungs- und Kleiderfarbe wirkt diese Harmonie freundlich und leicht, wenn sie in zarten Tönen gegeneinander gesetzt wird. Eine solche Farbkombination wirkt jungmädchenhaft.

Gelb und unbunte Farben

▶ **Gelb und Schwarz**

Wirken cool und schick zugleich. Gelb und Schwarz bilden den wirksamsten Farbkontrast. Er eignet sich gut für Plakate und Hinweisschilder, da er die Aufmerksamkeit fordert und unterstützt.

▶ **Gelb und Grau**

Wirken edel. In dieser Kombination kann der Mann sich zu Gelb bekennen.

Farbmeditationen, Malen und Wahrnehmungsübungen

Feuermeditation

Obwohl Rot die klassische Farbe des Feuers ist, nehmen wir die Flamme einer Kerze oder von verbrennendem Holz gelb wahr. Genau genommen ist es ein Gelborange, das sich von der roten Glut absetzt. Diese grundsätzliche menschliche Erfahrung lässt uns neben Rot auch Gelb mit der Flamme des Feuers verbinden.

Ich lebe in England. Die klassische Gelb-Meditation pflegt hier jeder, nämlich die auf das Feuer im offenen Kamin. So hat bereits Nostradamus meditiert. Das Einzige, was Sie hierfür benötigen, ist der offene Kamin. Dieser ist jedoch in manchen Ländern nicht so verbreitet. Dort kann man sich mit einem anderen klassischen Meditationssetting behelfen: Statt auf das Feuer des Kamins schauen Sie in das Feuer einer brennenden Kerze. Starren Sie nicht, sondern schauen Sie entspannt auf die Flamme. Blinzeln Sie dabei etwas mit Ihren Augen, können Sie Gold aus der Flamme hervorschimmern lassen.

Diese Meditation, die Sie bis zu einer Viertelstunde üben können, ist ideal dafür, von einem gestressten in einen entspannten Zustand zu gelangen. Selbst wenn man sie nicht regelmäßig durchführt, wirkt sie tief entspannend. Führen Sie diese Meditation regelmäßig durch, werden Sie auf die Dauer von störenden Gedanken gereinigt, werden merklich ruhiger und konzentrierter und gehen gut gelaunt aus dieser Meditation heraus.

Malen

Sie können ein einfarbiges Bild in Gelb malen und dabei genau beobachten, welche Gefühle Sie während des Malens haben und an welchen Sie sich erfreuen. Dieses Bild können Sie mit Buntstift gestalten, mit Aquarell-, Acryl- und Ölfarben ebenso. Eine einfarbig gelbe Bildfläche können Sie auch gut mit einem Marker auf dickerem Papier herstellen. Diese Bildfläche nehmen Sie nach dem Ausmalen als Meditationsvorlage. Sie schauen nun nicht auf die Flamme, sondern auf Ihr Bild.

Wollen Sie Ihre Meditation auf Gelb noch verfeinern, malen Sie später abermals ein einfarbiges gelbes Bild. Probieren Sie durch Mischung aus, welches

Ihr Lieblingsgelb ist. Gestalten Sie damit ein einfarbiges Bild, das Ihnen danach als Meditationsgrundlage dient.

Schauen Sie einmal Ihr Malmaterial von den Stiften bis zum Tuschkasten durch – und vergessen Sie den Schminkkasten dabei nicht –, um ein reines, ungebrochenes Gelb zu finden. Die anderen Gelbtöne, die Ihnen dabei begegnen, ordnen Sie vom wärmsten bis zum kältesten Gelb. Wenn Sie mit vielen Farbstiften umgeben sind, kann die genaue Ordnung der Gelbtöne von Orange bis Grün wahrlich nicht nur meditativ sein, sondern auch gut das Auge schulen. Sie werden bewusster mit Farbe umgehen, wenn Sie alle Farben zum Beispiel Ihrer Buntstifte oder die der T-Shirts genau nach diesem Prinzip ordnen.

Wahrnehmungsübungen

Auf Gelb zu visualisieren heißt, sich Gelb mit geschlossenen Augen vorzustellen. Sie können diese Visualisierungen im Liegen oder Sitzen durchführen. Zu Gelb schlage ich Ihnen folgende Visualisierungsübungen vor:

Sie stellen sich einen Ihnen bekannten gelben Gegenstand vor, zum Beispiel einen Paketwagen der Post. Können Sie das Gelb deutlich spüren, lassen Sie die Form (den Postwagen) verschwinden und sehen nur noch dieses Gelb. Diese Vorstellung halten Sie für maximal fünf Minuten. Nachdem Sie einige Male diese Visualisierung durchgeführt haben, können Sie sofort Gelb vor Ihrem inneren Auge einstellen. Diese Visualisierung können Sie immer wieder durchführen, wenn Sie neue Energien und Klarheit benötigen.

Wesentlich schwieriger ist es, die Ordnung der Gelbtöne zu visualisieren. Versuchen Sie, sich alle Schattierungen von Gelb – von Orange bis Grün – vorzustellen. Im Grunde ist das wahrscheinlich unmöglich, aber es zu versuchen, verdeutlicht einem viel über Gelb. Ein wenig einfacher ist es, sich sein Lieblingsgelb in der Vorstellung zu entwerfen.

Als Wahrnehmungsübung sollten Sie sich Ihre Umgebung durch eine gelbe Folie oder ein gelbes Glas anschauen. Die Macht der Farbe zeigt sich hierbei am deutlichsten. Sie lässt die Stimmung des Betrachteten sofort umschlagen. Schauen Sie bei unterschiedlichem Licht durch eine Gelbfolie, erspüren Sie die verschiedenen Stimmungen, die von Gelb ausgehen.

Romantik

Treue — Himmel Wasser

Göttinnen Maria Götter

Unendlichkeit

Klarheit – Wahrheit – Weisheit

Blaue Augen, Himmelsstern

Blaue Stunde

Blaue Jungs Nixen

Blaustrumpf Blaubart

Blue Jeans

Blue Monday

Feeling Blue

Blues

Blau

Geometrische Form:	Kreis
Lage im Spektrum:	rechte Seite zwischen Rot und Gelb
Wellenlänge:	500–450 nm
Körperfarbe:	eine der drei Grundfarben (Primärfarbe)
Druckfarbe:	C (Cyan)
Lichtfarbe:	Blauviolett
Farbreichweite:	groß (verliert langsam seinen Charakter bei Mischung mit anderen Farben)
Temperatur:	Kältepol des Spektrums
Komplementärfarbe:	Orange
Goethes Farbenlehre:	farbiger Stellvertreter der Finsternis
Bauhaus-Farbenlehre:	zentripetale Farbe; entsprechende Form: Kreis
Volkstümliche Symbolik:	Treue
Esoterische Symbolik:	Himmelsboten; Himmelsgöttin; Wasserzeichen oder auch Luftzeichen[14]
Chakra:	Kehl-Chakra
Moderne Symbolik:	Sehnsucht, coole Reinheit
Psychologie:	Gefühl
Götter:	Götter des Wassers und des Himmels

Farbbezeichnungen und Pigmente

Blau: „Ein reizendes Nichts. "
(Johann Wolfgang von Goethe)

Blau ist so geheimnisvoll, dass selbst die sprachgeschichtlichen Zusammenhänge dieses Farbworts nicht sicher geklärt sind. In vielen Sprachen gibt es ein gemeinsames Wort für Blau und Grün oder für blau und dunkel. Bei Homer kommt der Begriff blau gar nicht vor (obwohl es blaue Farbpigmente in der Antike gab), und noch heute gibt es im Isländischen kein Wort für Blau, sondern nur das urgermanische Wort *blar*, das alle Töne von Blau bis Schwarz kennzeichnen kann.

Erst mit der Begriffsbildung, also mit dem Farbwort, haben wir die Möglichkeit, eine Farbe mit eigener Identität wahrzunehmen. Frühgeschichtlich – zum Beispiel bei den Ägyptern und Griechen – fehlte ein Farbwort für Blau. Wofür es kein Wort gibt, dafür gibt es keine Wahrnehmung. Daraus folgt, es gab zu dieser Zeit noch keine eigenständige Blauwahrnehmung. Blau galt als Kind des Dunklen, als ein Abkömmling der Finsternis, als eine Spielart von Schwarz.

Man könnte eine Geschichte der Farbe Blau als Geschichte des bitteren Streits um Pigmente schreiben. Um blaue Pigmente – wie um Waid und Indigo – entflammten im 17. und 18. Jahrhundert Kriege. Der Anbau und die Verarbeitung der Pflanzen zum Farbpigment spielte eine wichtige soziale und ökonomische Rolle, bis am Ende des 19. Jahrhunderts Indigo synthetisch hergestellt werden konnte. Vor der Einführung der chemischen Farben waren es neben Purpur die Blaupigmente, die als wertvoll galten, da ihre Herstellung aufwändig und kostspielig war. Diese Blaupigmente wurden zumeist aus dem Pulver zermahlter Edelsteine hergestellt.

• Ägyptischblau

Dieses Pigment ist auch unter dem Namen Pompejanischblau bekannt und ein Kupferkalziumsilikat. Das in der Antike beliebte Blaupigment erwähnt Plinius als *puteolanum*. Es wurde speziell bei antiken Wandbildern gebraucht. Wegen seiner Lichtbeständigkeit wird es heute noch in Deutschland und Frankreich hergestellt. Mit Ägyptischblau waren bereits die Decken und Sarkophage in den Tempeln der Pharaonen verziert (seit etwa 3000 v. u. Z.).

• Alaun

Eine Sonderform der Indigofärberei ist die Alaunfärberei. Die Indianer Nordamerikas nutzen Alaunfärbungen. Mit Alaun gefärbte Materialien sind farbbeständiger als mit Indigo gefärbte. Wolle, Baumwolle, Seide, Sisal und Jute wurden mit Alaun behandelt und dann mit Indigoextrakt, Weinsäure und Glaubersalz gefärbt. Den Indigoextrakt löst man traditionell mit menschlichem Urin auf.

• Azurit – das Blau der alten Meister

Azurit[15] ist ein Kupferpigment, das häufig in Kupfervorkommen auftritt. Zur Pigmentverarbeitung wird das Azurit zermahlen und geschlämmt. Die Pigmentfarbe besitzt einen leichten Grünstich und war deswegen als Farbe des Wassers – besonders des Meeres – beliebt (im Gegensatz zum Ultramarin, das die klassische Himmelsfarbe war).

Azurit war bereits in Ägypten und im klassischen Griechenland als Pigment bekannt. Plinius nannte es »armenischer Stein«. Es wurde bis weit ins 18. Jahrhundert hinein von europäischen Malern benutzt. Das leuchtende Azurblau war zu Beginn des 18. Jahrhunderts das beliebteste Blaupigment, da es viele Nuancen vom grünlichen bis zum rötlichen Blau aufwies. Problematisch war jedoch die Vergrünung des Farbtons. Aus diesem Grunde sehen wir heute in alten Gemälden häufig einen grünen Himmel, der diesen Bildern eine eigenartig düstere Stimmung gibt (Grün am Himmel wurde stets als schlechtes Omen gesehen). Ursprünglich war der Himmel auf diesen Bildern azurblau. Hieran sieht man anschaulich, wie die Veränderung eines Farbtons die Stimmung eines Bildes völlig verändern kann.

Im 18. Jahrhundert gab es zunehmend Einfuhrschwierigkeiten, da die Türken die Lagerstätten von Azurit in Ungarn besetzt hielten. Ab dem 18. Jahrhundert wurden diese Pigmente als Bergblau künstlich hergestellt, konnten sich aber nicht gegen das gerade aufkommende und viel billigere Berliner Blau durchsetzen.

Der Himmel auf El Grecos (1541–1614) Gemälde »Vertreibung der Händler aus dem Tempel« ist mit Azurit gemalt. Auch Leonardo da Vinci benutzte Azurit, allerdings nur als Untergrundfarbe für Ultramarin.

● Eisenzyan-Pigmente

Zu diesen Pigmenten gehören Berliner Blau – der Farbname wird heute oft für alle Eisenzyanpigmente benutzt, früher galt er als Synonym für Preußischblau. Miloriblau – hell, Pariser Blau – dunkel, Preußischblau – dunkel (Grünstich) – diese Pigmentfamilie wurde 1704 von dem Maler Diesbach in Berlin entdeckt. Ihr Vorteil: Sie färbt durchschlagend tiefblau. Ab 1750 wurden Eisenzyanpigmente in größerer Menge für den Handel hergestellt. Milori (deswegen Miloriblau) war der erste professionelle Hersteller dieser Pigmente (in Frankreich). Grundsätzlich werden diese Pigmente aus Eisensulfat und Blutlaugensalz hergestellt. Durch Variation der Herstellungsbedingungen werden verschiedene Farbtöne erzeugt. Diese Pigmente werden seit Mitte des 18. Jahrhunderts häufig verwendet, da sie sich mit allen anderen Pigmenten vertragen. Schönste Blautönungen werden mit diesen beliebten Farben erzeugt.

● Indigo

»Indigo« bezeichnet einen blauen Farbstoff, eine tiefblaue Farbe und eine Färberpflanze. Er ist nach seiner Heimat Ostindien benannt (span., lat., griech.:
indikón, das Indische). Er kann aus der indischen Indigopflanze oder dem heimischen Färberwaid gewonnen werden. Beide enthalten Indican, das durch
Gärung in Indoxyl umgewandelt werden muss. Durch anschließende Oxidation
an der Luft entsteht aus dem gelben Indoxyl der blaue Indigoton.

Indigo, das indische Blau, liefern über 300 Pflanzen, die im feucht-heißen
Klima Indiens wachsen. Die Ergiebigste ist *Indigofera tinctoria.* Portugiesische
Kaufleute auf den Spuren Vasco da Gamas brachten schon im 16. Jahrhundert
Indigo nach Europa. Aus der aus Indien stammenden Pflanze wird ein leuchtend blauer Farbstoff gewonnen, der den Blick auf sich zieht. Dieser Farbstoff
wird in Europa seit der Antike geschätzt. Nach Purpur galt er als der edelste
und vornehmste aller Farbstoffe.

Isaak Newton führte Indigo als siebte Farbe in den Farbenkreis ein, damit Farben und Tonleiter übereinstimmen. Goethe machte das in seiner New-
ton-Feindschaft wieder rückgängig. Bei ihm gibt es nur die sechs Farben des
Regenbogens, was der heutigen Auffassung entspricht.

Seit 1900 wurde Indigo von synthetisch hergestellten Pigmenten weitgehend verdrängt, da diese viel preisgünstiger und lichtechter sind. Die ersten
Jeans wurden noch mit natürlichem Indigo gefärbt. Als Naturfarbe zum Färben von Wolle, Leinen und Seide sind heute noch Indigo und Waid zu empfehlen. Besonders Indigo führt zu einer tiefen Blaufärbung.

Im sogenannten Indigo-Krieg in Indien stellte sich Mahatma Ghandi auf
die Seite der Indigo-Bauern. Dieser Krieg war maßgeblich für den Niedergang
des britischen Empires.

Von der Indigo-Färberei stammt unser Ausdruck »blauer Montag«. Am
Sonntag wurde gefärbt. Der Mensch ruhte wie der Stoff im Färberbad. Am
Montag wurden dann die eingefärbten Textilien um die Städte herum in die
Sonne gehängt. Erst durch das Licht und den Sauerstoff färbten sich die Stoffe
blau. Es gibt einige spätmittelalterliche Bilder der idealen Stadt, um die am
Montag die blauen Stoffe wehen.

● Kobalt

Kobaltblau wird auch Leydenerblau genannt, da es in Leyden hergestellt wurde. Der Name Kobalt stammt aus dem 14. Jahrhundert und verweist auf die

Kobolde, die bösen Berggeister, die den Bergmann an Kobaltvergiftung sterben ließen. Die Vergiftung kommt durch das Einatmen arsenhaltiger Dämpfe der Kobaltminen zustande.

Zum Färben von Glas wurde Kobalt schon 2000 v. u. Z. in Mesopotamien benutzt. In China war es bestimmend für die Porzellanmalerei der Hsuang-Te- (1426–1435) und Ch'eng-Hua-Periode (1465–1487). Die legendäre kaiserliche Porzellanmanufaktur von Jingdezhen begann mit diesem Pigment zu arbeiten, woraus das berühmte Ming-Blau entstand, das bald als Mohammedanischblau und Persischblau (dunkelviolette Blautöne) in Europa beliebt wurde.

Kobalt wurde 1802 von dem französischen Chemiker Louis Jacques Thénard (1777–1857) künstlich hergestellt. Seitdem heißt das Kobaltblau auch Thénardsblau – ein beliebtes Blaupigment seit Mitte des 19. Jahrhunderts in der Kunstmalerei.

Heutiges Kobaltblau, ein Kobaltoxid-Alumiumoxid, besitzt hervorragende Farbechtheit. Es ist mit anderen Pigmenten gut mischbar und besitzt gute Maleigenschaften. Es wird für klare, kühle Blautöne verwandt. Allerdings ist sein Färbevermögen gering.

Ein weiteres Kobaltpigment ist Smalte, auch Kobaltglas genannt, das jedoch nur schwach deckt. Smalte ist das älteste Kobaltpigment, das schon im Altertum in Ägypten und Mykene bekannt war.[16] Smalte wurde in Europa durch die venezianischen Gläser bekannt, die später von böhmischen Glasbläsern kopiert wurden. Schon im 16. Jahrhundert entstand die erste Smalte-Manufaktur in Sachsen. Äußerst beliebt war Smalte bei den flämischen Malern (z. B. Breughel, van Eyck, Rubens und Cranach). Im 18. Jahrhundert wurde Smalte von Preußischblau und seit Mitte 19. Jahrhundert von Kobaltblau verdrängt.

Zu den Kobaltpigmenten gehört auch das Coelinblau. Coelinblau oder Coeruleum wird durch Ausglühen von Kobaltsulfat, Kieselsäure und Zinndioxid seit Beginn des 19. Jh. hergestellt. Es gleicht in seinen Eigenschaften dem Kobaltblau, besitzt jedoch einen starken Grünanteil. Heute sind diese Pigmente unter dem Namen Grünblauoxid oder Blaugrünoxid im Handel erhältlich.

Kobalt spielte in dem Prozess gegen den holländischen Fälscher Han van Meegeren eine entscheidende Rolle. Van Megeren hatte einen von ihm gefälschten Vermeer für einen erstaunlich hohen Betrag an Hermann Göring verkauft. Später wurde die Fälschung entdeckt, da – wie van Meegeren selber betonte – zur Zeit Vermeers Kobaltfarben noch nicht erfunden waren. Van

Meegeren war selber getäuscht worden, denn die Farbe seines Blaus war ihm als reines Ultramarin verkauft worden (das der Farbenhändler mit Kobalt in seiner Farbkraft verstärkt hatte).

● Manganpigmente

Das erste Manganpigment wurde 1868 aus Braunstein, Ammoniak und Phosphorsäure von Leykauf in Nürnberg hergestellt. Es wurde Nürnberger Violett genannt und ist heute noch im Handel. Das Pigment ist lichtecht, allerdings von stark violetter Tönung.

● Ultramarin

Ultramarin ist das meist gebrauchte Malpigment für Blau wegen seiner hervorragenden maltechnischen Eigenschaften. Lapislazuli – auch *Azurro oltremarino,* also Überseeblau genannt – ist Grundstoff der Ultramarinherstellung. Gebunden wird er mit Eiweiß.

Die ägyptischen Alchemisten waren die Ersten, die aus Lapislazuli ein leuchtend blaues Pigment herstellten.

Ultramarinpigmente werden aus dem Mineral Lazurit[17], früher wurde es als Lapislazuli bezeichnet, oder künstlichem Ultramarin hergestellt. Lapislazuli wird zerkleinert, geschlämmt und zu Pigment zermahlen. Da das arbeitsaufwändig ist, war das Pigment teuer. Künstliches Ultramarinpigment wird aus Kaolin, Quarz, Soda, Glaubersalz, Schwefel und Pech oder Kohle in Schamottetiegeln gebrannt. 1828 veröffentlichten die drei Chemiker Gmelin, Guimet und Köttig unabhängig voneinander Verfahren zur künstlichen Herstellung von Ultramarinpigment. Damit war es erstmalig möglich, ein preisgünstigeres, lichtechtes Blaupigment herzustellen. Ein Nachteil ist seine hohe Wasserempfindlichkeit. Bei Luft- und Wandfeuchtigkeit blüht es leicht aus, oder es kommt zu Quellung des Pigments und zu Entfärbungen. Raffaels Madonna wurde mit Lapislazuli-Pigment gemalt. Fra Angelico, Tizian, Botticelli, Pierro de la Francesca und Giovanni Bellini benutzten ebenfalls den Lapislazuli-Farbstoff. Da es das teuerste Pigment war, wurde es wie Purpur einzig zum Ausdruck übernatürlicher Schönheit benutzt. Nur die berühmtesten und somit erfolgreichsten Maler konnten einen Auftraggeber finden, der es ihnen ermöglichte, dieses Pigment zu kaufen.

Der Himmelsmantel der Jungfrau Maria wurde seit der Renaissance oft mit Lapislazuli-Pigmentfarbe gemalt.

● Waid

Der Konkurrent des Indigos erzeugt ein leuchtendes Blau, das nicht ganz so tief ist wie jenes aus Indigo. »Waid« bezeichnet sowohl den Farbstoff als auch die Pflanze.

Als die Kelten in England auf die Römer stießen, malten sie sich mit Waid blau an. Caesar war erschrocken von dieser blauen Kriegsbemalung. Tacitus beschreibt die blaue Kriegsbemalung der englischen Kelten als höchst Furcht erregend.

Die im irischen »Book of Kells« leuchtenden Blautöne der Buchmalerei stammen aus Färberwaid. Besonders im Mittelalter war Waid beliebt. Allerdings waren die Waid-Färbereien schon damals berüchtigte Umweltverschmutzer, so dass Friedrich II. (1194–1250) ein Gesetz zur Reinhaltung der Flüsse erließ.

In Deutschland war die Meinung gegen Indigo eingestellt, da er den Bauern das Geschäft mit dem heimischen Waid verdarb. Für Sachsen wurde 1650 in Dresden ein Gesetz erlassen, das festlegte, dass »alles Blaue« mit Waid statt mit Indigo gefärbt werden müsse. Dem Indigo wurden »schädliche und durchfressende« Eigenschaften zugesprochen. 1654 erklärte gar der deutsche Kaiser Indigo zur Teufelsfarbe und lobte den Waid. Da Indigo jedoch besser färbte, setzte er sich im 17. Jahrhundert gegenüber dem Waid durch. Nach der Legalisierung der Indigofärberei im 18. Jahrhundert brach der Waidanbau zusammen.

In der Textilbranche war das englische Coventryblau berühmt. Blaue Garne und blaue Stoffe bester Qualität kamen aus Coventry, der englischen Stadt, die im Ruf stand, die haltbarsten Farben herzustellen.

Einführung

Farbe ist eine Macht, die direkt auf die Seele wirkt.
(Wassily Kandinsky)

● Wortstamm

Das Farbwort Blau stammt vom althochdeutschen *blao* ab, das sowohl Blau als auch Gelb bezeichnen konnte. Eine klare Farbvorstellung von Blau bildete sich erst zwischen 800 und 1000 Jh. u. Z. Kinder bis zum zweiten Lebensjahr kennen die Vokabel »blau« nicht. Dies nicht wissend war Charles Darwin davon überzeugt, dass seine kleinen Kinder farbenblind sind.

● Bildende Kunst

Yves Klein (1928–1962) ist der Maler der Moderne, der stets mit der Farbe Blau verbunden wird. Er ist der einzige Maler, der einen Blauton für sich patentieren ließ. Es ist das IKB (International Klein Blue), ein leuchtendes Blau, ein intensiver Ultramarinton, den Yves Klein nach langem Suchen 1955 entwickelte. Blau geht für Klein auf einen Tagtraum zurück, in dem er die andere Seite des Himmelsgewölbes sah. So wurde für Klein Blau nicht nur zur Farbe des Himmels, sondern auch zur Farbe, welche die andere Seite der Welt darstellte, eine reinere Welt, für die sich natürlich die Farbe Blau anbietet.[18]

Berühmt wurde im 15. Jahrhundert das klare Blau der niederländischen Meister, das unter anderen Jan van Eyck (1390–1441) und Johannes van Vermeer van Delft (1632–1675) benutzten. Auch Rubens und Chagall liebten Blau. Picasso entwickelte von 1901–1904 einen eigenen Stil in seiner »Blauen Periode«, in der er nur Bilder in verschiedenen Blautönen malte.

● Der Blaue Reiter

Erstaunlich viele Künstlergruppen benutzten den Ausdruck »Blau« in ihrem Namen. Die berühmteste ist »Der Blaue Reiter«, eine der einflussreichsten Künstlergruppen, die 1911 in München gegründet wurde. Zu ihr gehörten Marc, Kandinsky, Klee, Macke und Campendonk. Mit Kandinskys Bild des blauen Reiters von 1903, das den Umschlag des Almanachs dieser Gruppe zierte, sollte das »Geistige in der Kunst« betont und somit die Kunst erneuert werden. Dies gelang, und heute wird die Gruppe »Der Blaue Reiter« als eine der wichtigsten Bewegungen in der Malerei der Moderne in Deutschland angesehen.

● Die Periode des Blaus

In der Gotik, als die großen Kathedralen in Europa errichtet wurden, wurde das Glas und speziell das blaue Glas entdeckt. Für die Glaskünstler des Mittelalters war Blau die Schlüsselfarbe. Das kann man in den französischen Kathedralen von Chartres, Amiens und Reimes sehen. Fenster ohne tiefe Blautöne galten als langweilig und ungeordnet. Blaues Glas sollte ferner Böses abwenden.[19]

Allerdings galt Blau im späten Mittelalter als die Farbe sowohl des Verrats, als auch als jene, mit der vor Verrat gewarnt wurde (speziell an den Höfen der Sforzas, Medicis und Viscontis in Florence und Mailand im 15. Jahrhundert).

● Farbtöne

Um sich von der reichen Palette der Blautöne zu überzeugen, schauen Sie sich einmal in einem Kunstbuch Tizians (1488–1576) berühmtes Gemälde »Himmlische und irdische Liebe« (1514) an. Der Faltenwurf des hellblauen Kleides der himmlischen Liebe zeigt durch die Wirkung von Licht und Schatten alle Blautöne vom hellsten bis zum dunkelsten Blau.

● Blau ist Romantik

Blau liebte keiner so sehr wie die Romantiker und auch heute gibt es kaum jemanden, der Blau ablehnt, da diese Farbe zu sehr mit Freundlichkeit, Harmonie und Sympathie verbunden wird.

In der Symbolik wird Blau mit dem Unendlichen und der Sehnsucht verbunden. In der Architektur wird es eingesetzt, um die optische Illusion der Weite zu erzeugen. Auf Grund dieser Verbindung mit dem Unendlichen verband die Klassik Zeus/Jupiter als höchste Götter mit der Farbe Blau. Auch Hera/Juno und Venus/Aphrodite wurden mit Blau symbolisiert.

Zur Göttlichkeit der Farbe Blau gehört ferner, dass es die ewigen Werte und die Tradition ausdrücken soll. Es ist vielleicht kein Zufall, dass einige konservative Parteien sich Blau als Signalfarbe gewählt haben.

● Blau ist himmlisch

Ein sanftes Blau wie morgenländischer Saphir
Ins heitere Bild des Himmels hineingegossen
Beglückte endlich wieder meine Augen. (Dante)

Alle himmlischen Kräfte und speziell Maria als Himmelskönigin (Stella Maris) werden traditionell in Blau oder zumindest mit blauen Accessoires dargestellt. Das geht auf altjüdische Traditionen zurück. Hebräische Priester mussten nach dem biblischen Buch Exodus (28, 5–35) ein blaues Gewand tragen. Dieses Gewand sollte ihn und seine Gemeinde an den Himmel und die Himmelsnähe erinnern. Dazu kommt, dass die Farbe Blau in der Kabbala als Farbe der Gnade betrachtet wird. Diese Symbolik wandelte sich jedoch im Lauf der Geschichte. Heute wird im jüdisch-christlichen Bereich Blau eher mit Reinheit, Gerechtigkeit und Klarheit Gottes verbunden.

Es ist naheliegend, dass die Taufe mit der Farbe Blau assoziiert wird. Alles das, was mit dem Wasser wie mit dem Himmel verbunden ist, wird oft mit Blau ausgedrückt. Diese Symbolik ist so grundlegend, dass sie sich in allen Kulturen zeigt.

Erleben Sie ein »blaues Wunder«, dann haben höhere Kräfte eingegriffen, allerdings nicht unbedingt zu Ihren Gunsten. Ursprünglich wurde dieses »blaue Wunder« tatsächlich auf die himmlischen Kräfte bezogen und nicht auf die blauen Flecken, die einem solch ein Wunder bescheren kann – wenn man zu blauäugig ist.

Dem blauen Wunder nahm sich speziell der Film an. Seit Leni Riefenstahls »Das blaue Licht« (1932, ein Schwarzweißfilm) wird mit dem blauen Licht im Film das Transzendente wie auch das Tödliche beschworen. In Mel Gibsons »Die Passion Christi« (2002) badet Jesus im blauen Licht im Garten Getsemane, in Michael Manns »Manhunter« (1985) tritt das blaue Licht auf, um spirituelle Erfahrungen anzudeuten wie auch in Terence Malicks »Der schmale Grat« (1998) und »The New World« (2005).

Die Himmelskräfte, egal um welche Götter, Engel und anderen mythologischen Bewohner der Wolken es sich handelt, werden als blau angesehen – deswegen erkennt man sie nicht im Himmel bzw. vor dem Hintergrund des blauen Himmels.

In vielen Religionen, bei Indianern, Chinesen, Christen und Buddhisten, werden die Himmelskräfte mit Blau symbolisiert. Die Farbe zeigt die Herkunft ihres Trägers oder ihrer Trägerin. Zur Vorliebe der Buddhisten für Blau kommt noch hinzu, dass Blau eine kühle, distanzierende, doch zugleich leidenschaftliche Farbe darstellt, die auf der Ebene der Farbsymbolik perfekt Buddhas Leitsatz ausdrückt: »Mitleiden und nicht anhaften.«

Blau bringt im Stil der Postmoderne die »Coolness« ins Alltagsleben, mit der man sich himmlisch fühlen kann. Das zumindest möchte uns die Werbung vermitteln, wenn sie mit Blau für Lifestyle-Produkte wirbt. Duschgels, Deo-Stifte und andere Kosmetik-Produkte sollen himmlische Gefühle vermitteln; sie verkaufen sich nach Untersuchungen von Werbeagenturen am besten in blauer Verpackung.

● Der Schatten des himmlischen Blaus

Als Madame Curie die Phiole mit dem Radium sah, das sie als erste vom Erz destillierte, faszinierte sie der blaue Schein dieser Substanz, die später u. a. für Atombomben gebraucht wurde.

● Das blaue Blut

In unserer Kultur ist Blau auch mit dem roten Blut verbunden. Wir sprechen vom blauen Blut des Adels. Diese Wendung »blaues Blut« ist ein Übersetzung des spanischen »sangra azul«. Die Spanier bezeichneten damit ursprünglich die Nachkommen der Westgoten, welche die vornehme Oberschicht und den Adel in Spanien bildeten. Da sie helle Haut besaßen, schimmerte das Blut in den Venen bläulich durch die Haut. Bei den dunkelhäutigen Iberern tritt dieses Phänomen nicht auf. So wurde das blaue Blut zu einem geläufigen Ausdruck für den Adel und somit für Personen eines hervorgehobenen Standes, die teilweise in der Geschichte fast wie Götter verehrt wurden.

Allgemeine Symbolik

● Blaue Augen, Himmelsstern

Seit ewigen Zeiten werden blaue Augen romantisiert. Blauäugige Menschen werden begehrt, und selbst die Engel werden mit großen blauen Augen gemalt. Die Himmelsweite spiegelt sich in den blauen Augen wider. In kitschigen, entglittenen Darstellungen wird ein glänzender Stern ins Auge der Begehrtesten gesetzt – blaue Augen: Himmelsstern.

Die leuchtend blauen Augen von Simonetta Vespucci, des Modells des Malers Botticelli (1445–1510), galten als das Nonplusultra der Attraktivität und das Ziel aller Mädchen. In der Neuzeit waren es die edelsteinblauen Augen von Jeanne Hébuterne, des Modells und der Frau Amedeo Modiglianis (1884–1920). Es passt in das Bild, dass Modepuppen (besonders in den USA) seit den sechziger Jahren des vergangenen Jahrhunderts den Betrachter meist aus kobaltblauen Augen anstarren.[20]

Die Attraktivität und das Engelhafte der blauen Augen sind allerdings an unsere Kultur gebunden. Im Islam besitzt der Teufel blaue Augen. Die blauen Augen sind das Dämonische, von dem der böse Blick abstammt. Jedoch schützt nach dem homöopathischen Prinzip die blaue Farbe auch gegen diesen bösen Blick.

Die Araber sehen grundsätzlich in blauen Augen ein böses Zeichen. Von den Hindus werden die schönen blauen Augen der Europäer sogar als Missbildung empfunden und als »Katzenaugen« beschrieben, weil Siamkatzen blaugepunktete Augen besitzen.[21] Vor Blauäugigen hat man sich in Acht zu nehmen, meint der Volksglauben nicht nur in Indien.

Auch unsere Kultur kennt die dämonischen blauen Augen: In der Magie und im Volksglauben des Nordens sagt man, dass Männer, die mit Wasserwesen schlafen, Kinder mit leuchtend blauen oder wasserblauen Augen zeugen. Bisweilen ist zu lesen, dass das gesamte Geschlecht der Blauäugigen aus der Verbindung von Nixen und Menschenmännern stammt. Da sie dem Wasser so verbunden sind, werden sie als gefühlvoll und sensibel gedacht.

Das Magische der blauen Augen wird eindrucksvoll in dem Film »Dune« (Kultfilm von David Lynch, 1984) nach dem gleichnamigen Roman von Frank Herbert (amerik. Schriftsteller, 1920–1986) in Szene gesetzt. Dort sind es die Guten, die vollständig blaue Augen besitzen, mit denen sie die Bösen bekämpfen. Damit wird die Ansicht des bösen blauäugigen Blicks im Islam in das Gegenteil verkehrt.

Das negativ besetzte blaue Auge tritt uns im volkstümlichen Ausdruck »Veilchen« für ein blau geschlagenes Auge entgegen. Und als blauäugig zu gelten, ist nicht gerade ein Kompliment.

● Die blaue Stunde

Die Romantisierung der blauen Augen beruht auf Projektionen, Idealisierungen oder kulturell bedingten und persönlichen Vorurteilen. Es ist unsere Einbildungskraft, die blaue Augen sinnlich oder dämonisch erscheinen lässt. Diese Einbildungskraft wirkt entwaffnend oder entrückend, speziell zur blauen Stunde, wenn das Licht des Tages weicht, um den Gaukeleien der Nacht das Feld zu überlassen.

Mit der blauen Stunde treffen wir auf das Ideale und auf das Gruselige. Beides verehrten die romantischen Künstler, die den modernen psychologischen Liebesroman wie die Gruselgeschichte schufen. Der Schauer der Finsternis wurde in Mary Wollstonecraft Shelleys »Frankenstein« (1818) wie in Bram Stokers »Dracula« (1897) beschworen, die beide zur blauen Stunde hervorkamen, um ihr Unwesen zu treiben.

Die blaue Stunde ist Übergangszeit zwischen Tag und Nacht. Solche Übergänge wurden stets mit dem Magischen verbunden. Die Farbe Blau stellt einen derartigen Übergang dar: Vom Licht über die warmen Farben der linken Seite des Spektrums steht Blau am Übergang zur Finsternis.

Blau führt etwas Dunkles mit sich, stellt Goethe in seiner Farbenlehre fest. Die Farbwirkung von Blau führt in das Dunkel der Nacht – oder aus ihm hinaus.

● Blauwahrnehmung

Warum ist der Himmel blau? Diese Frage erregte die Gemüter, bis Goethe sie in seiner Farbenlehre beantwortete. Das Blau des Himmels entsteht dadurch, dass das Auge des Beobachters auf die Finsternis blickt. Zwischen dieser Finsternis des Weltalls und dem Beobachter liegt eine seitlich beleuchtete Trübe. Das bedeutet, wir schauen durch die von der Sonne seitlich durchleuchtete Atmosphäre auf die Schwärze des Weltalls.

Sie können sich das in einem einfachen Experiment verdeutlichen. Füllen Sie einen größeren Glasbehälter mit Wasser. Stellen Sie an dessen Stirnseite eine schwarze Pappe auf und seitlich beleuchten Sie am besten mit dem Licht eines Punktstrahlers oder einer Lampe dieses Wasser. Lösen Sie etwas Spülmittel in diesem Wasser auf, und schauen Sie durch das Wasser auf die schwarze Pappe. Sie haben es vermutet: Sie sehen die Pappe im schönsten Blau.

Die Natur zeigt es unbestreitbar: Blau ist ein Kind der Finsternis und des Lichts, es steht am Übergang von beiden.

● Blau zieht uns in die Farbfläche hinein

Dieser Anziehung kann eine angenehm gruselige und geheimnisvolle Stimmung innewohnen. Es ist der Sog der Tiefe, der Geheimnisse des Unbewussten, welche die Romantiker ergründen wollten. Novalis spricht vom Schauer angesichts des Nichtseins, in das uns Blau zu ziehen sucht. Dabei ist dieses Geheimnis, das dem Blau innewohnt, nicht nur abschreckend, sondern es beschwört auch die sinnliche Sehnsucht und deren Erfüllung. Blau symbolisiert folgerichtig die Eroberung oder die Hingabe, zu der man in der lasziven Stimmung der blauen Stunde nur allzu gern bereit ist.

Die blaue Stunde ist nicht nur schaurig, sondern sie schafft auch eine ruhige, friedvolle Energie. Es ist die Zeit der Innenschau, der Beruhigung und all jener Gefühle tiefer Befriedigung, die Novalis in seiner Blauen Blume ebenfalls anklingen lässt.

Da Blau als Farbe des Wassers vor allem der Gefühlswelt verbunden ist, kann es so unterschiedliche Gefühle wie Sinnlichkeit und Horror ausdrücken.

● Blau sein wie ein Veilchen

Der Rausch als Grenzerfahrung faszinierte die Romantiker. Dieser Rausch als neptunische Kraft wird im Volksmund mit der Farbe Blau verbunden. Wenn man zu viel Alkohol getrunken hat, ist man blau. Man ist benebelt

– heiter oder finster. Dass man diese Benebelung mit Blau verbindet, bringt uns wieder zu Goethes Erklärung der Farbe Blau. Nebel wirkt wie die Atmosphärenschichten als Trübe. Schaut man durch Nebel, verschiebt sich die Wahrnehmung aller Farben zu Blau hin. Vernebelung und Blau hängen zusammen. Deswegen bezeichnet der Volksmund die Vernebelung des Geistes durch Alkohol mit Blau.

Es gibt eine christliche Selbsthilfeorganisation, die sich der Suchtkranken und speziell der Alkoholiker annimmt: das Blaue Kreuz. Aus naheliegenden Gründen wird in Kreisen der Blaukreuzler der Alkohol verteufelt. Darauf spielt ironischerweise der Name des Cocktails »Blue Devil« an. Und der Gin wurde im 19. Jahrhundert als »blauer Ruin« bezeichnet.

Blau ist die Lieblingsfarbe der Romantiker, denn es verbindet das Engelhafte mit dem Dämonischen, das Sinnliche mit dem Gefährlichen, den Reiz mit der Ruhe, den Schutz mit dem Angriff, den Rausch mit der Realität, die Widersprüche der Psyche und deren Heilung.

Blau ist die Farbe der Intuition, der Sehnsucht, der Niedergeschlagenheit, des unfassbar Geheimnisvollen, der bewussten intensiven Leidenschaft.

Mythologie, Religion und Aberglaube

Die Farbe Blau lässt an die Bilder von Maria und den Schutzmadonnen in ihrem blauen Himmelsmantel denken. Blau ist in unserer Kultur die Farbe der Weisheit und des Gefühls: tief wie das Meer, hoch wie der Himmel. Blau ist der Glanz des Spirituellen, deswegen ist es mit Maria verbunden.

Die meisten Himmelsgöttinnen werden blau dargestellt oder besitzen zumindest blaue Attribute. So beispielsweise die ägyptische Himmelsgöttin Nut (Gemahlin des Erdgottes Geb, über den sie sich beugt), welche die Mutter von Isis, Osiris, Seth, Nephthys und aller Sterne ist. Im alten Ägypten wurde sie häufig mit dem Dunkelblau des Nachthimmels und einem gelben Stern im Inneren des Sargs dargestellt, um die Wiedergeburt als Stern zu sichern.

In der Mandalamalerei des Buddhismus wird der Buddha Vairacona stets vor einem blauen Hintergrund oder selbst in Blau dargestellt. Im Hinduismus sind es Krishna und Indra, die mit Blau verbunden sind. Der blaue Regenmantel Indras entspricht in der christlichen Symbolik dem schützend blauen Mantel Marias. Selbst im keltisch-druidischen Bereich werden die Barden und Dichter als fast gottgleiche Weise mit Blau symbolisiert.

Diese kleine Auswahl von Beispielen zeigt, dass Blau ein archetypisches Symbol ist, um Göttlichkeit in der Sprache der Farben auszudrücken. Allerdings können auch die anderen beiden Primärfarben auf Göttliches verweisen. Blau steht für die entrückte Seite Gottes als Bewohner des Himmels und den Seelenaspekt Gottes (Gelb gibt die strahlende Seite der Göttinnen und Götter wieder und Rot deren kriegerische und aktive Seite).

So symbolisiert in allen dem Autor bekannten Kulturen die Farbe **Blau** folgende Aspekte: **Weisheit, Unendlichkeit, Beständigkeit, Wahrheit, Frieden, Kontemplation und kühle Distanz.**

Blau ist auch die Farbe der UNO, der Vereinten Nationen. Der Friedensaspekt der Farbe Blau wird unter anderem bei den so genannten Blauhelmen deutlich, der Friedenstruppe der UNO, der 1988 der Friedensnobelpreis verliehen wurde.

● Mitteleuropäische Mythologien

Wassergeister

Alle Wasserdämonen stellte sich das Volk der Küsten blau (oder seltener grün) vor. Der Nix wird vollständig blau dargestellt, die Nixen haben oft blaue Haare und häufig einen blaugrünen Fischschwanz. Stets besitzen Wasserwesen blaue Augen. So zum Beispiel die Lau, die im Blautopf zu Blaubeuren wohnt. Wie alle Wasserwesen zieht sie leichtsinnige Männer auf den Grund des blauen Reichs der Nixen. Dem Volksglauben nach findet man die Leichen Ertrunkener voller blauer Flecken, was ein Anzeichen dafür ist, dass Nixen oder andere listige Wasserwesen sie unter Wasser gezogen haben.

Eduard Mörike hat die Sage von der im Blautopf wohnenden Lau in seinem Prosatext »Historie von der schönen Lau« beschrieben. Nicht nur, dass die Lau an der Quelle des Flusses Blau wohnt (der aus dem Blautopf bei Blaubeuren zur Donau fließt), sondern sie hat auch große blaue Augen. Wer in diese großen Augen der Nixen und Undinen schaut, der ist dem Wasser verfallen – psychologisch betrachtet ist er anima-verzaubert. Ihm geht es wie dem Fischer in Goethes gleichnamigen Gedicht: »Sie sprach zu ihm, sie sang zu ihm; / Da war's um ihn geschehn: / Halb zog sie ihn, halb sank er hin,/ Und ward nicht mehr gesehn.«

Wussten Sie, dass der Wassermann in meerblauer Hose auf dem Land herumläuft? Dieser Wassermann ist ein eigenartiges Zwitterwesen aus dem Bereich der Volkssagen. Bald wirkt er wie der harmlosere Bruder Neptuns auf Landurlaub, bald erinnert er an den astrologischen Wassermann, dem das Streben nach sozialer Gerechtigkeit zugesprochen wird. Ob vom Himmel oder von der See – in den Augen des Wassermanns spiegelt sich die verführerische Weite des Meeres.

Da nun das Wasser in unseren Breiten meist ziemlich kalt ist, wird Blau mit Kälte verbunden. Nixen und Undinen sind kalt. Neptuns Töchter sehnen sich zwar nach dem großen Gefühl und speziell nach der romantischen Liebe zum Seemann, auf den sie alles Glück projizieren, aber sie entkommen ihrer Wasserwelt nie – mit Ausnahme der kleinen Seejungfrau von Hans Christian Andersen, die allerdings einen hohen Preis dafür zahlen musste.

Moderne Nixen scheinen jedoch anders zu sein. Arielle, die hübsche Meerjungfrau aus dem gleichnamigen Disney-Film, wird durch ihre roten Haare gekennzeichnet. Damit wird die Wärme an dem eigentlich kalten Wasserwesen betont, das sich in den anmutigen Prinzen Eric verliebt – und natürlich gibt es ein richtiges Happy End, made in USA.

Als das größte Tabu galt es bis in die Mitte des 20. Jahrhunderts, das Geheimnis dieser Wasserwesen ergründen zu wollen. Daran hielt sich C. G. Jung, der oft erklärte: Die *Anima, die unbewusste Seite des Weiblichen,* bleibt dem Mann unverständlich und gefährlich.

● Außereuropäische Mythologien

Das Blau des Orients

Als Wasserwesen kann Krishna angesehen werden, der klassisch unter der blauen Regenwolke abgebildet wird. Krishna gilt als Regenbringer und ist ein Gott der Fruchtbarkeit genauso wie Indra, der stets einen blauen Regenmantel trägt. In diesen beiden mythologischen Figuren wird die männliche Seite von Blau angesprochen, die mit Freiheit und Zeugungskraft verbunden ist.

Da Mohammedaner von Wüstenvölkern abstammen, ist Blau als Farbe des Wassers ihre Lieblingsfarbe (zusammen mit Grün) und der Inbegriff des Lebens. Nach Grün, der Lieblingsfarbe Mohammeds, ist Blau die beliebteste Farbe Arabiens. In allen heißen Gegenden ist Blau als kalte Farbe schon von der Temperatur her positiv besetzt. Es sind die blauen Moscheen, die Abkühlung versprechen und einen besonderen Reiz ausstrahlen. So ist die blaue Moschee in Täbris (Ost-Aserbaidschan) mit leuchtenden ultramarinfarbenen Kacheln verkleidet, die dem Bauwerk nicht nur Größe und Würde verleihen, sondern auch die ersehnte angenehme kühle Ausstrahlung. Die Moschee lädt dazu ein, sich von der Hitze zu erholen. Ebenso verhält es sich bei den blau gekachelten Moscheen in der Wüstenoase Isfahan (Iran) – und, wie es der Dichter sagt, »blau wie die Mohnfelder sind die Moscheen in Shiraz« (schiitischer Wallfahrtsort im Iran).

Für die Ägypter symbolisiert noch heute Blau den tiefen Glauben. Häufig wird Blau im Islam als Farbe der Wahrheit gesehen. Das kommt dem Buddhismus nahe. Im tibetischen Buddhismus symbolisiert Blau nämlich die höchsten Werte Bewusstheit und Weisheit.

Wie die Mohammedaner lieben die Tibeter die Farbe Blau. Die Dächer der Pavillons und Tempel sind häufig blau. Den Anhängern der schamanistischen, matrilinear geprägten Urreligion Bön sagt man nach, sie hätten blaue Zungen. Allerdings waren diese gar nicht beliebt. Man sagte ihnen zauberische Kräfte nach. Deswegen liebte man es, zur Begrüßung die Zunge rauszustrecken. Mit der roten Zunge konnte man demonstrieren, dass man kein Bön-Anhänger ist.

In China symbolisiert die Farbe Blau die Unsterblichkeit und Unendlichkeit und wird grundsätzlich positiv gesehen, allerdings hinter Gelb, das im Reich der Mitte als heilige Farbe gilt. Ferner ist für die Sufis (islamische Mystiker) Blau die intensivste aller Farben. Es symbolisiert für sie das Innerste einer Flamme und damit die höchste Leidenschaft.

In Indien ist Blau die Glücksfarbe, das schöpferische Prinzip, die Reinheit und somit der Zustand am Anfang der Welt. Die höchsten Götter im Hinduismus sind blau. Ein Name Shivas lautet: Blaukehliger (Nilakantha), denn als die Götter und Dämonen das kosmische Urmeer aufwühlten auf der Suche nach dem Lebenselixier, stieg ein schreckliches Gift aus der Tiefe empor. Shiva trank dieses Gift und hielt es in seiner Kehle fest, die dadurch blau gefärbt wurde. So rettete er die Welt.

● Moderne Mythen

Wasserwesen heute

Das bekannteste Wasserwesen ist irdisch: Es ist der Seefahrer. Seefahrer als Matrosen oder Kapitäne zogen stets die Projektionen der »Landratten« auf sich. Man beneidete sie darum, dass sie in die Ferne reisten. Erreichten sie die fernen Ziele besonders schnell, erhielten sie dafür das Blaue Band. Von 1838 bis 1952 wurde diese Auszeichnung für die schnellste Überquerung des Atlantiks verliehen.

»Blaue Jungs« lautet noch heute der umgangssprachliche Ausdruck für die Matrosen. Diese »Jungs« sind aus vielen Gründen blau: Zum einen natürlich, weil das Wasser ihr Element ist, zum anderen, weil man sie nicht selten ziemlich blau in Hafenstädten antrifft.

Seeleute tragen blaue oder blauweiße Uniformen, oder zumindest tragen sie blaue Hosen oder blaue Pullover.

Fischer tragen ebenfalls blaue Kleidung, zum Beispiel den traditionellen blauen Smock (Hemdkittel aus dickem Leinenmaterial) in Norfolk und Südengland. Auch sie lieben den schweren blauen Wollpullover wie die Segler. Verabschiedet sich der Seemann, um hinaus in die Ferne zu reisen, hisst er zuvor den Blauen Peter. Mit dieser blauen Fahne mit weißem Rechteck zeigt er an, dass sein Schiff binnen 24 Stunden den Hafen verlässt.

Da alle Wasserwesen mit der blauen Farbe assoziiert werden, ist Blau auch die Farbe des Abwehrzaubers gegen diese Wasserdämonen. Von daher stammt die Beliebtheit blauer Badeanzüge.

Wasser ist bekanntlich blau, doch nur bis zu einer Tiefe von drei Meter. Das liegt daran, dass bis zu drei Metern vom Wasser alle Spektralfarben verschluckt werden bis auf Blau. Der hohe Kupfergehalt des Seewassers ist der Grund, warum Meerwasser meistens blaugrün wahrgenommen wird. Der grüne Farbeindruck wird durch gelbe Schwebstoffe unterstützt.

Stichworte zur Mythologie

Blau symbolisiert unterschiedliche Aspekte des Göttlichen wie

- Weisheit,
- Beständigkeit,
- Wahrheit,
- Entrücktheit,
- Reinheit,
- Gerechtigkeit,
- Klarheit.

Psychologie

● Psychologische Wirkung der Farbe Blau

Blau als Farbe des Gefühls ist so gegensätzlich oder zweipolig wie unsere Gefühle selber: Blau hängt einmal mit Melancholie zusammen, man spricht vom melancholischen Blau. »I am feeling blue« und der Blues (auch im umgangssprachlichen Ausdruck »I have got the blues«) – beide Ausdrücke verweisen im Englischen auf eine niedergeschlagene Stimmung. Blau schafft aber auch ein Wohlgefühl durch seine entspannende und sammelnde Wirkung, durch seine *Ruhe* und seine *Offenheit*. Blau wirkt tief beruhigend, verlangsamt das Denken, löst Verspannungen und Nervosität und lindert Schlafbeschwerden. Fühlt man sich unwohl, da man zu aufgeregt ist und neben sich steht, ist Blau die ideale Farbe, um wieder in die eigene Mitte zu kommen. Blau fördert die Regeneration.

Wer sich um Hingabe und die Entwicklung seiner Seelenkräfte bemüht, der sollte sich mit Blau umgeben und häufig Blau tragen. Blau ist die Farbe der unendlichen Möglichkeiten: Blau schafft einerseits eine Atmosphäre von Sympathie, Geborgenheit, Freundlichkeit und Frieden, andererseits die der bedrückenden Melancholie. Hilfreich ist Blau für explosive Menschen wie Choleriker oder impulsiv Handelnde, denn es schafft Gelassenheit und Geduld. Gift ist Blau für Menschen in depressiven Stimmungen.

Blau regt bei vielen Menschen die Phantasie an, was den »Blues« und die Sehnsucht, Heimweh und Fernweh, Abenteuerlust oder aber den Wunsch, nach Hause zurückzukehren, mehren kann.

● Indigo

Indigo oder Blauviolett gibt Ruhe und Tiefe. Man könnte es als Pol der Entspannung im Spektrums bezeichnen. Indigo schafft ein Wohlgefühl, indem es an die Tiefe des Meeres erinnert und das Nervensystem beruhigt. Für überreizte Menschen ist es die Farbe, die ausgleicht und ein tiefes Wohlgefühl vermittelt.

El Grecos (1541–1614) Bilder geben oft eine Farbatmosphäre des Indigos wieder. In der Natur finden wir diese Farbe nur bei der Haut von Flusspferden und Nashörnern.

In der Esoterik der letzten Jahre kam der Ausdruck »Indigo-Kinder« auf, der hyperaktive Kinder beschreibt und zugleich deren Verhalten auf »die

Abstammung von anderen Planeten« zurückführt. Indigo wurde wohl als Bezeichnung gewählt, da diese Farbe als dunkelste aller Farben den Übergang zur Anderswelt beschreibt.

Mit Indigo gefärbten Tüchern wurden die ägyptischen Mumien umwickelt und die alten Briten keltischer Abstammung wie Königin Bodicea und König Caractacus führten ihre Krieger mit indigofarbener Körperbemalung in den Kampf gegen die Römer. Das hatte praktische Gründe, denn Indigo besitzt ein heilende Wirkung für Wunden (es ist ein Astringens). Indigo ist ferner eine der klassischen Farben von Tätowierungen, die dadurch zustande kommt, dass Kohlepigmente bei Tätowierungen von Seeleuten üblich waren. Erst der britische Tätowierungskünstler George Burchett unternahm zur Mitte des zwanzigten Jahrhunderts systematisch Tätowierungsversuche mit anderen Farben.

● Lieblingsfarbe

Ist Blau Ihre Lieblingsfarbe, legen Sie Wert auf Klarheit und speziell auf einen klaren sprachlichen Ausdruck. Sie neigen der Distanz zu und achten auf Ihr Erscheinungsbild.

Bei Blau als Lieblingsfarbe oder wenn Sie Blau ablehnen, sollten Sie sich Folgendes fragen:

- Bin ich so klar, wie ich möchte?
- Was bedeutet mir Ruhe?
- Wie nahe stehe ich meinen Gefühlen?
- Neige ich eher dazu, niedergeschlagen oder kreativ auf Probleme zu reagieren?

Blau ist die Farbe des Melancholikers und des Kreativen.

Positiv:
- Intuition und Gefühl werden gestärkt
- Friede, Ruhe, Kontemplation und Introversion werden gefördert
- ein Gefühl der Weite wird vermittelt

Negativ:
- fördert depressive Verstimmungen
- wirkt zu kalt oder grenzenlos
- lässt den Betrachter in seiner Gefühlswelt versinken

Heilen

Blau beruhigt und kühlt. Es lindert Fieber, Entzündungen und Blutungen. Medizinisch gesprochen wirkt Blau sedierend und ausleitend. Fieberkranken hilft blaue Bettwäsche oder ein blaues Nachthemd. Bluthochdruck kann auf die Dauer mit Blaulichtbestrahlung gesenkt werden.

In Zeiten der Erkältungsgefahr wirkt (nach dem homöopathischen Prinzip) ein blauer Woll- oder Seidenschal Wunder. Blau wirkt vorzüglich auf das Kehl-Chakra, dem es zugeordnet ist, und so auf die Schilddrüse. Blau ist die Farbe, die speziell bei Schilddrüsenüberfunktion Linderung schafft.

Steine

Man sagte blauen Steinen spätestens seit dem Mittelalter magische Kräfte nach. Deswegen hieß es im Volksglauben mitunter, dass Hexen blaue Steine in ihren Taschen tragen, um ihre Zauberkraft zu stärken. Gleichzeitig wurde die Magie der blauen Steine im Abwehrzauber gegen Hexen und schwarze Magie reichlich genutzt. Da Blau im Sinne der Ethnologie »mana« besitzt, also eine große magische Kraft, wurde alles Blaue mit Ehrfurcht als wertvoll verehrt.

Speziell zur Beruhigung und bei Entzündungen legen heute wieder Heiler blaue Steine auf die entsprechenden Körperstellen. Überaktive, konzentrationsgestörte Kinder sollten blaue Edelsteine mit sich tragen. Dass der blaue Stein hoch gelobt wird, verdankt er der hineinziehenden Eigenschaft von Blau. Da Blau reinigt – das Kalte wird stets mit Reinheit verbunden –, lässt man gern den Blick vom blauen Stein gefangen nehmen. Der blaue Stein ist aber keineswegs nur wertvoll wegen seiner Wirkung, sondern auch, weil er selten ist und damit teuer. Blaue Diamanten zum Beispiel sind die seltensten und wertvollsten aller Diamanten.

● **Blauer Hope-Diamant** (Härte 10)

Der berühmteste blaue Diamant ist der Hope-Diamant, der ein tintenblaues Leuchten besitzt. Mit seinen 45,5 Karat gilt der Hope-Stein als ein Juwel, das Unglück bringt. Er soll mindestens 20 seiner Träger und Besitzer getötet haben. Die Leidenschaften, die er entfesselte, um ihn zu besitzen, begannen gleich nach seinem Fund am indischen Fluss Kistna. Ein Priester stahl ihn, wurde gestellt und zu Tode gefoltert. Dieser blaue Diamant mit dem Ruf als

Unglücksstein gelangte im 17. Jahrhundert nach Europa, wo er seine Blutspur bis zu Ludwig XVI. zog, der ihn von seinen ursprünglich 112,5 Karat auf 67,5 Karat schleifen ließ. Nachdem der Sonnenkönig auf der Guillotine sein Leben gelassen hatte, wurde der Stein Teil der französischen Kronjuwelen. Von dort kam er in die Niederlande, wo er auf seine heutigen 45,5 Karat geschliffen wurde. Der Edelsteinschleifer beging Selbstmord, da sein Sohn den Stein stahl, der dann durch Europa wanderte, bis er von dem Bankier Hope günstig gekauft wurde – was allerdings diesem kein Glück brachte. Über Umwege wurde der Hope-Diamant am Ende dem Smithsonian-Institut in Washington gespendet, wo er noch heute zu bewundern ist.

Der Hope-Diamant ist zwar wegen seines Werts der außergewöhnlichste unter den blauen Steinen, aber er zeigt zugleich deren Charakteristik: Der Schatten des wertvollen Blaus liegt darin, die Besitzgier grenzenlos werden zu lassen. Blau präsentiert sich immer wieder in den unterschiedlichen Zusammenhängen als Farbe der Grenzenlosigkeit.

Zu den blauen Steinen gehören ferner die »Bluestones« in Stonehenge. Das sind Megalithe aus blauem Sandstein, die diesen berühmtesten aller Steinkreise bilden. Dass diese Bluestones verehrt wurden, daran besteht kein Zweifel. Allerdings weiß bis heute niemand, warum.

Seit einiger Zeit sind blaue Steine als Heilsteine und Schmucksteine beliebt. Dabei fällt auf, dass fast allen blauen Steinen eine Wirkung auf Probleme in der Kopfregion zugesprochen wird, weil man sich mit dem Blau des Himmels verbindet. Das Mittelalter hindurch heilte man mit diesen Steinen, indem man sie zu Pulver verrieb und im Wein trank. Bei dieser Kur sind mehr Menschen an den Steinen umgekommen, als mit ihnen geheilt wurden. Heute wendet man Steine grundsätzlich äußerlich an und legt sie auf die betreffenden Hautpartien, um andere Heilmethoden zu unterstützen. Nur in der tibetischen Medizin werden noch heute pulverisierte Edelsteine verwendet.

Die wichtigsten blauen Steine finden Sie nun in alphabetischer Reihenfolge aufgeführt:

● **Amazonit** (Härte 6–6.5)
Grünblauer bis blauer Stein. Er wird speziell bei **Halsschmerzen, Heiserkeit, Stimmverlust und Migräne** empfohlen. Einige Heiler wenden ihn unterstützend bei Problemen mit dem Herz an und bei Krämpfen und Verspannungen im oberen Rückenbereich und der Halswirbelsäule. Auch bei der Nikotinentwöhnung soll er helfen.

● **Aquamarin** (Härte 7.5–8)

Dieser durchsichtige Stein mit der Farbe des lichten Meeres oder hellblauer Augen galt in Nordeuropa als der klassische wertvolle Stein, dem viele magische Wirkungen zugesprochen wurden. Beispielsweise ging man bis in die Neuzeit davon aus, dass dieser Stein den Geist seiner Trägerin oder seines Trägers verfeinern würde. Dabei ist auffallend, dass sein helles Blau ihn zu einem Schmuckstein machte, der von Frauen bevorzugt wurde. So soll er weibliche Werte wie Friedfertigkeit und Anmut unterstützen.

Im Heilen wendet man ihn an bei **Allergien, Leberproblemen, Augenproblemen und Ängsten**. Ferner soll er beruhigen und die Toleranz fördern.

● **Azurit** (Härte 3,5–4)

Der blaue, durchscheinende Azurit ist ein Mineral, das in Kupfererzlagerstätten zu finden ist. Ihm werden wegen seines Kupferanteils große Heilkräfte zugesprochen, besonders zur Harmonisierung und Erdung. Der Azurit war ein beliebter Stein bei der Farbpigmentherstellung.[22] Er weist jedoch den Nachteil auf, dass er selber und das auf ihm basierende Pigment sich mit der Zeit grün verfärben. Dennoch lieferte der Azurit seit dem Mittelalter das wichtigste Blaupigment, das Altdorfer, van Eyck, Turner und Monet benutzten und das heute wieder hergestellt wird.

Im Heilen wird er als **Stein der Stirn** bezeichnet. Er wirkt bei **Kopfschmerzen, Ohrenschmerzen, Gleichgewichtsstörungen, Stirnhöhlenproblemen und Konzentrationsschwäche**. Ferner soll er Knochen- und Gelenkschmerzen lindern sowie Schlaflosigkeit und Unruhe beheben.

● **Calcedon** (Härte 6,5–7)

Der Calcedon erhielt seinen Namen von der griechischen Stadt Chalkedon am Bosporus, wo er gefunden wurde. Er ist meistens hellblau und wird selten als Schmuckstein verwendet.

Wie die meisten blauen Steine hilft er bei allen Halsproblemen. Als **Stein der Redner** wird er angewandt bei allen **Kehlkopfproblemen, Stottern, Lispeln, unspezifischen Redehemmungen**, Bettnässen und Lymphdrüsenproblemen.

● **Lapislazuli** (Härte 5–6)

Der Lapislazuli wird auch Lazurit (von lat. *lazurius* – blauer Stein) oder Ultramarin nach seinem Farbton genannt. Er galt im späten Mittelalter und der frühen Neuzeit, speziell in der Renaissance, als der wertvolle Stein. Er ist besonders wertvoll, wenn er keine Pyrit-Einsprengungen aufweist. Das war speziell den Malern wichtig, um ein rein blaues Pigment zu erhalten. Heute werden alte Lapislazuli-Pigmente wieder von dem deutschen Chemiker Georg Kremer hergestellt. Ein Kilogramm dieses reinsten Blaupigments kostet zurzeit 15.600 Euro. Das Lapislazuli-Blau ist neben dem Purpur noch immer eine der wertvollsten Farben.

Der Lapislazuli ist einer der Edelsteine, der die Menschen weltweit faszinierte. Seit etwa 5000 Jahren ist er als Schmuckstein in Mesopotamien, China und Ägypten bekannt. Bereits um 3000 v. u. Z. wurde der Lapislazuli erstmalig in summerischen Mosaiken verwandt. Der ägyptischen Mythologie nach symbolisiert er die Morgendämmerung. Er war ein bevorzugter Schutzstein, der in Amuletten in Ägypten verarbeitet wurde. Der Lapislazuli befindet sich auf der Totenmaske des Tutenchamun, in dessen Zeit (und danach) er als bevorzugter Stein für Siegel gebraucht wurde. Wenn Plinius der Ältere in seiner Naturgeschichte von »Caeruleum scythicum« schreibt, ist damit der Lapislazuli gemeint. Erst im 12. Jahrhundert gelangte dieser blaue Stein aus dem Orient über Sizilien und Venedig nach Europa. Er galt als exquisitester Stein unter allen bekannten Edelsteinen seiner Zeit. Damals wurden nur in Afghanistan und auf Sinai Lapislazuli gefunden, was sie teuer und somit wertvoll machte. Im Mittelalter wurde er mit Gold aufgewogen.

Folgende **spirituelle Wirkungen** wurden diesem tiefblauen Stein zugesprochen: Er **stärkt die Reinheit, Glaubensstärke und Intuition**.

Bei Krankheiten hilft er gegen **Kopfschmerzen, Augenkrankheiten, Halsschmerzen, Schilddrüsenprobleme, Durchfall, Menstruationsbeschwerden, hohen Blutdruck und Schlafprobleme**.

Als dieser Stein nach Europa kam, meinten die Heiler und Kranken, er würde gegen jede Krankheit helfen – was man allerdings von jedem wertvollen Stein annahm.

● **Saphir** (Härte 9)

Der harte Saphir ist ein blauer Korund. Sein Name stammt vom griechischen Wort sappheiros für Lasurstein ab. Seit eh und je wurde der blaue Saphir als ein wertvoller Stein wegen seiner Farbe und Härte angesehen. Neben dem blauen Diamanten gehört er zu den wertvollsten Edelsteinen. Ebenfalls wegen ihrer Härte, die nur von Diamanten übertroffen wird, symbolisieren blaue Saphire die Treue. Dem Volksglauben nach verliert der Saphir bei Untreue seinen Glanz. Das einflussreiche französische Steinbuch des Marbot von Rennes (11. Jahrhundert) sah im blauen Saphir den edelsten und wertvollsten aller Steine. Ihm wurden erstaunliche Fähigkeiten zugeschrieben: Nicht nur, dass er seinen Träger davor schützt, gefangen und eingesperrt zu werden, er versöhnt ihn auch mit Gott und motiviert ihn zu beten. Somit galt er als heiliger Stein und der höchste aller Edelsteine. Im 12. Jahrhundert ging man sogar davon aus, dass dieser Stein von Gott verehrt wurde. Zudem schützt er vor Hinterlist, Tücken und allen Nachstellungen. Ob hiermit allerdings immer der blaue Korund gemeint ist, den wir heute als Saphir beschreiben, ist fraglich. Bis ins 13. Jahrhundert hinein bezeichnete man den Lapislazuli als blauen Saphir und unterschied nicht zwischen diesen beiden Edelsteinen. Es ging einfach um die blaue Farbe, nicht um Durchsichtigkeit, die war unwichtig.

Erkrankungen des Körpers heilt der blaue Saphir durch Kühlung der inneren Organe. Er verhindert Schweißbildung, die unattraktiv macht. Er wurde pulverisiert und mit Milch zu einer zähen Paste geknetet. Diese Paste sollte Entzündungen heilen, den Augen gut tun, Schmerzen der Zunge beseitigen und Kopfweh auflösen. Heute benutzen ihn Heiler speziell im psychischen Bereich zur **Förderung von Seelenfrieden, Umsicht, Mitleid, tiefem Schlaf und Stressabbau**.

Somatisch wird er gegen **Augenprobleme, Entzündungen und Schilddrüsenprobleme** angewandt. **Um zur eigenen Mitte zu finden**, arbeiten viele Farbheiler mit Saphiren. Kein Geringerer als Zeus fand seine Mitte im Kampf zwischen Himmel und Erde, indem er fest seine Füße auf den blauen Azur stellte, und gerade uns modernen Menschen bringt die Meditation auf blaues Licht die verlorene Erdung und Mitte wieder. Bei dieser Meditation stellt man sich das durch einen Saphir blau gebrochene Licht vor.

● **Sodalit** (Härte 5–6)
Wie alle blauen Steine gilt er als Symbol der Treue. Er wirkt gegen **Schilddrüsenprobleme, Ohrenprobleme und Bluthochdruck**.

Auf der psychischen Ebene hilft er ebenfalls wie die meisten blauen Steine bei Konzentrationsstörungen und zur Steigerung der Intuition, und natürlich darf bei einem blauen Stein seine Reinigungskraft nicht unerwähnt bleiben.

Bei den Edelsteinen zeigt es sich deutlich, dass die Farbe Blau seit ewigen Zeiten mit dem Wertvollen verbunden wird, eben letztendlich mit dem Himmel. Da der Himmel und die Augen symbolisch verbunden werden, werden viele dieser blauen Steine bei Augenproblemen eingesetzt.

Die wichtigsten Steine dieser Farbe

1. Amazonit
2. Calcedon
3. Aquamarin
4. Lapislazuli
5. Saphir

Pflanzen

Seit der Romantik verzehren wir uns nach der »Blauen Blume«. Die Blaue Blume der Romantik geht auf den Volksglauben zurück, dass blaue Wunderblumen den Zugang zu unermesslichen Schätzen zeigen.

Der Dichter, den die Farbe Blau faszinierte und von dem der Topos »Blaue Blume« stammt, war Novalis (Friedrich von Hardenberg, 1772–1801). Das Romanfragment »Heinrich von Ofterdingen« setzt mit der Schilderung vieler Blautöne an. Am Ende träumt der Held, wie er ein Mädchen auf dem Grund eines blauen Flusses liebt. Diese blaue Blume ist das geheimnisvolle Symbol der romantischen Sehnsucht. Mit ihr hat Novalis ein Symbol geschaffen, das mit Begeisterung von seinen Zeitgenossen aufgenommen wurde – und bis heute noch wirksam und sprichwörtlich ist.

Dem Volksglauben folgend, helfen blaue Blumen gegen Blitzschlag, oder sie ziehen den Blitz an. Das ist verständlich, da der Blitz als blau bezeichnet wird (blaues Feuer). Alle blauen Pflanzen schützen nach diesen Überlieferungen. Speziell wehren sie Krankheiten und Verzauberungen ab. Es wurde ihnen eine reinigende, zusammenziehende Wirkung zugesprochen. Immer wieder wird betont, dass sie Geschwüre und Ödeme öffnen. Das kam daher, dass Indigo schon bei den Ägyptern eine wichtige Heilpflanze war, die den Beinamen »die vor dem Schaden bewahrt« trug. Auch dem Waid wurde eine universelle Heilkraft zugesprochen. Dieses Denken war im Grunde seiner Zeit voraus, welche die Wichtigkeit der Hygiene noch nicht erkannt hatte. Blau als Farbe des Reinen stand im Gegensatz zum Unreinen, in dem der Krankheitskeim lebt. Letztendlich hängt es auch mit der Reinheit der Farbe Blau zusammen, wenn man bis weit in die Neuzeit hinein aus einer blauen Schürze heraus sät.

Im Folgenden finden Sie eine Aufzählung der wichtigsten blauen Pflanzen, die den Menschen faszinieren. Dabei ist erstaunlich, dass als Urbild der wertvollen Pflanze die blaue Tulpe gilt, die äußerst schwer zu züchten ist. Für die Züchtung einer blauen Tulpe winken dem Züchter eine Million Dollar Preisgeld. Ebenso verhält es sich mit der blauen Rose, die als ersehntes Meisterwerk des Züchters gilt. Der Leiter der Pariser Parks hat eine blaue Rose mit dem Namen »Der kleine Prinz« als Hommage an Saint-Exupéry gezüchtet.

Auffallend viele blau blühende Pflanzen dienen als bekannte homöopathische und rein pflanzliche Heilmittel:

- Delphinium (Rittersporn)
- Aconitum (Eisenhut)
- Clematis alpina (Alpenrebe)
- Pulsatilla (Küchenschelle)
- Pulmonaria (Lungenkraut)

● Alraune

Die berühmteste Pflanze der Magie blüht blau – *Mandragora officinalis* (Alraune). All die Überlieferungen, die sich um diese blaue Blume ranken, deren Wurzel als das mächtigste Allheilmittel gilt, können hier nicht dargestellt werden. Im Mittelpunkt stehen vielmehr die Aspekte im Kontext der Farbe Blau.

Circe, die größte Zauberin der Antike, wird in der Alraune verehrt, und damit wird sie ganz im Sinne Homers als Meisterin des Unbewussten dargestellt, des Zwielichtigen. Als blaue Pflanze **schützt** die Alraune gegen Brand und Zorn (blau ist Wasser und löscht Feuer) und vor allem **gegen das Erlahmen der Liebe und gegen Unfruchtbarkeit**. Gerade im Mittelmeerraum, wo die Alraune noch heute als Aphrodisiakum genutzt wird, werden Liebe und Fruchtbarkeit von Venus geschützt, der aus dem blauen Meer Geborenen. Venus kann deswegen wie Circe durch alle blauen Pflanzen wirken.

● Enzian

Den blau blühenden Enzian findet man auf kalkreichen Böden speziell im subalpinen und alpinen Bereich. Er tritt dort als stängelloser Enzian *(Gentiana acaulis)* oder Fransenenzian auf. In den Alpenländern gibt es eine große Artenfülle von blau blühendem Enzian. Diese Enzianarten sind teilweise selten und geschützt. Man sollte diese Pflanzen auf keinen Fall pflücken. Die Wurzeln des Enzians enthalten Bitterstoffe. Sie weisen einen hohen Gerbsäuregehalt auf und wirken **verdauungsfördernd, stärkend und appetitanregend**. Der Enzianschnaps wird nicht aus dem blauen, sondern aus dem gelben Enzian gebrannt.

● Flachs

Der Flachs ist eine der ältesten Kulturpflanzen. Er gehört zur Familie der Leingewächse und wird daher auch Lein genannt *(Linum usitatissiumum)*. Flachs ist seit der Jungsteinzeit bezeugt und wurde in Mesopotamien seit dem fünften Jahrtausend vor unserer Zeitrechnung angebaut. Heute gibt es viele hellblaue bis dunkelblaue Leinarten. Ein blühendes Flachsfeld sieht wie ein See aus. Die Stängel des Flachses wurden zur Herstellung von Kleidern und anderen Stoffen gebraucht. Allerdings verlor der Flachs seine Bedeutung, als mit Beginn des 19. Jahrhunderts Kleidung aus Baumwolle hergestellt wurde. Seine **öl- und eiweißreichen Samen** werden noch heute gegessen (traditionell in der Lausitz).

● **Glockenblume**

Die Glockenblume *(Campanula spec.)* ist eine krautartige Pflanze. Es gibt in Europa etwa 150 Glockenblumenarten. In den Alpen leben davon allein 21 blaue Arten. Die Farben der Glockenblumen variieren vom lichten Hellblau bis zum dunklen Violettblau. Glockenblumen besiedeln sowohl den Talraum als auch das Gebirge bis hin zur nivalen Zone (3000 m ü. M.). Die Glockenblume besticht durch das leuchtende Blau ihrer zarten Blütenblätter. Speziell unter blauen Glockenblumen vermutete man Schätze, worauf viele Sagen und Märchen anspielen.
Es gibt die Farbbezeichnung »Glockenblumenblau« für ein mittleres, kräftiges Blau. Dieses Blau ist zusammen mit dem Veilchen das erste Blau, mit dem uns die Natur im Frühling beglückt. Dieses Blau ist das klassische, romantische Blau, das fasziniert und den Blick unweigerlich anzieht.

● **Kornblume**

Die Kornblume *(Centaurea cynus)* gehört zur Familie der Korbblütler und wird auch Flockenblume genannt. Wenn wir ein klares, leuchtendes Blau beschreiben möchten, sprechen wir vom »Kornblumenblau«, das selbst im deutschen Volkslied Eingang gefunden hat. Das Blau der Kornblumen in Getreidefeldern und an Feldrainen ist derart auffällig, dass es die Auffassung vom idealen Blau über lange Zeit prägte. Bei Assoziationsexperimenten zur Farbe Blau liefern noch heute viele Mitteleuropäer relativ schnell den Einfall »Kornblumen«.
Kornblumentee hilft gegen Wassersucht. Kornblumen **stillen Blutungen,** und werden sie am Fronleichnamstag mit der Wurzel aus der Erde gezogen, stillen sie speziell das **Nasenbluten.** Hinter diesem Volksglauben steht die Analogiemagie, nach der teilweise die Farbe des Bluts als blau angesehen wird.

● **Schwertlilie**

Die Schwertlilie *(Iris spec.)* gehört zur Familie der Schwertliliengewächse, wird auch Iris genannt und als blaue Iris von Hermann Hesse verewigt. Sie ist eine geschützte Art.
Besonders die deutsche, die Florentiner und die sibirische Schwertlilie sind wegen ihrer blassblauen Farbe als Gartenblume beliebt. Die deutsche Schwertlilie *(Iris germanica)* gibt es in vielen Zuchtformen mit vielen Rein- und Mischfarben, wobei alle Blautöne beliebt sind.
Die Schwertlilienwurzel wird häufig als **Bestandteil von Hustensäften** verwendet. Auch hier beruhigt blau – in diesem Fall den Hustenreiz.
Irisöl besitzt einen veilchenähnlichen Duft und wird als Parfüm genutzt.

● **Veilchen**

Das Veilchen *(Viola spec.)* gehört zur Familie der Veilchengewächse. Es gibt allein in Europa rund 100 Veilchenarten. [23]

Häufigste Farben der gezüchteten Veilchen: Blau, Violett, Gelb. Dem Veilchen widmete unter anderem Goethe ein Gedicht (und 1785 wurde es von Mozart vertont).

In unserer Gegend ist speziell das dunkelblaue bis blauviolette Märzveilchen (Viola odorata) als Frühlingsbote beliebt. Man findet es an Bachufern und in lichten Laubwäldern. Diese Märzveilchen werden auch »Duftveilchen« oder »wohlriechende Veilchen« genannt und sind als Veilchen-Parfüm beliebt. Ein blaues Veilchen, das am Weg blüht, wird zur Metapher für einen zurückgezogenen Menschen, der die ihm zustehende Aufmerksamkeit nicht bekommt. Diese Wendung stammt aus einem Lied des Schweizer Dichters Johann Martin Usteri (1763–1827), das zur Goethezeit populär war – fast könnte man von einem frühen Schlager sprechen. Wieder ist es die Farbe Blau, die auf tiefere oder innere Werte verweist, eben auf Seelenkräfte. Durch Usteri wird das blaue Veilchen zu einem verbreiteten Symbol der Bescheidenheit und des einfachen Lebens. In diesem symbolischen Zusammenhang ist die folgende deutsche Wendung zu sehen: Wer ein Gemüt wie ein Veilchen hat, gilt nach dem Brockhaus als ein geduldiger und feinfühliger Mensch. Das Feine wird häufig mit der Farbe Blau verbunden, da Blau von seiner Farbgestik her von vornehmer Zurückhaltung ist. Es springt nicht ins Auge wie die warmen Farben der linken Seite des Farbenkreises. Von daher ist es zu verstehen, dass das Veilchen in der Blumensprache Demut und Zurückhaltung bedeutet.

Ein anderes Lied, das ebenfalls ein beliebtes Volkslied wurde, verbindet das Veilchenblau mit dem Ende der Jungfernschaft. Carl Maria von Weber schrieb 1821 das Lied »Wir winden Dir den Jungfernkranz« für den Chor der Jungfrauen (3. Akt der Oper »Der Freischütz«), und dieser Kranz wird aus »veilchenblauer Seide« gewunden, wie es im weiteren Lied wörtlich heißt. Das Veilchenblau zeigt die kühle und züchtige Jungfernschaft an, die allerdings nun überwunden wird.

Der Analogiemagie entsprechend soll ein Veilchenkranz seinen Träger vor den unschönen Seiten des übermäßigen Alkoholgenusses beschützen – nach der Devise: Wer einen blauen Veilchenkranz trägt, wird nicht blau. Das Veilchen, so hofft man, nimmt den blauen Schleier von den Augen, der stärkere Betrunkenheit ausmacht und zu dem Ausdruck »blau sein« führte.

Die Volksmedizin gibt die Wurzel der blau blühenden Veilchen **zur Beruhigung kleinen Kindern, die zahnen**, oder als **Brusttee bei Reizhusten**, bei dem auch die schmackhaften Veilchenpastillen Linderung bringen.

● **Vergissmeinnicht**

Das Vergissmeinnicht (Myosotis spec.) gehört zur Familie der Borretschgewächse. Es ist eine weit verbreitete Pflanze mit meist traubenartigen blauen Blüten. Schon der Name besagt, was es in der Blumensprache ausdrückt: Es soll an eine liebe Person erinnern und speziell an die zärtlichen Gefühle, die man füreinander spürt. Die Farbe Blau ist natürlich wie keine andere Farbe geeignet, an tiefe Gefühle zu erinnern.

Bei der Symbolik all dieser blau blühenden Pflanzen fällt auf, dass sie stets
- auf tiefe Gefühl hinweisen,
- Entspannung ansprechen,
- mit der Symbolik des Wassers verbunden sind.

Außer bei der sexuellen Bedeutung der Pflaume und Zwetschge steht bei all diesen blauen Pflanzen die Farbe mehr als ihre Wuchsform im Vordergrund. Das ist ähnlich bei der Symbolik der Edelsteine, bei der die Farbe und nicht deren Kristallgitterstruktur im Vordergrund steht. Das lässt vermuten, dass auf der Ebene der Symbolik ein weibliches Wahrnehmen vorherrscht. Die weibliche Wahrnehmung zieht nämlich im Gegensatz zur männlichen die Farbe der Form vor.

Die wichtigsten Pflanzen dieser Farbe
1. blauer Enzian
2. Glockenblume
3. Kornblume
4. Rittersporn
5. Veilchen

Tipps für den Alltag

● Körperlicher und seelischer Nutzen der Farbe Blau

Blaukraut wird auch Rotkohl genannt, obwohl dieser Kohl eher blau aussieht. Der Pflanzenfarbstoff Anthocyan ist für seine blaue Farbe verantwortlich. Dieses vom Meerkohl abstammende Gemüse ist seit der Antike bekannt. Blaukraut ist ein beliebtes Winteressen. Wie die blauen Astern und die blauen Beeren steht das Blaukraut am Übergang zur dunklen Jahreszeit. Er ist eine Pflanze des späten Jahres, welcher die Volksüberlieferung gesund erhaltende Kräfte für die raue Winterzeit zuspricht. Aber nicht nur das Blaukraut, sondern alle blauen Pflanzen geben die Energien, die für die dunkle Jahreszeit benötigt werden: Blaukraut, Heidel- und Brombeeren, Holunder, Mohn (Mohnsamen sind dunkelblau) und blaue Weintrauben und Pflaumen.

Blau hilft, wenn Sie sich beruhigen oder abkühlen möchten. Die kühle Neutralität dieser Farbe wirkt klärend, wenn nicht zu dunkle Farbtöne benutzt werden. Dunkles Blau dagegen kann depressionsartige Verstimmungen hervorrufen und bedrängend wirken. Ein Himmelblau dagegen macht heiter.

Oft in die blaue Weite des Himmels zu schauen, entspannt die Augen. Dies hilft speziell dann, wenn man viel am Bildschirm arbeitet. Blau unterstützt ferner die Entgiftung, zum Beispiel bei Fastenkuren, Nikotin- und Alkoholentzug.

● Kleidung

Blau ist zwar grundsätzlich eine Farbe der Emotionen, aber als kalte Farbe wirkt ein mittleres Blau in der Kleidung distanzierend, zwar nicht so sehr wie Schwarz, aber dennoch fühlbar. Bei der Kleidung tritt oft der emotionale Charakter von Blau hinter seinem neutralen Charakter zurück, was verdeutlicht, dass es bei der Wirkung einer Farbe auch darauf ankommt, wo sie auftritt. Untersuchungen zeigen, dass man in blauer Kleidung (wie in blauen Räumen) eher friert. Diese kühlende Wirkung von Blau ist der Grund für die blaue Verhüllung der Tuareg, für die als Wüstenvolk die Kühlung existenziell ist.

Blau ist die Farbe der Konvention, weswegen sie unter dem Verdacht des Biederen steht. So kann man in unserer Gesellschaft mit dem blauen Anzug oder dem blauen Abendkleid nichts falsch machen – außer dass man womöglich zu bieder wirkt. Blau drückt Besonnenheit, Nüchternheit und Zurückhaltung aus. Es möchte signalisieren, dass man (gottgleich) über den Dingen und der Situation steht. Wenn man sich unsicher fühlt, kleidet man sich blau. Militär, Polizei und Wachleute tragen häufig blaue Uniformen, um sich Sicherheit zu geben. Autoritätspersonen wie beispielsweise die Pfarrer der Presbyterianer, die wegen ihrer blauen Kleidung *blueskins* genannt werden, lieben es, sich hinter einem kühlen, distanzierenden Blau zu verstecken. Allerdings stellt das Blau im klassischen Matrosenanzug eine Ausnahme dar. Hier geht es weniger um Unsicherheit, die durch Autoritätsgehabe verdeckt wird, als um die Verbindung mit dem blauen Meer. Wenn im viktorianischen England schon kleine Jungen in Matrosenkostüme gesteckt wurden, sollte damit ihr Wunsch geweckt werden, später einmal zur See fahren. Wer die blaue See beherrscht, der beherrscht die Welt. Das war den Engländern der damaligen Zeit der höchste Glaubenssatz.

Im 19. Jahrhundert war Indigoblau die beliebteste Hemdenfarbe. Diese Mode übernahmen eher unbewusst die Blauen Divisionen, die 1941 bis 1943 auf deutscher Seite gegen die Sowjetunion kämpften. Sie trugen unter ihren

Uniformen blaue Falange-Hemden[24], mit denen sie sich als Befreier auszeichnen wollten.

Blaue Hemden wie blaue Kleidung bedeuteten bis zum Anfang des 20. Jahrhunderts billige Kleidung. Blau war die Berufskleidung: der Blaumann und später die Jeans.

Jeans

Jeans wurden beliebt während des kalifornischen Goldrausches. Ursprünglich war der Jeansstoff für Zelte gedacht. Levi Strauss in San Franzisco versah Hosen aus diesem indigogefärbten Stoff mit Nieten (um die Taschen vorm Ausreißen zu schützen), und die Jeans war geboren. Das Besondere der Jeans ist ihr Farbverhalten: Die Farbe wäscht sich ständig aus und verändert sich. Wie fürchterlich sieht eine neue Jeans aus, die erst durch Auswaschen schön wird. Deswegen kamen später vorgewaschene Jeans in Mode.

Farbtypen

Blau können die meisten Blauäugigen gut tragen, besonders wenn sie blond sind. Jedes Blau, das zum Grün tendiert, kleidet den Wintertyp vorteilhaft. Mit Blautönen kann ein Wintertyp sich nicht falsch kleiden.

● Architektur und Umgebungsgestaltung

- Blau lässt Räume größer bzw. weiter wirken;
- Dunkelblau verkleinert.
- Blau leitet das Auge des Betrachters in die Ferne.
- Blau tritt in den Hintergrund.
- Blau bildet klare Begrenzungen.
- Blau schafft Unendlichkeit.

Eine exzentrische Idee hatte der französische Architekt Le Corbusier (1887–1965). Er ließ in einigen seiner Gebäude die Leitungen für das kalte Wasser blau streichen und als Stilelement vor der weißen Wand verlegen. Dieses Blau vor Weiß gab dem Raum Lebendigkeit. Meist wird jedoch in der Architektur Blau genutzt, um Räume weiter erscheinen zu lassen. Das ist jedoch nur zu empfehlen, wenn der Raum ohnehin schon eine beträchtliche Größe aufweist. Bei kleineren Räumen kann Blau umschlagen und beengend wirken. Diesen Effekt vermeidet man, wenn

- die Farbfläche klein ist,
- Blau an der Fensterwand auftritt,
- das Blau ein helles oder weißgebrochenes Blau ist.

Im blauen Zimmer müssen Sie jedoch in Kauf nehmen, dass die Raumtemperatur kühler empfunden wird als bei Zimmern, die in warmen Farben gehalten wurden.

Besonders als Außenanstrich ist Blau weniger haltbar als andere Farben, es besitzt jedoch den Vorteil, dass Blau Insekten fern hält. Grundsätzlich ist Blau als Innenfarbe problemloser einzusetzen als als Außenfarbe. Das liegt daran, dass sich die blaue Farbe unter Sonneneinstrahlung stärker aufheizt als hellere Farben und zugleich aber auch schneller abkühlt, was schnell zu Rissen der Farboberfläche und in der Folge zu Abblättern führt.

Um die Wirkung von Blau zu nutzen, muss man nicht gleich sein Zimmer blau streichen. Was halten Sie von blauen Accessoires? Blaue Bettwäsche hilft zum Beispiel bei Schlafproblemen. In blauer Umgebung und auf blauem Laken kann man sich bei Massagen tiefer entspannen – es muss allerdings entsprechend warm sein.

Farbpsychologische Untersuchungen empfehlen, überaktive Kinder mit viel Blau zu umgeben, beispielsweise mit blauem Spielzeug oder blauen Vorhängen.

Blau und Licht

Eine spezielle Einstellung zur Farbe Blau zeichnete die Griechen und die Impressionisten (Ende des 19. Jahrhunderts) aus. Für beide war Blau weniger eine Farbe für Gegenstände, sondern eine Farbe, die den Raum schafft. Der deutsche Kulturphilosoph Oswald Spengler (1880–1936) machte darauf aufmerksam, dass die Griechen fast kein Blau benutzten, da es für sie die Raum schaffende Farbe des Äthers war (außerdem hatten sie in der Antike keinen sprachlichen Ausdruck für Blau). Ähnlich verhielt es sich mit den Impressionisten, denen Blau nicht eigentlich als Oberflächenfarbe wichtig war, sondern als ein Ausdruck des Lichtraums. Mit Blau gestalteten sie Schattierungen und Lichtbrechungen. Wie die Manieristen am Übergang von der Renaissance zum Barock liebten die Impressionisten das changierende Blau – und besonders die helleren Blautöne.

Himmelblau

Diese hellen, lebendigen Blautöne wurden bereits um 1400 von der Pariser Malschule entdeckt, die es für die Darstellung des Himmels benutzte. Das nach dieser Malschule benannte Himmelblau galt über Jahrhunderte als Inbegriff der schönen Farbe. Die französischen Maler Gaspard Poussin, Jean-Baptiste Perronneau und Maurice Quentin de la Tour liebten diese Farbe, und selbst Paul Cézanne nutzte sie in seinen Aquarellen.

● Die Farbe Blau mit anderen Farben

Blau harmoniert mit den beiden anderen Primärfarben und wird durch seine Komplementärfarbe Orange gesteigert.

Blau und Weiß

Da Blau zu den dunkleren Farben gezählt werden kann, verstärkt es Weiß. Bei der Farbkombination Blau und Weiß lässt Blau das Weiß viel weißer wirken. Deswegen tragen in Indien die Brahmanen blau und weiß. Aus dem Grund finden wir diese Farbkombination häufig bei Töpferwaren und Porzellan – und in der bayerischen Fahne. Wenn man ein wenig Blau in weiße Wandfarbe mischt, wirkt das Weiß noch klarer, genauso wie weiße Wäsche noch weißer strahlt, wenn man Bläuemittel ins Waschwasser gibt.

Blau und Schwarz

In dieser Kombination wirkt das Blau Leben zerstörend. Es ist das Blau, das Frank Schätzing in seinem Roman »Der Schwarm« beschwört. Es ist die »blaue Wolke«, von der aus eine enorme Leben zerstörende Kraft ausgeht. Blau mit Schwarz als Todesfarbe geht auf den Totengott Odin zurück, der mit Blau und Schwarz symbolisiert wird.

Blau und Grün

Die Kombination Blau und Grün wird traditionell abgelehnt, was Sprüche wie »Grün und Blau ziert eine Sau« zeigen. Dies geht in Deutschland auf Goethe zurück, für den diese Farbzusammenstellung langweilig wirkte, da beide Farben Nachbarfarben sind.

Blau und Violett

Für diese Kombination gilt das Gleiche wie für Blau und Grün.

Farbmeditationen, Malen und Wahrnehmungsübungen

Himmelsmeditation

Blau ist die klassische Meditationsfarbe, es unterstützt die Innenschau, es beruhigt und ist dem Höheren, dem Himmel, aber auch dem Eigensinn verbunden. Es macht weit und wirkt wie klares Wasser. Blau ist die ideale Meditationsfarbe.

Um auf diese Farbe zu meditieren, stellen Sie sich den Himmel oder das Meer vor. Sie setzen oder legen sich hin, schließen Ihre Augen und denken das Meer oder den blauen Himmel. Halten Sie diese Vorstellung eine Viertelstunde. Wenn Sie abschweifen, kehren Sie zu Ihrer Meditation zurück.

Beliebt ist die Meditation auf den Hals- und Kehlbereich, die als Heilmeditation angewandt wird, um Halsschmerzen und Heiserkeit zu lindern und um seine Kommunikation klarer werden zu lassen. Sie legen sich auf den Rücken und schließen Ihre Augen. Fühlen Sie sich entspannt, stellen Sie sich vor, dass eine blaue Farbwolke Ihren Hals- und Kehlbereich umhüllt. Mit jedem Atemzug lassen Sie die Farbwolke intensiver werden. Das Blau wird gesättigter. Diese Vorstellung halten Sie für fünf Minuten.

Zur tiefen Entspannung stellen Sie sich vor, dass von dieser Farbwolke die blaue Farbe in Ihren ganzen Körper ausstrahlt.

Malen

Eine gute Möglichkeit, die Qualität der Farbe Blau zu erfahren, liegt im Malen. Holen Sie Ihre Farbstifte und ordnen Sie diese nach den verschiedenen Blautönen von Türkis bis zu Indigo. Suchen Sie sich die Farbe aus, die Ihnen am besten gefällt. Mit ihr zeichnen Sie auf einem weißen Blatt einen großen Kreis, den Sie mit Ihrem Blau ausmalen. Wie wirkt dieses Blau auf Sie? Welche Gefühle und Gedanken stiegen beim Ausmalen auf?

Sie können das Gleiche mit dem Blau durchführen, das Sie ablehnen. Das ist für Sie der Schatten des Blaus, das hässliche Blau.

Vergleichen Sie dieses hässliche Blau mit Ihrem Lieblingsblau.

Was fällt Ihnen auf? – Warum lieben Sie das eine Blau und lehnen das andere ab? – Was sagt das über Sie aus?

Diese beiden Bilder können als Meditationsgrundlage genutzt werden. Meditieren Sie mit geöffneten Augen und halten Ihren Blick auf die Farbfläche. Wichtig ist, dass Sie weich blicken, das heißt, dass Sie nicht starren, sondern entspannt auf diese Farbfläche schauen.

Besitzen Sie Aquarellfarben, spielen Sie mit den verschiedenen blauen Farbtönen: Sie können die unterschiedlichen Blautöne nebeneinander setzen und sich mischen lassen. Oder versuchen Sie, alle Blautöne auf Ihrem angefeuchteten Aquarellpapier fließend ineinander übergehen zu lassen.

Solche Übungen führen Sie unbemerkt tief in das Wesen der Farbe Blau. Sie werden Sie beruhigen. Wahrscheinlich werden Sie bei den Malübungen bemerken, dass Blau im Gegensatz zu Gelb Ränder bildet. Blau setzt sich deutlich gegenüber anderen Farben ab. Wenn Sie lange auf einen blau ausgemalten Kreis blicken, werden Sie das Gefühl haben, dass Blau an seinen Rändern hervortritt und dass es in der Mitte des Farbfeldes in den Hintergrund tritt. Das wurde beim Malen vor der Renaissance benutzt, um mit Farben eine Perspektive zu schaffen. Um sich das zu verdeutlichen, nehmen Sie ein bestehendes Bild, an dem Ihnen nicht viel liegt. Mit Buntstift oder Aquarellfarben lasieren Sie dünn einige Ausschnitte dieses Bildes. Es entsteht sofort der Eindruck, dass die blau lasierten Flächen in den Hintergrund treten. Noch deutlicher wird dieser Effekt, wenn Sie blau und gelb lasierte Flächen nebeneinander setzen. Die gelb lasierten Flächen treten in den Vordergrund, die blauen in den Hintergrund. Betrachten Sie mittelalterliche Bilder, werden Sie bemerken, dass die Maler stets Gelbtöne verwandten, um etwas in den Vordergrund treten zu lassen, und mit Blautönen Tiefe und der Hintergrund dargestellt wurde. Diesen Effekt können Sie nutzen, um Räume größer wirken zu lassen.

Wahrnehmungsübungen

Ich möchte Ihnen eine einfache Übung vorschlagen, für die Sie Ihr Buch bei Seite legen, sich ruhig hinsetzen, die Augen schließen und sich vorstellen, was Ihnen alles zu Blau einfällt. Konzentrieren Sie sich auf Blau und lassen Sie alle Bilder, Ideen, Gedanken und Vorstellungen aufsteigen, die mit Blau verbunden sind. Falls Sie abschweifen, stellen Sie sich wieder auf ein möglichst reines Blau ein, sobald Sie es bemerken.

Nehmen Sie sich etwa fünf Minuten Zeit für diese Übung, öffnen Sie dann langsam Ihre Augen, und schauen Sie sich in Ihrem Zimmer um. Nehmen Sie alle Blautöne bewusst wahr und lassen Sie sich überraschen, wie viel Blau Sie umgibt.

Es kann bei dieser Wahrnehmungsübung geschehen, dass Sie nach dem Öffnen der Augen nur blaue Gegenstände sehen, während die anderen Farbtöne wie hinter einem grauen Schleier zurücktreten. Um diesen Effekt zu erreichen, muss man diese Übung allerdings öfters ausführen.

Machen Sie sich nun bewusst, wie Sie sich fühlen, nachdem Sie sich derart intensiv auf die Farbe Blau eingelassen haben. Haben sich während oder nach dieser Übung Ihre Gefühle verändert? – Bewirkt Blau etwas bei Ihnen, oder lässt es Sie unberührt? – Fragen Sie sich, warum Sie an Blau interessiert sind – oder uninteressiert? – Ist der Grund für Ihre Beschäftigung mit Blau ein Gefühl der Fremdheit dieser Farbe gegenüber und zugleich der Versuch, mit dieser Energie Freundschaft zu schließen?

Führen Sie diese Übung mit anderen Farben durch, werden Sie bemerken, dass keine andere Farbe so neutral wirkt – es sei denn, Sie haben einen stark leuchtenden Blauton gewählt oder schrille Türkistöne. Die neutrale Wirkung von Blau liegt in jener Ruhe begründet, die von Blau ausgeht. Blau drängt sich nicht vor. Führen Sie diese Übung öfter durch, werden Sie die beruhigende Wirkung der Blautöne deutlicher spüren. Gerade gestressten Personen dient Blau als Medizin. Es wird im Farbheilen angewandt, um Erregungszustände und Überaktivität zu mildern. Die kühlende Kraft des Blaus nutzt man zur Unterstützung der Behandlung von Entzündungen.

In seltenen Fällen wirkt Blau zu dunkel. Dann nutzen Sie ein helleres Blau oder gehen auf ein ein weißgebrochenes Blau über.

Liebe

Blut Fruchtbarkeit Erde

Frau Herz Nähe Libido

Bewegung Erregung

Dynamik Ego Anziehungskraft

Stopp! – Bereit!!

Feuer Rote Rose

Krieger

Hexen

Rotkäppchen Zwerge

Rote Zahlen

Hass

Sünde

Scham

Rote

Laterne

Rot

Geometrische Form:	Quadrat
Lage im Spektrum:	linke Seite zwischen Gelb und Blau
Wellenlänge:	700–650 nm
Körperfarbe:	eine der drei Grundfarben (Primärfarbe)
Druckfarbe:	M (Magenta)
Lichtfarbe:	Rotorange
Farbreichweite:	mittel
Temperatur:	warme Farbe
Komplementärfarbe:	Grün
Goethes Farbenlehre:	alle Farben streben dem Purpur zu
Bauhaus-Farbenlehre:	Farbe steht in der Fläche; entsprechende Form: Quadrat
Volkstümliche Symbolik:	Liebe, Krieg
Esoterische Symbolik:	Liebe, Blut, Heiliger Geist, alle Feuerzeichen
Chakra:	Wurzel-Chakra
Moderne Symbolik:	Liebe (seit eh und je)
Psychologie:	Aggression und Trieb, Körperlichkeit
Götter:	Feuergötter, Kali, Ares/Mars

Farbbezeichnungen und Pigmente

Es gibt unendlich viele Rot-Töne, Rotabstufungen und Rotbrechungen. Das Spektrum von Rot ist groß, wie wir an der Fülle von Farbbezeichnungen für Rot im Neuhochdeutschen ablesen können.[25] Im Volksglauben geht der Begriff von Rot noch weiter als in der Farbpsychologie. Man spricht vom Rotwild und vom Rotgold und sieht bestimmte Braun- und Goldtöne im Bereich des Roten angesiedelt.

In das Bild vom aggressiven Rot passt es, dass die Herstellung von rotem Farbpigment – außer wenn es aus speziellen Erden oder chemisch gewonnen wird – an die Tötung von Lebewesen gebunden ist. Für die Rotherstellung werden zumeist Schildläuse (Kermes oder Koschenillen) oder Stachelschnecken (die Purpurschnecke des Mittelmeeres) getötet.

■ Erdpigmente

Folgende Erdpigmente liefern subtile Rotbrauntöne und ein warmes Rot: Persischrot, Poliment, Rötel, Roter Bolus, Roter Ocker und Spanischrot.

Sie wurden früher aus tonhaltigem Eisengestein gemahlen. Heute werden sie synthetisch hergestellt und sind preisgünstig und vielseitig nutzbar. Rote Erdpigmente sind lichtechte Farben.

■ Kadmiumrot

Ein harmonischer mittlerer Rot-Ton. Als Pigment hat Kadmiumrot wegen seiner Farbbeständigkeit und niedrigen Kosten fast alle anderen Rotpigmente verdrängt.

■ Kermesrot

Eine brillante, lichtechte und leuchtende Farbe. Neben dem Krapp *(Rubia tinctoria)* spielte der Kermes in der Kulturgeschichte der roten Farbe eine wichtige Rolle. Kermes wird aus der Schildlaus gewonnen. Schon die Phönizier färbten mit Kermesrot – das wie Krapprot eine Luxusfarbe und der Inbegriff alles Schönen war – ihre Garne für kostbare Gewänder und Tücher, was überaus aufwändig und teuer war. Von der Kermeslaus leiten sich die Farbbezeichnungen »Karmin« und »Crimson« ab.

■ Koschenillenrot

Dieses Pigment gibt es mit kalten und warmen Rot-Tönen. Seit der Entdeckung und Synthetisierung moderner Anilinfarben und der industriellen Herstellung von Kadmiumfarben ist Rot keine besondere Farbe mehr. Aber dennoch hat die Chemie das natürliche Rot nicht vollständig verdrängen können: Beispielsweise im Campari und in den Lippenstiften wird heute noch ein Rot benutzt, das aus den Koschenillenläusen hergestellt wird, die auf Kakteen leben.

■ Krapprot – das Rot der alten Meister

Ein stark leuchtendes Rot, von dem es drei Sorten gibt:
- ■ Färberröte
- ■ Krapplack (natürlich) – oft leichter Braunstich, lebendige Farbe
- ■ Alizarinkrapplack (synthetisch) – massive Farbe, stark deckend

Die Färberröte, ein Labkrautgewächs, das in lichten Olivenhainen wächst, ist wie keine andere Pflanze mit der roten Farbe und der Färberei verbunden. Um das begehrte rote Farbpigment zu erhalten, muss die Färberröte im Alter von drei bis vier Jahren geerntet und danach lange getrocknet werden, damit sie zu einem feinen, mehlartigen Pulver zermahlen werden kann. Dieses Pulver wird gelagert. Es verhält sich wie beim Wein: Je länger das Pulver lagert, desto besser wird seine färberische Qualität. Mit diesem Pulver, in dem das Alizarin angereichert ist, kann man die entsprechenden Stoffe lichtecht und durchschlagend rot färben.

Krapprot war schon den Persern, Indern und Ägyptern bekannt. Sie benutzten den Farbstoff Alizarin, um edle Gewänder und Tücher für den rituellen Gebrauch herzustellen. Als es den Holländern im 16. Jahrhundert gelang, bestes Krapprot zu produzieren, wurde dieses Rot zum Inbegriff des Schönen in Europa. Als vornehmer Herr besaß man mindestens einen knallroten Seidenanzug. Selbst die Bauern trugen an Festtagen rote Hosen und Jacken, die mit Krapp leuchtend eingefärbt waren. Im 17. Jahrhundert stritten sich Holländer und Engländer um den Import roter indischer Stoffe nach Europa, die kostengünstiger waren als mit Krapprot gefärbte Stoffe in Europa.

Allerdings gelang es 1870, den Farbstoff Alizarin synthetisch herzustellen, was zum Niedergang des Anbaus der Färberröte führte. In Europa wird Krapprot kaum noch hergestellt.

■ Purpur

Nach Goethe stellt Purpur die Steigerung aller Farben dar. Es handelt sich um ein kaltes, bisweilen glänzendes Rot. (Genaueres finden Sie weiter unten im Kapitel über Violett, S. 132.)

■ Zinnober

Ein giftiges Pigment mit klarem Rot-Ton. Zinnober ist ein verbreitetes Quecksilbersulfit im Schiefer. Es wurde bereits von den alten Ägyptern und Chinesen als Pigment benutzt. Plinius und Vitruv erwähnten Zinnoberrot. Der arabische Alchemist Geber stellte wohl als Erster Zinnober im 9. Jahrhundert künstlich her, was Albertus Magnus als einem der ersten Europäer im 13. Jahrhundert gelang. Seit 1785 wird die Zinnoberherstellung großindustriell betrieben. Bis zur Einführung des Kadmiumrots war Zinnober nicht ersetzbar. Heute wird es nur noch in geringen Mengen hergestellt.

Einführung

Es war eher so, als ob ich die Farben zum ersten Mal entdeckte: Das Rot war sehr fröhlich.

(Umberto Eco)

■ Wortstamm

Das Farbwort Rot geht auf das lateinische Wort rubeus zurück. Das hebräische Wort für *adam* (*adam* – Erde – Rot) und der Begriff *adama* (jemandem gefallen) weisen dieselbe Wurzel auf.

■ Bildende Kunst

Von dem holländischen Maler Piet Mondrian (1872–1944) erzählte der Bildhauer Alexander Calder (1898–1976) die Anekdote, dass er sein Grammophon knallrot übermalte, damit es besser vom Stil her in sein Atelier passte. So konnte er mit ihm leben.

Später tauchte eine ähnliche Liebe für Rot bei Gilbert und George auf (britische Performancekünstler, die seit 1967 zusammenarbeiten), die am Anfang ihrer steilen Karriere fast nur Rot-Töne benutzten, weil sie Rot schön und oberflächlich fanden, wie sie im privaten Kreis oft betonten.

Die Handwerker, welche das rote Glas für die Glasfester der gotischen Kathedralen herstellten, wussten zwar nichts von Nanotechnologie, nutzen sie aber dennoch. Sie arbeiteten Goldnanoteilchen in das Glas ein, um ihm eine rote bis pupurfarbene Farbe zu geben.

In der ostasiatischen Kunst wurden rote Lacke unter dem Einfluss Chinas oft eingesetzt, um dreidimensionale Effekte zu erreichen.

■ Farbtöne

Es gibt kalte und warme Rot-Töne. In unserer Kultur zählen die warmen Rot-Töne, die ins Orange gehen, zu den beliebtesten Farben.

Eine besondere Gruppe der Rot-Töne stellen die rosa Farbtöne dar, die stets feminin wirken. Das sind blasse Rot-Töne, wie wir sie als häufige Rosenfarbe finden. Rosenquarze zeigen diese Farbe.

Pink, besonders Hot Pink, ist ein gesteigertes Rosa und eine moderne Farbe. Diese Farbe hat etwas Fröhliches und Auffallendes. Sie ist in der Jugend beliebt (höchste Beliebtheit bis zum neunten Lebensjahr bei Mädchen). Stephanie

Faber beschreibt anschaulich, wie diese Farbe einen schönen Kontrast zu einem neblig herbstgrauen Himmel bietet.[26] Pink war die Modefarbe der Frühlingssaison 2005 und sieht besonders schick in der Kombination mit Schwarz aus.

■ Rot ist die Lieblingsfarbe der Kinder

Den roten Ball, die Zwerge mit ihren roten Zipfelmützen, die Heinzelmännchen mit roten Haaren, rotem Wams und knallroten Kappen und den Fliegenpilz[27] findet man im Kinderbuch. Kinder lieben Rot, weil es einen anspringt. Es fällt auf, drückt Dynamik aus und gilt als die Farbe mit der stärksten Anziehungskraft. Aus diesem Grund lehnte Goethe Rot ab, da es nach ihm nur auf Kinder und Naturmenschen eine Anziehung ausübt. Seiner Meinung nach zeigen gebildete Menschen eine Abneigung gegenüber dieser Farbe.

Rot ist mit Bewegung und Erregung untrennbar verbunden. Dass Rot etwas in Bewegung setzen kann, zeigt sich beim Brotbacken. Ein rotes Tuch über den Brotteig gedeckt, lässt diesen besser gehen. Im Garten wächst der Spinat unter Rotlichtbestrahlung etwa viermal so schnell wie normal. Rot führt also nicht nur den Menschen Energie zu und bringt sie in Bewegung, es wirkt bewegungsanregend im gesamten Naturreich. So kann man verstehen, dass in der Yoga-Philosophie das untere Energiezentrum, von dem alle Bewegungsenergie ausgeht[28], mit Rot symbolisiert wird. Der Inder stellt sich das aktive Prinzip des Aufbaus – Brahma, den Schöpfer – rot vor.

Rot ist deswegen entgegen seiner farbpsychologischen Wirkung als internationales Stopp-Signal erkoren worden, weil es sich bestens vom grünen Hintergrund der Natur und dem Grau der Städte absetzt. Rot springt einen in seiner Bewegung an. Das ist es, was den Verkehrsteilnehmer warnt und Kinder anzieht. Erwachsene charakterisieren Rot häufig als zu grell, Kinder dagegen betrachten es als lustige Farbe. Aus diesem Grunde waren die alten Micky-Maus-Hefte nur in zwei Farben gedruckt – Schwarz und Ziegelrot.

Kinder besitzen ein starkes Ego, was Erwachsene bisweilen zur Weißglut bringen kann. Nicht nur im Buddhismus ist die Symbolfarbe des Egos Rot. Wenn es einem gelingt, dieses egobesetzte Rot umzuwandeln und damit Gier und Getriebenheit zu überwinden, wird Rot zur Farbe der unermesslichen Freude.

Rot schützt Kinder vor Krankheiten und sogar vor dem Tod. So lautete ein Aberglaube, der bis ins 18. Jahrhundert Babys mit roten Schleifchen und anderen roten Accessoires beglückte. Allerdings wandelte sich im 18. und 19. Jahrhundert die Einstellung zu Rot. Aus dem Rot, das vorher vor Krankheiten schützen sollte, wurde ein krank machendes Rot. Als die Welt begann, zunehmend unruhiger zu werden, fiel Rot in Ungnade. Es regt zu sehr auf. Plötzlich behauptete der Volksglaube, die roten Bänder brächten besonders dem männlichen Säugling Unglück. Rot errege die Kinder zu sehr, um gesund zu wirken, meinte man.

Kinder lieben das platte, plakative und auffallende Rot. Das ist das Rot der Reklamewelt, das Marlboro- und Ferrari-Rot, das jenem Rot des Rotkäppchens verwandt ist. Dieses Rot wird benutzt, wenn man im Druck etwas hervorheben möchte, obwohl die rote Schrift auf weißem Grund schwer lesbar ist. Mit dieser Farbe korrigiert der Lehrer die Hefte. Im Arbeitsheft liebt man zweifelsohne als Kind das Rot nicht. Zu viel Rot zeigt eine geringe Leistung an. Das wird sich für den Erwachsenen nicht ändern, der oft mit rotem Kopf auf rote Zahlen reagiert.

Für die Schüler besitzt die rote Tinte eine Magie, die vom Stand der Lehrer eifrig gespeist wird. Mit roter Tinte schließt man Verträge mit dem Teufel ab, oder gar wie Dr. Faust mit Blut. Rot zeigt den Fehler an, in dem sprichwörtlich der Teufel steckt. Deswegen darf der Schüler alle Farben im Heft benutzen außer Rot. Rot ist hier, wie in Goethes Farbenlehre, allen anderen Farben übergeordnet, denn der rote Text ist der richtige, der übergeordnete und Ausdruck der Autorität.

Rot korrigiert. Es kontrolliert nicht nur die Schulkinder, sondern auch die Soldaten der englischen Marine, indem diese ihre Seile mit einem roten Faden durchwirken ließ. Das stellte sich als hervorragender Diebstahlschutz heraus.

Allgemeine Symbolik

■ Rot in den verschiedenen Lebensphasen

Rot ist die am stärksten zum Guten anregende wie zum Bösen herausfordernde Farbe: Es ist die Farbe der Liebenden wie die des Kriegers, es ist die Farbe des reinen, höchsten Gefühls wie die der wilden, gefährlichen Leidenschaft. Der scharfe Paprika ist zinnoberrot wie die heiße Liebe, und das zarte Morgenrot entspricht den romantischen Gefühlen des Menschen. Nach C. G. Jungs Typenlehre wird Rot dem Gefühlstypus zugeordnet, es stellt die Farbe der Gefühlsenergien (der affektiven Libido) dar.

Mit Rot fängt alles an. Als Lieblingsfarbe der Kinder drückt es das unreflektierte impulsive Begehren aus, mit dem der kindliche Geist auf die Welt zutritt: »Das will ich haben!« So drückt das Kind undifferenziert, aber ganz und gar nicht unwirksam sein Liebesgefühl aus. Es will die nährende, erotische Brust, sonst gibt es Geschrei. Mit Rot kündigt sich im Zyklus des Menschenlebens die Liebe an oder das, was zur Liebe wachsen möchte. Die ersten neun Monate ist das Kind noch völlig in Liebe der Mutter verbunden. Erst ab dem neunten Monat reagiert das Kind auf andere Farben als Rot, wobei Rot fast noch bis zur Pubertät seine Lieblingsfarbe bleiben wird.

Dieses Rot des Anfangs entspricht der leidenschaftlichen Weltbezogenheit, es ist ungestüm wie ein Krieger. Im weiteren Verlauf des Lebens beginnt es sich zu differenzieren, um am Ende zur Todesfarbe zu werden. Nach dem ungehemmten Anfang der ersten Lebensjahre wird Rot als warme Farbe entdeckt, als die Farbe der Nähe und der Verliebtheit. Aufgeregt, mit erwartungsvollem Gefühl, schaut man morgens am 14. Februar vor seine Tür, ob da nicht ein Valentinsherz liegt. »Von wem mag es kommen?«, fragt man sich klopfenden Herzens. Dieses klopfende Herz wird einen weiter im Leben begleiten: das rote Herz als Symbol der Liebe, das der geheime Freund an Mauern malt, mit durchgebohrtem Pfeil und einem roten Blutstropfen, der fast die Entjungferung erahnen lässt. Hier sind wir beim weiblichen Rot angelangt, von dem die Magie so fasziniert war. Über die »roten Blüten« – wie die Menstruation in Frankreich und Süd-West-Deutschland genannt wurde – führt der Kulturhistoriker Professor Jacques Gylis aus: »Wenn eine Frau sagt, dass sie ihre Monatsblutung hat, denkt sie vor allem an die Farbe der Ausscheidung, an den roten Unterschied.«[30]

Aber Rot ist nicht nur das Symbol des Menstruationsblutes, sondern es symbolisiert die Frau selber. Genau gesagt verbildlicht Rot den Leib der Frau, der in Liebe Leben hervorbringen kann. Da die Menstruation die Gebärfähigkeit anzeigt, versuchten vom 15. bis ins 18. Jahrhundert hinein heiratswillige Mädchen schon in jungen Jahren, ihre Regelblutung mit roten Pflanzen anzuregen. Der rotstängelige Beifuß, der auch Gebärmutterblutungen beenden kann, war hierzu beliebt. Lebte man in Liebe mit einem Mann zusammen und wurde trotz regelmäßiger Menstruation nicht schwanger, half als letztes Mittel, an der Statue einer Heiligen ein weißes Band zu knüpfen. Wollte sie jedoch nicht schwanger werden, knüpfte die junge Frau ein rotes Band, um den Fluss der Menstruation wieder einzuleiten. Hatte eine vornehme Frau ein Kind geboren, empfing sie gleich nach ihrer Niederkunft die Gratulanten im karminroten Nachtrock. Besonders karminroter Satin wurde stolz als Zeichen der Fruchtbarkeit und Liebe getragen.

Priapos war der göttliche Mann mit dem übergroßen roten Genital, das die gesamte Person dominierend nach oben stand. Mythologisch steht ihm die rotgesichtige Baubo – die mythische Vulva – gegenüber. Sie ist diejenige Frau, die nach klassisch-griechischer Überlieferung Demeter in ihrer Trauer über den Verlust der Kore aufmunterte, indem sie dieser ihr Geschlecht zeigte. Diese obszöne Geste galt im klassischen Griechenland als Abwehrzauber gegen den Tod.

Rot wird zur Erfahrung der Frau: Bei der Menstruation verlässt das Blut dunkelrot den Körper. Was innen war, kehrt sich nach außen und wird sichtbar. Es folgt die Entjungferung, die wieder vom roten Blut geprägt ist. Die Frau bleibt dem Rot, dem Gefühl der Liebe verbunden. Ihr wird der spontane Affekt zugestanden, jene Kraft des astrologischen Widder-Prinzips, die beim Mann ins Kriegerische geleitet wird. Das Weibliche darf weiterhin von der Liebe träumen, während das Männliche sich dem Kampf zuwenden muss. Dass der Mann sich diesem Weiblichen öffnen kann, zeigt uns der mittelalterliche und doch moderne Held Parzival. »Parzival« bedeutet »mitten hindurch«, durch die Gefühle, und da spielt sogleich die rote Farbe die hervorragende Rolle. Parzival verlässt seine Geliebte. Als er sie nach langer Zeit fast vergessen hat, sieht er drei Blutstropfen im Schnee. Er fällt in eine Vision von seiner Geliebten, aus der er nur schwer herauszuholen ist. Die drei Blutstropfen im Schnee, das Symbol der Liebe und der Entjungferung – ein Bild, welches das Mittelalter liebte.

Je stärker die Natur zu intellektuellen Leistungen fähig ist, desto mehr tritt Rot in den Hintergrund. Das scheint biologisch vorgegeben zu sein. Der Biologe Adolf Portmann stellte fest, dass Rot zwar bei höheren Pflanzen häufig als Blütenfarbe auftritt. Denken wir doch nur an die rote Rose, die das Symbol der Liebe in unserer Gesellschaft darstellt. Aber je leistungsstärker das Nervensystem der Tiere ist, desto weniger finden wir an diesen Tieren reines Rot. Am sparsamsten ist Rot den hoch entwickelten Säugetieren zugeteilt.

In der Symbolik des Alten Testaments tritt das Rot umso weniger auf, je mehr von höheren geistigen Bereichen die Rede ist. Rot ist jedoch das am meisten verwendete Farbwort im Alten Testament. Es wird benutzt, wenn es um heftige Empfindungen geht. Die Liebe wie der Hass sind die heftigsten Empfindungen, zu denen der Mensch fähig ist. In den siebziger Jahren des vergangenen Jahrhunderts pflegte die damals modische Gestaltpsychologie zu betonen, dass der Hass die Liebe am falschen Platz ist. So ist es verständlich, dass der Hass wie die Liebe beide gleichermaßen mit Rot symbolisiert werden.

In vielen deutschen Gegenden galt die Farbe Rot als Zeichen für Jungfräulichkeit, auch wenn wir heute – wie im indischen Tantrismus – Rot mit der sexuellen Liebe und dem körperlichen Genuss verbinden. Rot sollte auf das Fehlen sexueller Erfahrung verweisen. Im Gegensatz dazu steht der grausame Brauch, dass Mädchen mit unehelichen Kindern mit einem roten Kopftuch draußen vor der Kirche warten mussten.

Die Farbe Rot hängt also seit alten Zeiten mit Liebe und Sexualität zusammen. Allerdings konnte sich der Volksglauben nie so recht entscheiden, ob diese Farbe nun auf die Sexualität und Liebe verwies oder ob sie gerade das Fehlen der Sexualität anzeigte.

Rot ist die Farbe des Liebesbegehrens – ob nun bei der Jungfrau, der verheirateten Frau oder dem Mann. Rot zaubert die Liebe herbei, wie es diese auch ausdrückt. Das hat »Schotts Messbuch der Kirche« deutlich erkannt, wenn es konstatiert, dass Rot in der katholischen Kirche die heilige Liebesglut verdeutlicht. Deswegen war Rot zu fast allen Zeiten eine beliebte Kleiderfarbe der jungen Leute. Besonders Mädchen liebten den roten Rock und junge Männer ihren roten Wams, was sich noch bis heute in vielen Volkstrachten erhalten hat.

Rot ist die Farbe der Liebe, welche die Gegensätze männlich und weiblich zusammenbringt. Dies ist eine überkulturelle Bedeutung der Farbe Rot, die man selbst bei den australischen Ureinwohnern findet. So sind viele Fruchtbarkeits- und Liebesgötter von der roten Farbe geprägt, z. B. in der indischen Mythologie Rudra, der rote Fruchtbarkeits- und Kriegsgott. Verweilen wir noch etwas in Indien, finden wir dort Agni, den roten Gott, der als männliches Feuer das weibliche Wasser schwängert.

■ Rot ist die Rose

Die viel besungene rote Rose verbindet Duft, Farbe und Gestalt in harmonischer Form und bietet sich so als klassisches Liebessymbol an. Sie gilt als die vollkommenste Blume. So bemächtigte sich die christliche Kirche dieses Symbols, indem sie auf den Propheten Sirach zurückgriff, bei dem sie das Bild der ewigen Weisheit ist. Dadurch wurde die Rose zum Christus-Symbol, wie man es in dem Weihnachtslied »Es ist ein Ros' entsprungen« noch findet.

Die rote Rose als Symbol der Liebe klärt den Geist und stärkt ihn, denn ohne Liebe ist jede geistige Anstrengung unnütz. Die Liebe bringt die Einsicht durch das Mitempfinden und das Heraustreten aus seiner eigenen Welt und die Ausrichtung auf die Welt des anderen. Die Rose als Bild des klaren Geistes kannten ebenfalls die Alchemisten, denen sie mit ihren Erlösungsvorstellungen verbunden war. Dass der Weg zur Erlösung über die Liebe geht, ist die wichtigste Lehre der roten Rose, die ursprünglich der griechischen Liebesgöttin Aphrodite geweiht war, deren Geliebter Adonis in dem rosa Adonisröschen weiterlebt. Dass diese Liebe aber auch von Fleisch und Blut ist, garantiert Dionysos, der ebenfalls die rote Rose als seine Blume beansprucht.

Die rote Gartenrose stammt aus dem Orient und kam erst mit den Kreuzfahrern nach Deutschland. So trägt noch heute die rote Rose jenen Hauch der rauschhaften Liebe des Orients. Auf sie werden die Sehnsüchte der Liebesnächte aus Tausendundeiner Nacht projiziert, die nicht enden wollende Sinnlichkeit und jener Liebesrausch, der als Grenze nur den Tod kennt.

■ Unter der roten Laterne von St. Pauli

Rot gilt als die anziehend-aufregende Farbe der Schamlosigkeit und der Ungehemmtheit aller Begierden. Wenn man sich in Italien rote Unterwäsche schenkt, so bringt das Glück, und wilde Liebesnächte stehen bevor. Wer sich körperlich attraktiv findet, schenkt sich noch heute in Italien zu Neujahr knallrote Unterwäsche, für die wir den treffenden Ausdruck *Reizwäsche* besitzen.

Rot gilt als geil. Auch im Osten, in der tantrischen Ikonographie, wird Rot so gesehen: In den Bildern wildester Positionen werden die Schamlippen der Damen leuchtend rot gemalt. Es soll nicht nur der Blick auf jenes schöne Organ der Lust gelenkt, sondern auch darauf hingewiesen werden, dass die sexuelle Vereinigung ihren Höhepunkt dann findet, wenn die Frau menstruiert und das rote Blut und der weiße Samen sich mischen. Ursprünglich war dies als Maßnahme zur Geburtenkontrolle nötig.

Aber nicht nur in der entgrenzten und deswegen heiligen Sexualität Asiens werden die Schamlippen der Liebesgespielin rot gefärbt, sondern auch in der europäischen Pornographie. In dem berühmten Roman von Pauline Reage »Die Geschichte der O.«[30] lässt der Kenner der sexuellen Rituale, Sir Stephen, die Schamlippen und die Brustwarzen der O. mit einem dunkelroten Rouge schminken – ein Topos, der in der sadistisch-masochistischen Pornographie häufig auftritt. Die Rötung des Geschlechts, die uns bereits bei

Priapos und seinem weiblichen Pendant Baubo begegnete, verweist auf das Angeschwollene, das sich als Geilheit und Offenheit zu erkennen gibt. Rot sagt also im Liebesakt ganz und gar nicht »stopp!«, sondern signalisiert, dass man zur körperlichen Vereinigung bereit ist. Sigmund Freud deutete selbst das Erröten als eine sexuelle Erregung. Man muss beim roten Kopf nur sehen, dass die sexuelle Energie in eine andere Richtung geleitet worden ist.

Solche an wesentliche physiologische Erfahrungen des menschlichen Körpers gebundene Farbsymbolik ist alt und unsterblich. Die symbolische Verbindung zwischen Rot und körperlicher Liebe wird sich wahrscheinlich nie ändern, einzig vielleicht deren positive Bewertung, gegen die sich das Christentum vergeblich wandte.

Seit der Antike gilt Rot als die Farbe des Körpers und als die Kennfarbe der Prostituierten, da Rot uns nicht nur geil macht, sondern auch körperlich lebendig werden lässt. Noch heute spricht man vom »Rotlichtviertel«, wo rotes Licht die Bereitschaft zu allen möglichen Liebesdiensten anzeigt. Die Farbe der Dirnen ist seit der Antike Rot, da die Dirne mit dem unteren Teil ihres Körpers dient, also einen Unterweltcharakter aufweist. Mythologisch wurde die Dirne oft mit dem roten Typhon (Riese mit 100 Schlangenköpfen), dem Sprössling der Unterwelt, in Zusammenhang gebracht, da sie die Schlange (als Penissymbol) liebt und wie ein Wirbelwind wirkt.

Hier sind noch die roten Hurenstiefel zu erwähnen, die Bertolt Brecht in seinem Stück »Mutter Courage und ihre Kinder« berühmt machte. Sie ziehen heute noch die Männlichkeit und die Weiblichkeit gleichermaßen an. Diese roten Stiefel sind die Magneten der unterdrückten Männerwünsche und nicht gelebter Frauenphantasien.

Unter jüdisch-christlichem Einfluss wurde Rot zur Farbe der Sünde, speziell der sexuellen Sünde. Der jüdische Prophet Jesaja spricht von der »blutroten Sünde«.[31] Bei dem niederländischen Maler Pieter Breughel dem Älteren bezeichnet Rot die Sünde und besonders die Schamlosigkeit, vor der man errötet. Der Theologe Adolf Holl schreibt in seinem Buch »Gewalt und Geschlecht in der Religion« über die Frau: »Der lange Prozess der Zivilisation hat überall die Frauengestalt in eine weiße und in eine rote gespalten, eine helle und eine dunkle, eine erlaubte und eine verbotene.«[32] Dass dabei die rote Frau die verbotene Frau darstellt, weil sie die interessante, die inspirierende und die körperliche Frau ist, die das Männliche ergänzt und zum Leben verhilft, liegt auf der Hand. Verbote sind immer rot und regen so zur Übertretung an.

■ Die roten Hexen

Der Hexenwahn ist geradezu von der roten Farbe besessen. Das ist verständlich, da es sich psychologisch um die Angst vor dem verführerischen Weiblichen handelt. Das männlich erstarrte Bewusstsein fürchtet nichts so sehr, als dem belebenden Chaos des Weiblichen zu verfallen. Nichts wünscht sich das Männliche sehnsüchtiger, und nichts fürchtet es zugleich mehr.

Hexen haben rote Haare, tragen rote Strümpfe – wie übrigens noch heute in den meisten Kinderbuch-Illustrationen –, böse Hexen tragen gar ein leuchtend rotes Kopftuch und schauen stechend aus rotumränderten Augen verzaubernd auf Vieh und Mann. Auch einen Hexenmeister kann man an seiner Vorliebe für Rot erkennen: Natürlich trägt er einen roten Bart und hat rotes Haupthaar. Gehört er der besonders bösen Art an, trägt er einen roten Hut und einen roten Gürtel um seinen meist schwarzen Mantel.

Hexen und Hexenmeister besitzen zugleich Aversionen gegen Rot: Sie können zum Beispiel keinen roten Koriander essen und winden sich, wenn sie etwas Knallrotes anschauen müssen.

Nach dem Wicca-Orden der Hexen symbolisiert Rot: »Feuer, Kraft, Leidenschaft, Sinneslust, rasches Handeln.«[33]

Rothaarige sollen, so ein Bericht in National Geographic[34], bis zum Jahr 2100 ausgestorben sein. Die Hautpigmente, die für die rote Farbe der Haare verantwortlich sind, produzieren zur Zeit nur noch zwei Prozent der Weltbevölkerung.

■ Rot im Alter

Rot ist die Farbe der untergehenden Sonne. Wie der Tag mit dem Abendrot erstirbt, so hat der Mensch in seinem beständigen Streben nach Liebe endlich am Lebensabend seine Vollendung gefunden. Wenn die körperliche Liebe einen nicht mehr bedrängt, dann bricht sich das Rot, indem es sich aufhellt, und wird zum Rosa. Die Liebe bekommt den geistigen Unterton, und so verwundert es kaum, wenn alte Damen Rosa zu ihrer Lieblingsfarbe erküren. Die rote Spur der Frau hat sich geistig differenziert und einen neuen Symbolwert gefunden. Dieses Rosa öffnet das Herz für alle lebenden Wesen, es ist die Symbolfarbe des Mitgefühls.

Als die Mutter der englischen Königin gefragt wurde, warum sie Rosa so liebe, meinte sie, dass es der Liebe des Alters entspräche, wenn die Körperlichkeit zurücktrete und man eine Ahnung von der reinen Liebe bekomme.[35]

Die mit der englischen Königsfamilie verwandte Barbara Cartland liebt die rosa Farbe über alles. Sie besuchte 1923 das gerade geöffnete Grab des Tutenchamun. Dabei gefielen ihr die rosa und türkisen Wandmalereien derart gut, dass sie sich entschloss, nie mehr andere Farben als Rosa und Türkis zu tragen. Im Alter sah man sie fast nur noch in einem Rosa auftreten, das zu dem süßlichen Stil ihrer Bücher passt.

■ Rot und Tod

Bei einem Todesfall drückt sich die Liebe der trauernden Hinterbliebenen in roten Grabbeilagen aus. So ist es bei den Irokesen – einem Indianerstamm Nordamerikas – Brauch, roten Ocker mit ins Grab zu geben. Bei den Indern liebte man den roten Sarg und das rote Leichentuch, ebenso bis ins 15. Jahrhundert hinein in Florenz. Das rote Leichentuch und rote Kerzen waren bei Begräbnissen das ganze Mittelalter hindurch üblich. Am längsten hat sich dieser Brauch im Fricktal in der Schweiz erhalten, wo noch 1867 die Frauen in ihren roten Röcken begraben wurden. Noch heute sollen – der alten Volkstradition entsprechend – die Kerzen rot sein, die bei der Totenmesse abgebrannt werden.

Mit Rot beginnt die Liebe, und mit Rot nimmt man von seinen Liebsten Abschied – überall und immer, wenn es um die Liebe geht, ist die Farbe Rot zugegen: sei es die körperliche Liebe oder die vergeistigte, die der Kinder oder die der erwachsenen Männer und Frauen, die Liebe der Ehe oder die käufliche Liebe. Rot ist die Farbe jedes Liebesausdrucks, eine Farbe, welche die Gegensätze vereinigt, ohne zu werten. Wenn Gelb die Weiblichkeit *(Anima)* in uns fördert, so fördert Rot unseren männlichen Ausdruck *(Animus)* und versöhnt ihn mit unserer Weiblichkeit. Wo Männliches und Weibliches sich treffen, da ist Rot. So eindeutig und knapp formulierten schon die frühmittelalterlichen Alchemisten ihre unbewussten Einsichten in die Farbpsychologie.

Wer von Rot und Tod spricht, der denkt häufig auch an die scharlachroten Capes, die Blackbeard, der blutrünstigste aller Seeräuber, bei seinen Überfällen trug. Zu Beginn des 18. Jahrhunderts galt die Sicht eines dieser Capes an Bord eines Schiffes als sicheres Todeszeichen.

■ Rot ist die Farbe des Feuers

Ein rotes Zimmer wird wärmer empfunden, als es seiner realen Temperatur entspricht. Rote Strümpfe sind bei der Neigung zu kalten Füßen zu empfehlen.

Wenn Sie an bestimmten Körperstellen – meistens an den Extremitäten

– leicht frieren, hilft es in jedem Fall, sich vorzustellen, dass dieser Körperteil in eine rote Farbwolke eingehüllt wird oder dass er sich knallrot verfärbt. Führen Sie das als Experiment durch, wenn Sie kalte Hände oder Füße haben. Sie werden sich über die Wirkung dieser Vorstellungsübung wundern. Der Temperaturanstieg eines Körperteils, den man sich ein bis zwei Minuten lang rot vorstellt, beträgt ohne weiteres 1 bis 2 Grad Celsius.

Rot als die Farbe der heißen Glut und Symbolfarbe des Feuers wärmt stärker als jede andere Farbe – außer Orange. Deswegen wird in kalten Ländern Rot häufiger mit positiverer Bedeutung belegt als in warmen Ländern. Das fällt jedem Skandinavien-Reisenden gleich an den alten landwirtschaftlichen Holzgebäuden auf, die in früheren Zeiten mit Ochsenblut gestrichen wurden und sich bis heute dunkelrot von der sie umgebenden Landschaft absetzen. Das sogenannte *Faluröd* wird oft neben Gelb und Blau als dritte Landesfarbe Schwedens bezeichnet, da so viele Holzhäuser in dieser Farbe gestrichen sind. Heute besteht dieses Rot allerdings nicht mehr aus Ochsenblut, sondern es ist eine preisgünstige Farbe, die Kupfer enthält.[36]

Das rote Feuer besitzt zwei Seiten: die Glut der Liebe, die erhöht und vergeistigt, und die Flamme der Leidenschaft, die alle Gestalt auflöst und zerstört. Ebenso wirkt die Sonne: lebensspendend wie wärmend und zugleich stechend, verbrennend und austrocknend. Alles, was die Sonne berührt, wird rot: Zu lange Sonnenbestrahlung lässt die menschliche Haut erglühen und krebsrot werden.

Das Feuer des Himmels verbrennt und färbt dabei wie ein Maler alles rot. Der dem unbarmherzigen Feuer der Sonne ausgesetzte Wüstenboden wird rot wie der alte Buntsandstein, der in Süddeutschland zutage tritt – ein Effekt, auf den der italienische Regisseur Michelangelo Antonioni in seinem Film »Desserto Rosso« (rote Wüste) anspielte. Aber die Feuer der Sonne lassen auch das Obst und die Beeren rot und genießbar werden.

■ Das warme, feurige Rot

Die rote Sonne

Plinius der Ältere schreibt in seiner Naturgeschichte gleich zu Beginn, dass die Sonne von einem roten Kreis umgeben ist.[37] Ein ganz ähnliches Bild finden wir bei den Hopis: Hier gilt der Skunk als Symbol des Sonnenfeuers, da sein Gestank sich genauso ausbreitet wie das Licht der Sonne. Dieser Sonnenskunk wird von zwei Kreisen umgeben dargestellt, welche die heiligen Feuer der Sonne symbolisieren. Der dunkelrote Kreis um die Sonne schließt einen orangeroten Kreis ein, der ihre Leben spendende Kraft verdeutlicht.

Auch heute benutzen wir die Farbe Rot, um die Wärme und das Feuer zu symbolisieren: Durch die rote Leitung fließt das heiße Wasser dem roten Wasserhahn zu, und auch die Feuerwehr und die Feuerlöscher werden rot angestrichen. Rot ist die internationale Warnfarbe für Hitze und Feuer – eine Symbolik, die jeder versteht.

Bei den alten Ägyptern wurde schon auf Grund des analogen Denkens Rot als Schutzfarbe vor dem Feuer ausgiebig benutzt. Sie bestrichen alljährlich Bäume, Tiere und Häuser mit roter Farbe, um ihre Habe vor dem Feuer zu bewahren. Es ist sicherlich von Überheblichkeit geprägt, wenn behauptet wird, dass sie damit Gottes auserwähltes Volk nachahmen wollten, das sich durch das Bestreichen der Türpfosten mit dem Blut des Passah-Lamms vor dem *Würgeengel* geschützt hat. Der Gebrauch von Rot als Schutzfarbe ist viel älter als diese Geschichte des Alten Testaments.

Immerhin hat Rot als Schutzfarbe vor dem Feuer bis heute in unserem Volksglauben und Aberglauben wie auch in der modernen Symbolik überlebt.

Noch heute nimmt man im deutschen Aberglauben an, dass bei demjenigen der Blitz einschlägt und das Dach über dem Kopf abbrennt, der dem Rotkehlchen etwas zu Leide tut. Die seltenen Feuerschwalben und Rotschwänzchen dagegen schützen das Haus vor Feuer und Blitzschlag. Bei Brandstiftung wählt man die Metapher des roten Hahns. Wem der rote Hahn auf sein Haus gesetzt wurde, dem brannte man sein Haus ab.

Die Sonne als das große Feuer des Himmels kommt aus dem Osten, wo sie aufgeht. Der Osten ist rot bei so unterschiedlichen Völkern wie den Indianern (Azteken, Maya und Hopi), den Iren und für die Sibirer, bei denen der rote wohltätige Feuervater aus dem östlichen Himmel das Nordlicht aussendet.

Für die Tibeter dagegen steht Rot für die Richtung der untergehenden Sonne, den Westen. In dieser Vorstellung treffen sie sich mit den Engländern, in deren Folklore überliefert ist, dass der Westen rot ist, weil die Sonne dort bei ihrem Untergang hinab in die Hölle schaut.

Die anderen roten Lichter des Himmels

Die Sonne stellt nicht das einzige rote Feuer des Himmels dar. Auch der Blitz und der Mond als Reflektor des Sonnenfeuers gehören in diese Reihe. Was uns noch fehlt, ist der Stern, den wir als den roten Planeten Mars betrachten. Seine mit eisenoxidhaltigem Sand bedeckte Oberfläche lässt ihn rot erscheinen. Jeder Stern am Himmelszelt reflektiert ein himmlisches Feuer.

Das Feuer der Unterwelt

Der Hauptwirkungsbereich der Farbe Rot als Symbol des Feuers liegt jedoch in der Unterwelt. Das ist das rote Reich des Teufels, in dem bekanntlich ständig ein Feuer brennt. Besonders die altiranischen Jenseitsschilderungen frappieren durch eine Omnipräsens des roten Feuers. Nach Zoroaster (Zarathustra) ist das Jenseits ein Ort des roten Feuers. Diese Glaubensvorstellung kann als Vorläufer des christlichen Fegefeuers angesehen werden.

Hölle und Teufel

Seit dem christlichen Mittelalter wurden Teufel und Hölle feuerrot gemalt, nachdem noch bis ins 9. Jahrhundert hinein der Teufel als Personifizierung des Hades galt. Der im Westen gelegene Hades als finsteres Schattenreich war grau und unbunt. Die Farbe Rot bildet einen krassen Gegensatz zu dieser farblos finsteren Unterwelt am *Oceanos* (dem großen Meer).

Im Mittelalter wird jedoch die Hölle zu dem mit einem Feuerwall umgebenen Ort, an dem die Seelen der armen Sünder mit Feuer gequält werden. Man bezieht sich auf die Hölle als *die verzehrende Flamme* – wie sie im ganzen Mittelalter oft genannt wird. Das führt in der Malerei zu der Darstellung der Hölle als einen roten Feuerstrom oder einen unterirdischen Feuersee. In der Buchmalerei werden mit großer Liebe und Akribie nackte Sünder in einem Flammenmeer von roten Dämonen und Teufeln gepeinigt. Von nun an ist die Farbe Rot nicht mehr aus der teuflischen Unterwelt wegzudenken. Nicht nur der Ort der Hölle wird feuerrot, sondern auch der Teufel wird zu einem roten Ungeheuer, aus dessen Rachen rote Funken sprühen und aus dessen Nase Rauch wie bei einem Drachen hervorquillt. Deutlich wird in Dantes »Göttliche Komödie« die Hölle als roter Ort geschildert: Nach Dante liegt in der tieferen Hölle die Stadt Dis, in der selbst ihre Bewohner alle rot erscheinen, da das Höllenfeuer sie innerlich durchglüht.[38] Noch etwas tiefer im Reich der Hölle stößt Dante auf den roten Bach, in dem sich die Sünderinnen baden.[39]

Im Barock wird dann der Teufel zu einem eher lustig anzuschauenden Satyr, der geile Ziegenbock im roten Mantel.

Die Feuer der Hölle müssen unterirdische Feuer sein, denn sie sind den niederen Trieben oder, wie man es heute ähnlich moralisch ausdrückt, den niederen Chakren zugeordnet. Dort im Bauch und noch tiefer, wo die Sexualität wohnt, brennen die roten Feuer, die den Menschen plagen. Dem entspricht es, dass die beiden unteren Chakren in der Yoga-Literatur mit Rot und Orange symbolisiert werden. Die Kundalini selbst, jene Schlange der Lebensenergie, die im unteren roten Basis-Chakra wohnt, wird häufig als rote Feuerschlange abgebildet. Sie ist eine Schlange, welche die inneren Feuer des Lebens nährt. Diese Schlange als Bild der Lebenskraft gleicht der Lebensflamme in unserer Kultur. Wegen der Ähnlichkeit des Feuers mit einem lebendigen Wesen besaßen unsere Vorfahren eine Scheu, das Feuer ausgehen zu lassen. An diese Tradition erinnert noch das rote, ewige Feuer der katholischen Kirche, dessen Vorgänger die ewigen Feuer der Kelten und Slawen waren.

Die Logik der roten Hölle als Wohnort des roten Teufels ist klar: Wer in roter, feuriger Leidenschaft entbrennt, der schafft sich selbst sein Leiden, das ihn mit verzehrender Flamme verbrennt. Das sind die Gefahren der »niederen Triebe«, die der Islam speziell betont, der Rot als »böse schwarzmagische Farbe« diffamiert.

Die rote Farbe strahlt Wärme ab, da sie sehr energiegeladen ist. Es gehört zu den wichtigen menschlichen Erfahrungen, dass die rote Glut des Feuers wärmt. Von daher ist es nicht verwunderlich, dass Rot bis auf den heutigen Tag die Symbolfarbe des Feuers und des Warmen bzw. Heißen darstellt.

Das rote Feuer wärmt nicht nur, es kann Materie durch die Verbrennung zerlegen. Damit ist der Doppelcharakter der Farbe Rot als Symbol für die Leben spendende und die Leben zerstörende Kraft angesprochen.

Das Feuer wird mythologisch oft mit roten Vögeln wie dem Phönix, dem Garuda und Simurgh in Verbindung gebracht. Diese Vögel verweisen darauf, dass das Feuer Luft benötigt. Gleichzeitig finden wir hierin einen Hinweis auf den Salamander, das Elementarwesen des Feuers, das in der roten Flamme lebt.

Das rote Feuer tritt sowohl im Himmel als Sonne, Blitz, Nordlicht, dem auf- und untergehenden Mond und dem Planeten Mars als auch in der Hölle auf, wo der rote Teufel angesiedelt wird.

Das »Höllen-Rot« verweist uns auf unsere Leidenschaften und niederen Triebe, von denen wir durch das Feuer (Fegefeuer) zugleich gereinigt werden.

■ Rot ist Erde

Allgemein gilt in der Symbolik zwar, dass Rot Feuer symbolisiert, aber Rot kann auch auf die Erde verweisen, genauer auf die eisenhaltige Erde, die bis heute rote Pigmente für die Malerei liefert.

Die Landwirtschaft des Altertums nutzte die magische Kraft der rotbraunen Farbe. Gegen Schädlinge des Getreides empfiehlt Plinius den Rötel, und mancherorts wurde der Acker mit Blut gesprengt, um Schädlinge zu vertreiben. Die Erde sollte wieder gut, zur roten Erde werden. Diese fruchtbare Erde wurde auch mit roten Ostereiern beschworen. Nach altem deutschen Brauchtum wurden den Kindern zu Ostern hauptsächlich rot gefärbte Ostereier geschenkt. Diese roten Eier sollten die Kinder gedeihen und fruchtbar werden lassen.

Auf weltlicher Ebene wurde die Fruchtbarkeit von Mutter Erde beschworen, wenn der Knecht der Kuh, die als letzte im Jahr ein Kalb warf, ein rotes Band um den Schwanz gebunden hat.

Mutter Erde als Natur ist allerdings auch dem echten Rot verbunden. Sie zeigt uns mit Rot an, dass Apfel und Beeren reif sind. Dies ist kein bräunliches Rot, sondern ein Rot, wie es die Kinder lieben, eines, das anlockt und Genuss verspricht. Insekten geraten bei dieser Farbe in höchste Aufregung – hauptsächlich die männlichen Tiere. Aber dieses aus dem Grün entstandene Rot verwandelt sich schnell wieder in Braun, wenn die rote Frucht zur Erde fällt, wo sie verrottet.

Die Erde bringt jedoch nicht nur Rotes hervor, sie kann selber rot sein. Es gibt die rote Erde nicht nur im Stadion, sondern auch in geologisch alten Wüsten, die heute wieder zu Tage treten wie im Grand Canyon in Arizona/USA und beim Rotsandstein in Süddeutschland, aus dem so manche Kirche und manch ein prächtiges Haus gebaut wurden.

Wenn die Erde und die rote Glut des Feuers sich treffen, entsteht der gebrannte Ziegelstein, der dem Ziegelrot seinen Namen gibt. »Backstein« wurde dieser rot gebrannte Stein genannt, der einen eigenen Stil der Gotik prägte.

■ Rot als Farbe der Aggression

Es gibt sicherlich keine andere Farbe, die so wie Rot der Aggression verbunden ist. Zum einen liegt das daran, dass der Strom der Erregung bei Wut und Aggression nach oben fließt. Dieser Strom der Erregung wird von einem starken Blutstrom begleitet, der in den Kopf schießt (man bekommt einen roten Kopf), so dass man bei Wut rot sieht. Auf der anderen Seite fließt bei einem ungehemmten Ausdruck der Aggressionen oft Blut, so dass Rot untrennbar mit der Erfahrung von Wut und Aggression archetypisch verbunden ist. Die Sprache der Irokesen, einem Indianerstamm in Nordamerika, drückt diesen Bezug deutlich aus, wenn sie dasselbe Wort für »Rot« und »Krieg« benutzt.[40] Der griechische Arzt Galen, der die Menschen im ersten Jahrhundert vor unserer Zeitrechnung in vier Temperamente einteilte, ordnete folgerichtig dem aufbrausenden und aggressiven Choleriker die Farbe Rot zu.

Unter allen Rot-Tönen sind es speziell die kälteren Töne wie Scharlachrot und Magenta, welche die meisten Aggressionen hervorrufen. Wärmere Rot-Töne energetisieren zwar, wirken jedoch im Vergleich zum kälteren Rot eher harmlos und freundlich.

Die Götter des Krieges

Sie werden es selbst bemerkt haben, wie bestimmte Rot-Töne unausweichlich ein Gefühl der Aggression hervorrufen. Bildlicher Ausdruck dieser geradezu archetypischen Erfahrung des aggressiven und aufregenden Rots ist der römische Kriegsgott Mars mit seinem griechischen Vorläufer Ares. Diese beiden Götter symbolisieren den aggressiv-männlichen Krieger, der Blut sehen will und im Kampf Wunden schlägt. Das ist die wilde Energie des Widders, der ungestüm mit seinen Hörnern um sich stößt, um den Angreifer zu verletzen und in die Flucht zu schlagen, wenn er ihn nicht töten kann.

Neben dem Widder gehört das Eisen, das die böse Wunde reißt, zum Mars. Das Eisen lässt das Wasser rot wie Blut werden und verleiht der Erde eine braunrote Färbung. Gegen die blutende Wunde, die von den Kräften des Mars gerissen, geschnitten und geschlagen wird, hilft der eisenhaltige Blutstein (Hämatit).

Aber nicht nur die Griechen und Römer besitzen ihren roten Kriegsgott, nach dem der rote Planet benannt ist. Auch der gallische Mythos kennt den roten kriegerischen Gott Rudianos, dessen Name vom gallischen Wort »rudio« für rot abstammt. Die Römer nannten diesen scharlachroten, Blitze schleudernden Gott den gallischen Mars. Er schlug mit seinem Blitzhammer (wie Donar) und seiner blutroten Keule alles nieder, um es als Fruchtbarkeitsgott wieder im ewigen Rhythmus von Sterben und Wiedergeburt aufleben zu lassen.[41]

■ Rot als Farbe der Macht

C. G. Jung spricht der roten Farbe einen manahaften Charakter zu. Der anthropologische Begriff »Mana« will in diesem Zusammenhang sagen, dass vom Rot eine außergewöhnliche, zwingende Kraft ausgeht. Es ist das Blut, das nicht nur unseren Ahnen im Rot entgegentrat. Diese Kraft des Blutes wirkt überaus mächtig auf jeden. In einigen Sprachen – wie dem Hebräischen und der Sprache der Eskimos – lebt noch dieser Zusammenhang zwischen Rot und Blut fort, indem im Farbwort »Rot« die Bedeutung und der Stamm von »Blut« mitschwingt. Im Deutschen kennen wir die Bezeichnung »blutrot«, eine Farbvorstellung, die uns berühren und bewegen kann.

Die magische Kraft des Roten sprach besonders die Menschen der Vor- und Frühgeschichte an, welche die Knochen ihrer Verstorbenen nach deren Ausbleichen mit Blut bestrichen. Später vermochte der rote Ocker stellvertretend für das Blut die Totengeister zu beschwören. Der rote Ocker stellt das älteste rote Farbpigment dar, das aus roter Erde gewonnen wurde und das Blut ersetzen konnte. Heute wird er immer noch hergestellt – genormt und industriell.

Das rote Blut galt seit Urzeiten als Träger der Lebensenergie. Man war tief bewegt bei der Bemalung mit dem Blut, die belebende Kraft des Roten erfasste einen. Keineswegs wurden nur die Toten mit Blut und später mit rotem Ocker bemalt, sondern die Männer zogen auch mit solcher Bemalung der Haut auf die Jagd und in den Krieg.

Die rote Farbe des Lehms ist bei der Belebung des zum Menschen geformten Erdklumpens genauso wesentlich wie der Atem Gottes, der dieser Erde eingehaucht wird. So spielt in verschiedenen Versionen der Golem-Geschichte die Farbe Rot eine wesentliche Rolle. Wollte man rabbinistischen Legenden Glauben schenken, scheint es fast so, als ob es ohne Rot keinerlei Belebung gäbe.

Als Farbe der Macht und der Aggression wird Rot in dem Roman des türkischen Nobelpreisträgers Orhan Pamuk »Rot ist mein Name« (2006) im gleichnamigen Kapitel vorgestellt.

■ Rot als Farbe des Schönen

Wenn Sie das rote Kleid oder den roten Mantel überziehen, dann erhoffen Sie sich nichts sehnlicher, als dass die Schönheit des Rots auf Sie abfärben möge. Harmonie soll sich einstellen und ein Moment der Ruhe, des Innehaltens, genauso wie Rot am Kulminationspunkt der Farbskala die Bewegung der Farben für einen Moment anhält. Bei Rot verschlägt es einem den Atem. Genau diese Geste ist hier gemeint. Es ist die Schönheit, vor der man unwillkürlich einen Moment innehalten muss. Rot besitzt die Macht, die Spannung zwischen Licht und Finsternis, zwischen warm und kalt, zwischen atemberaubend körperlich und klar vergeistigt aufrechtzuerhalten. Rot verbindet das Männliche mit dem Weiblichen, es ist die *Coniunctio*, die Verbindung der Gegensätze, welche zueinander streben. Die Harmonie dieser Spannung macht die Schönheit des Rots aus und verführte einige esoterische Heilerinnen einen roten Strahl der Heilung anzunehmen. Die polnische Heilerin Nina Dul veröffentlichte 2007 ein Buch mit dem Titel »Heilenergie Magenta«[42]. Diese rote Heilenergie soll die Herzen öffnen und diese Farbe findet sich in der Aura des Menschen dann, wenn er Kontakt zu seinem Höheren Selbst und dem höchsten Bewusstsein hat.

■ Das männliche Rot

Alle diese wilden roten Kriegsgötter, die eine Blutspur hinterlassen, sind Männer. Das Männliche, das Aggressive und das Rote scheinen archetypisch miteinander verbunden zu sein. Das war den Alchemisten intuitiv klar, als sie das aktive, aggressiv-männliche Prinzip – zum Beispiel eine starke Säure – als den *roten Krieger* oder den *roten wilden Mann* bezeichneten.

In der Alchemie stellt Rot eine männliche Kraft dar. Dort finden wir das Symbol der roten Tinktur, der roten Rose, des roten Löwen und des roten Drachen. Immer handelt es sich um aktive, männlich vorgestellte Wandlungskräfte, die an den roten Mars erinnern, der mit dem biologischen Symbol für männlich gekennzeichnet wird.

Das ist der männliche Pol der Farbe Rot, der zum Blau hin tendiert. Er steht dem weiblichen Pol der Farbe Rot, der eher gelbstichig wirkt, polar gegenüber. Auf der männlichen Seite finden wir unter anderem die Kraft, die Macht und die Aggression. Auf der weiblichen Seite finden wir das beschützende, wärmende und mütterliche Rot – jenes warme Rot, welches C. G. Jungs *Anima* entspricht.[43]

Wer vom Kriegsgott geliebt wurde, der war der Sieger. Als Sieger ehrte er seinen Kriegsgott in roter Kleidung. Der römische Triumphator zog ganz in Rot in die Stadt ein und erinnerte so selbst an Mars. Über die Zeiten wurde die rote Farbe zum Zeichen der Sieger aller Art. Nach Vergil wurden selbst die Sieger im Wettrudern mit roten Binden ausgezeichnet.[44]

Die wichtigsten Eigenschaften der Farbe Rot

- Warme Rot-Töne sind gelbstichig und wärmen.
- Rot ist archetypisch die Farbe des Feuers.
- Das Feuer wird unten als die Hölle und der Trieb erlebt.
- Das Feuer wird oben als Sonne, Blitz, Sterne und der Mond gesehen.
- Kalte Rot-Töne sind blaustichig, machen aggressiv und sind meist ein Symbol der Männlichkeit, Macht und Aggression.
- Rot ist archetypisch die Farbe des Krieges und der Aggression. – Die Kriegsgötter fast aller Völker werden mit roten Attributen dargestellt.
- Das zeigt sich besonders deutlich an dem römischen Kriegsgott Mars, nach dem der rote Planet benannt wurde und dessen Symbol das Zeichen für männlich darstellt.
- Rot gilt seit alters als die Symbolfarbe des Siegers und zugleich der Befreiung der Unterdrückten.
- Wie Rot die Zerstörung darstellt, so kann es gleichzeitig die Fruchtbarkeit symbolisieren. Beide – Zerstörung und Fruchtbarkeit – scheinen wie Tod und Wiedergeburt zusammenzugehören.

Mythologie, Religion und Aberglaube

Rot ist die Seele des Lebens.
(Nizami)

■ Mitteleuropäische Mythologien

Der rote Teufel

Nach christlicher Auffassung sind der Teufel und die Hölle als Bild des Bösen stets rot gekennzeichnet, denn rot sind die Leidenschaften und Begierden, die den Menschen in den Höllenschlund treiben. Rot sind die Gier, die Aggression und die wilde, ungebändigte Sexualität, kurzum alle Verhaltensweisen, die einen in den Feuern der Hölle schmoren lassen.

Die Christen haben die rote Symbolfarbe für die Unterwelt von den Ägyptern übernommen,[45] die den roten Typhon kannten, den Herren der Unterwelt, der von einem roten Esel symbolisiert wurde. Die Ägypter stellten sich ferner vor, dass das Rote Meer den sich öffnenden Rachen der Unterwelt darstellt und so beim Auszug Israels durch das Rote Meer das Heer des Pharaos von der Unterwelt verschlungen worden ist. Das ist die christliche Version der Geschichte, die davon ausging, dass Ägypten die Vorhölle – nämlich das Land des roten Drachen – war. Von dort soll der feuerrote Drachen der Apokalypse mit seinen sieben Köpfen, zehn Hörnern und sieben Kronen gekommen sein.

Auf der anderen Seite ist der rote Herrscher der Unterwelt nicht nur der Böse, sondern auch der von Gott eingesetzte Richter über den Menschen.

Das Unten scheint archetypisch der Farbe Rot verbunden zu sein. Ob wir uns die baskische[46], die indonesische[47], die indische[48] oder unsere eigene Mythologie anschauen, immer trägt der Herr der Unterwelt Rot. Aber auch der Himmel wird von der rot symbolisierten Sonne beherrscht.

Sind die unteren Feuer die triebhaften Feuer der Leidenschaften, so stellen die oberen Feuer die der Vergeistigung und des Bewusstseins dar. Sowohl der rote tantrische Weg der Verfeinerung und Transformierung der Triebe als auch der geistige Pfad der christlichen Kontemplation führen zur Befreiung und Erlösung vom Leiden. Der Teufel und der Heilige Geist treten beide als typische Vertreter der Unter- und Oberwelt auf den Plan: der eine sinnlich, verführerisch, der andere vergeistigt und heilig.[49] Beide sind dem Feuer verwandt, sei es als Höllenfeuer oder als Feuer der mitmenschlichen Liebe. Verzehrende Flamme oder geistige Glut: Beide treffen sich im Feuerrot.

Das rote Fegefeuer

Neben dem Himmel und der Hölle gibt es seit dem Mittelalter noch einen dritten Ort – nämlich das Fegefeuer –, der eng mit der Farbe Rot verbunden ist. Wenn auch die Reformierten und die Häretiker die Existenz dieses roten Feuerortes bestritten, so hat nicht zuletzt durch Dantes »Göttliche Komödie« das Fegefeuer seinen festen Platz im katholischen Glauben gefunden. Wie Rot die Farbe ist, die in andere, unsichtbare Farbräume führt (den Infrarot-Bereich), so ist auch dieser rote Ort des Fegefeuers zwischen Diesseits und Jenseits, zwischen Paradies und Hölle angesiedelt. Im Fegefeuer werden die Sünder mit Feuer-Qualen bestraft. Es stellt nach dem Religionsgeschichtler Gerardus van der Leeuw einen Nachhall alter Initiationsriten dar. Die im roten Feuer vollzogene Reinigung schafft die Vorbedingung für einen neuen Lebensabschnitt. Den Ort des reinigenden Feuers sah man seit dem 12. Jahrhundert geographisch im Roten Meer, in Irland oder auf Sizilien (dem Vulkan Ätna).

Fegefeuer wie Hölle sind brennende rote Räume, in denen Blut fließt. Wer dem Fegefeuer geläutert entkommen will, der ruft seit dem 13. Jahrhundert die heilige Lutgarde an. Diese Heilige des Fegefeuers wird zumindest mit einem roten Attribut dargestellt. Sie befreit, ohne je offiziell heilig gesprochen worden zu sein, die Seelen aus dem Fegefeuer.

Sündiges und geistiges Rot

Das positive Rot kommt im Christentum als Farbe des Bluts bei den Märtyrern, dem Abendmahlswein und als Feuerzungen zu Pfingsten vor. Der Kardinalspurpur (dem Violett nahe stehend) soll nach christlicher Auffassung darauf verweisen, dass man als Kardinal bereit ist, das Martyrium auf sich zu nehmen. Allerdings wurde der Purpur von den meisten Kirchenfürsten weniger als Farbe des Selbstopfers, sondern eher als Farbe der Macht angesehen (weitere Informationen zu Purpur finden Sie im Kapitel zur Farbe Violett).

Das Christentum steht dem Rot als Farbe der konkurrierenden Götter und der großen Hure Babylon grundlegend negativ gegenüber. Rot ist ihm zu sexuell. Schon der Prophet Jesaja[50] sagt ganz offen, dass Rot nichts anderes als die Farbe der Sünde sei. Die Sünde wird wie der Teufel aus der Oberwelt in die Unterwelt verdrängt, dorthin, wo das Geschlecht herrscht. Da finden wir das rote unreine Monatsblut ebenso wie jenes der Entjungferung.

Das christliche Rot möchte ein erhöhtes Rot des Himmels sein, aus dem die Feuerzungen zu Pfingsten auf die Apostel regnen.[51] Dies ist das geistige Rot, das den *Heiligen Geist* symbolisiert, der die griechische Göttin *Sophia* ablöste. Nach Thomas von Aquin (1225–1274) ist dies das Rot der Nächstenliebe. Die katholische Kirche erinnert noch heute an die roten Feuerzungen, indem sie Pfingsten mit karmesinroten Paramenten (liturgische Gewänder und Tücher) feiert.

■ Außereuropäische Mythologien

Die Feuer des Himmels

Für die europäischen Alchemisten galt der glutrote Feuervogel Phönix als Symbol des Steins der Weisen und des roten Lebenselixiers. Der adlerähnliche Mythenvogel wurde seit Anbeginn mit der Sonne und ihrer roten Glut in Verbindung gebracht. In China galt er als Himmelsbote, und arabischen Legenden zufolge wurde er auf seinem Nest von der roten Sonnenglut verbrannt, um ihn wieder verjüngt und erneuert aus der Asche auffliegen zu lassen.

Auch der indische Vishnu, der Erhalter, ist dem Rot eng verbunden, wenn er auf seinem Wundervogel Garuda reitet. Dieser strahlt rot wie die Sonne, so dass die Götter ihn zuerst für den uralten, rot leuchtenden Feuergott Agni halten. Die Spezialität des Garuda ist seine Schnelligkeit: Schnell wie das Licht fliegt er. So finden wir hier die enge Verbindung zwischen Rot, Feuer und Licht, die in vielen Mythologien in unterschiedlichen Spielweisen angeführt wird. Diese Verbindung liegt nahe, da die Sonne als Himmelsfeuer rot symbolisiert wird und diese rote Sonne zugleich das Licht spendet. Als weiterer Schritt wird häufig das Sehen mit der Farbe Rot verbunden, denn ohne Feuer entsteht kein Licht, und ohne Licht gibt es kein Sehen – auch nicht ohne Sehpurpur[52].

Die großen Wundertiere wie der Garuda, der Phönix und der Drache sind alle feuerrot, denn sie sind höchst lebendige, dem Feuer verwandte Geistwesen. Im Grunde sind sie Abkömmlinge der Elementargeister des Feuers, die in unserem Bereich rote Salamander genannt werden, ohne jedoch etwas mit den molchähnlichen Amphibien zu tun zu haben. Der Elementargeist des Feuers lebt der mittelalterlichen Alchemie zufolge inmitten der Flamme, da er sich vom Feuer ernährt. In die Familie dieser Elementargeister gehört der Feuerriese Surt der germanischen Mythologie, der am Tage der Götterdämmerung[53] mit seinem roten Flammenschwert den Weltenbrand auslöscht. Er kämpft gemeinsam mit dem zwiespältigen roten Loki, der als Feuergeist die Intelligenz des Bösen verkörpert.

■ Moderne Mythen

Die rote Fahne

Die Farbe der alten Kriegsgötter führte außer zu roten Uniformen, die schon bei den Landsknechten beliebt waren, zur roten Fahne. Die Spartaner wie die Römer benutzten als erste Nationen leuchtend rote Fahnen »während ihrer Schlachten zur Anregung ihrer Drüsentätigkeit; das gab den Soldaten einen Adrenalinstoß und erhöhte ihre Kampfeslust«.[54] Berüchtigt wurde die so genannte »Vexilla«, die leuchtend rote Fahne der römischen Reiterei. In diesen Zusammenhang gehört auch die »Rote Armee«. Bis zur Wende ins 20. Jahrhundert war die dominierende Farbe der Uniformen der Soldaten rot[55], ab dem Ersten Weltkrieg trug der Soldat jedoch Tarnfarben.

Die rote Fahne wurde wieder in der Neuzeit beliebt, als sie im Jahre 1792, nach der Befreiung der Galeerensträflinge durch die Jakobiner, zur Rachefahne der Unterdrückten wurde. Alles fing damit an, dass Ende des 18. Jahrhunderts ein revolutionäres Komitee zur Feier der Befreiung der Galeerensträflinge ein rotes Tuch mit einer zum Rachekampf auffordernden Inschrift herstellte, das dann als Fahne benutzt wurde. Überhaupt liebten die Jakobiner die rote Farbe: Sie trugen die blutroten Kappen, und unter ihrer Herrschaft floss das Blut in Strömen. Bis 1798 wurde in Koblenz die jakobinische Zeitschrift mit dem bezeichnenden Titel das »Rothe Blatt« herausgegeben.

Mitte des 19. Jahrhunderts nahm der italienische Freikorpsführer Giuseppe Garibaldi die rote Farbe für seinen Freiheitskampf im Beschlag. »Italienische Rothemden« wurden seine Anhänger genannt, was eine Parallele zu dem gefürchteten Führer der Seneca (nordamerikanischer Indianerstamm der Irokesischen Liga), Red Jacket, bildete. Später gelangte dann die rote Fahne zu Kommunisten: »So oder so/ die Erde wird rot/ entweder lebendrot oder todrot ...« (Wolf Biermann).

Die Organisationen, die sich beispielsweise der Kriegsopfer annehmen, wie das Rote Kreuz und der Rote Halbmond, wählten zu ihrer Symbolfarbe ebenfalls Rot. So verbindet Rot diejenigen, welche die Wunden schlagen, mit denjenigen, welche die Wunden heilen. Wieder zeigt uns Rot seine beiden Gesichter.

Stichworte zur Mythologie
- Wesen der Unterwelt – Trieb
- Wesen des Himmels – Geist
- Märtyrer
- Mächtige

Psychologie

■ Psychologische Wirkung der Farbe Rot

Positiv:
- gibt Selbstvertrauen und Stärke
- stärkt den Körperkontakt,
- energetisiert

Negativ:
- regt auf und macht aggressiv oder nervös
- wirkt zwar oft kindlich und einfach, kann aber auch bombastisch wirken

Rot ist die dominante und dynamische Farbe aller positiven Lebensgefühle. Es ist die Farbe der Liebe und des Lebens, der Leidenschaft und der Körperlichkeit. Das Sexuelle und Dionysische des Roten ist von der körperfeindlichen christlichen Kirche dämonisiert worden: Die Hexen werden rothaarig gedacht, und alle Menschen mit roten Haaren sind suspekt. Rothaarige Frauen sind geil, sagt der Volksmund. Eine prüde Kultur wird Rot als Farbe der Leidenschaft stets ablehnen und dämonisieren.

Rot erhöht den Adrenalinausstoß, es macht aktiv. Es kann jedoch – leichter als Gelb – zu sehr aufregen und ins Aggressive umschlagen. Deswegen sollten nur Details rot sein, oder Rot sollte mit Umgebungsfarben abgeschwächt werden. Gut eignet sich Rot für die Überwindung von Müdigkeit und Niedergeschlagenheit, bei Motivationsschwierigkeiten und allgemeiner Unlust. Wer Angst vor dem Leben hat, dem tut eine rote Farbumgebung gut. Rot hilft, im Hier und Jetzt zu leben, und schafft – speziell wenn es sich dem Orange annähert – eine warme Atmosphäre. Durch die Anregung des Blutkreislaufs durch Rot nimmt man sich selbst und seine Umgebung wärmer wahr.

Rot ist eine ambivalente Farbe: Sie kann bis zu einer gewissen Dosis aktivierend, wärmend und heilend wirken, über diese Dosis hinaus ist sie jedoch unangenehm.

Um ein Farbengedächtnis wie die persischen Teppichknüpfer zu bekommen, die ohne Schwierigkeiten 50 verschiedene rote Farbtöne nur durch Ansehen unterscheiden können, empfehle ich Ihnen folgende Übung (die Sie auch mit jeder anderen Farbe durchführen können): Wählen Sie sich einen Gegenstand aus dem Zimmer, in dem Sie sich gerade befinden. Prägen Sie sich exakt seine Farbe ein. Nun gehen Sie in ein anderes Zimmer und suchen dort genau diesen Farbton.

■ Rote Tränen

Ursprünglich wurde der Ausdruck »rote Tränen« von Schweizer Therapeuten verwendet, um eine Krankheit speziell bei jungen Frauen zu beschreiben. Es handelt sich um das sich selbst verletzende Verhalten (SSV[56]), bei dem Blut als rote Tränen fließt. Mit dieser Selbstaggression, die farblich gar nicht anders als mit Rot auszudrücken ist, versuchen diese Frauen den Schmerz ihres Selbsthasses, für den Rot der ideale Ausdruck darstellt, zu übertönen. Dieses Rot der Tränen besitzt den klassischen Appellcharakter der Farbe Rot: »Nimm mich wahr und hilf mir!«

■ Lieblingsfarbe

Wer Rot liebt, ist ein Energiebündel in Menschengestalt. Er will häufig im Mittelpunkt stehen und ist impulsiv. Den Roten fällt es schwer, monogam zu leben.

Bei Rot als Lieblingsfarbe oder wenn Sie Rot ablehnen, sollten Sie sich Folgendes fragen:

- ■ Wie halte ich es mit meinem Aggressionsausdruck?
- ■ Bin ich in meiner Energie und nutze meine Kraft,
  oder sehne ich mich nur danach?
- ■ Nehme ich »am vollen Leben« teil?
- ■ Wie stehe ich zur Autorität – meiner und der anderer?

■ Farbenblindheit

Die Schwierigkeit, bestimmte Rottöne von Grüntönen zu unterscheiden, muss nicht unbedingt eine Farbblindheit sein. Sie ist in den meisten Fällen eine harmlose Sehschwäche. Für die Rot-Grün-Blindheit, von der meistens nur Männer betroffen sind, gibt es Testtafeln. Sie können das aber auch selber feststellen. Betrachten Sie eine fünf Centmünze (Euro) und eine zwanzig Centmünze (Euro), die Sie mit der Länderseite nach oben nebeneinander legen. Bei einer Rot-Grün-Blindheit gelingt es Ihnen nicht, die ähnlichen Farbtöne beider Münzen zu unterscheiden. Diese Sehschwäche wird Ihnen im Alltagsleben wenig Probleme schaffen. Sie wird sich wahrscheinlich sogar mit dem Alter vermindern.

Bei einer Sehschwäche im Rot-Grün-Bereich ist es Ihnen allerdings verboten, zum Beispiel Polizist, Pilot oder LKW-Fahrer zu werden.

Heilen

Als Farbe des Basis-Chakras wirkt Rot energetisierend. Es wärmt. Rot bringt gestaute Energien wieder zum Fließen, seien es Blähungen oder Aggressionshemmungen. Es wird bei Bluterkrankungen unterstützend angewandt. Besonders bei Blutarmut (Anämie) wirkt Rotlichtbestrahlung positiv. Tuberkulosekranke haben einen sprichwörtlichen Rothunger, da Rot ihnen die Lebensenergie zurückgibt. Rot darf niemals bei akuter Erregung oder Nervosität angewandt werden!

Steine

Bei der Heilung mit Steinen geht man davon aus, dass Rubin und Granat uns für die Urkräfte des Lebens öffnen und uns Gesundheit und Lebenszugewandtheit schenken, die für die rosige Gesichtsfarbe, die roten Wangen und die feuerroten Lippen verantwortlich sind. Allerdings ist man von der Benutzung des Steinpulvers abgekommen, da viele diese Kur nicht überlebten. Man meditiert auf die Farbe des entsprechenden Steins und wird eins mit dessen Rot, das einen ganz umfängt und einen in sich aufnimmt.

Achten Sie beim Kauf eines Rubins oder Granats weniger auf Form[57] und Größe, sondern auf die Reinheit der Farbe. Legen Sie diesen Stein neben Ihr Bett, so dass Ihr erster Blick morgens und Ihr letzter Blick abends auf den Stein fällt. Wenn Sie sich mit dem Rot Ihres Steines angefreundet haben, können Sie bis zu 15 Minuten mit offenen Augen auf diesen meditieren. Legen Sie ihn so hin, dass das Licht einer Kerze auf den Stein fällt. Allerdings bauen Sie eine solche Steinmeditation am besten langsam auf, indem Sie zunächst nur für eine Minute auf Ihren Rubin oder Granat meditieren und dann langsam die Meditationszeit verlängern.

Bei Einschlafstörungen ist von dieser Meditation vor dem Einschlafen abzuraten. Führen Sie dann diese Meditation morgens durch, und spüren Sie die Energie, die der rote Stein Ihnen schenkt.

■ Der Karfunkel

Der Karfunkel war im Mittelalter ein roter Stein, den der Adel unbedingt besitzen wollte. Der rote Stein galt nicht nur als der schöne Stein, sondern mehr noch als Ideal des Perfekten, der Harmonie und der Macht. Jeder leuchtend rote Stein wurde Karfunkel genannt, ob es sich nun um einen Rubin, einen Granat oder ein Stück roter Koralle handelte.

Der rote »Carbunculus« kommt aus den Tiefen der Erde. Seine anziehende Schönheit schenkt uns Energie und Lebensfreude. So zerrieb man als Papst und Kaiser, als Ritter und Burgfräulein Rubine und Granate zu feinem Pulver, das man im Rotwein trank. Dieses Rot sollte den Körper wärmen und beleben.

Den Alchemisten des späten Mittelalters galt in ihrer hermetischen Kunst der Karfunkel als Symbol der Vereinigung des männlichen Geistes mit der weiblichen Essenz. Bei ihnen stand der Karfunkelstein für den Prozess der

»Rubedo« (der Rötung), wo sich in Schönheit und Harmonie die Gegensätze verbinden.

In der eigenartig märchenhaften Erzählung von »Pictors Verwandlungen« (Hermann Hesse) lässt der grün-rote Vogel den roten Karfunkelstein niederfallen, der rot wie Blut und wie die heiße Glut leuchtet. Dieses rote Leuchten wirbt so laut, dass ein Mädchen ihn findet. Die kurze Episode endet dann etwas unverhofft mit der Feststellung, dass dort, wo der Karfunkel ist, es nie dunkel sein kann – oder wie man es im Mittelalter auszudrücken pflegte: Die Schönheit des Karfunkels vertreibt die Finsternis durch intensives Leuchten.

Der schönste rote Stein stammt allerdings nicht aus dem Schoß der Erde, ihn findet man unter dem Horn des Einhorns, in seinem Gehirn oder »Kopfbein«. Sein zauberisch funkelndes Rot ist von solcher Schönheit, dass es ein unreiner Mensch nicht ansehen, geschweige denn anfassen mag.[58] Wenn man diesen roten Stein geschenkt bekommt, kann man nicht nur unsterblich werden, sondern auch Tote wieder zum Leben erwecken.

Der rote Stein gilt als die kristallisierte und somit hoch vergeistigte Form der Erde. Er wurde in der mittelalterlichen Malerei fein zerrieben und mit Leinöl zur Malfarbe verbunden. Mit solchen roten Edelsteinpigmenten malte man die Kleider der Heiligen und später die der weltlichen Herrscher. War der Grundbestandteil der Farbe edel – das heißt selten –, dann wurde diese Farbe als schön betrachtet.

Die wichtigsten Steine dieser Farbe

1. Blutstein/Hämatit (Härte 5–6) – wirkt auf alle Erkrankungen des Bluts
2. Granat (Härte 7–7.5) – kräftigt Herz und Potenz
3. Rubin (Härte 9) – wirkt auf alle Erkrankungen des Bluts und speziell bei Regelbeschwerden

Pflanzen

Die Natur kennt die Faszination des Roten, wenn rote Tulpen, Nelken und Rosen nicht nur die Insekten betören. Die meisten knallroten Blumen sind allerdings eine Züchtung der Neuzeit. Das auffälligste natürliche Rot finden wir bei dem in jeder Hinsicht berauschenden Mohn.

■ Mohn

Der Mohn blüht meist rot wie der Klatschmohn, besitzt jedoch dunkelblauen Samen. Rot blühende Mohnfelder wie zum Beispiel an der Küste Norfolks/Ostengland geben einen faszinierenden Eindruck von einem kräftigen großflächigen Rot, dem sich keiner entziehen kann.

■ Rose

Wenn es auch gelb[59] und andersfarbig blühende Rosen gibt, so gilt doch die rote Rose als die Königin unter den Rosen (siehe symbolgeschichtliche Hinweise zur roten Rose weiter oben in diesem Kapitel, S. 99). Die Rose – allerdings ohne Unterschied der Farbe ihrer Blütenblätter – wird vielseitig verwendet. Als Pflanze der Venus verkörpert sie das schöne Rot und ist in vielen Hautpflegeprodukten zu finden.

Tipps für den Alltag

■ Körperlicher und seelischer Nutzen der Farbe Rot

Der Rothunger kann mit roten Lebensmitteln gestillt werden. Rot wirkt durch die Verinnerlichung natürlich roter Speisen. Vom Farbheilen her gesehen ist das regelmäßige Essen roter Speisen genauso wirksam wie die Rotlichtbestrahlung oder das Auflegen rot gefärbter Stoffe. Rote Lebensmittel sollen speziell bei Bluterkrankungen wirksam den Heilungsprozess unterstützen.

- ■ Speisen
  - ■ **Beeren:** Erd-, Johannes-, Him- und Preiselbeeren
  - ■ **Obst:** Kirschen, rote Äpfel
  - ■ **Gemüse:** rote Beete, Radieschen, roter Paprika und Rotkohl, Tomaten

■ Kleidung

Sie erinnern sich: Rot wärmt! Der Autor erinnert sich deutlich an eine Begebenheit, als er in Finnland lebte und sich im Winter ein Paar blaue Wollstrümpfe kaufen wollte. Alle Strümpfe in dem Ort, in dem er wohnte, waren knallrot. Es gab einfach keine andersfarbigen langen Wollstrümpfe. Die Verkäuferin war darüber verwundert, wie man in der Kälte des Winters nach blauen Strümpfen Ausschau halten konnte.

Der rote Mantel des Weihnachtsmanns

Überall kennt man den Weihnachtsmann im roten Mantel. Das zeitgenössische Bild des Weihnachtsmanns ist ein Werbegag von Coca-Cola. Er wurde um die Wende zum 20. Jahrhundert für ein Werbeplakat zur Weihnachtszeit entworfen. Dieser Weihnachtsmann hat den Nerv unseres konsumverliebten Zeitalters getroffen, so dass er zu einem archetypischen Bild geworden ist. Endgültig festgelegt wurde sein Erscheinungsbild 1931, als die Coca-Cola-Company den schwedisch-amerikanischen Zeichner Haddon Sundblom (1899–1976) mit einem Entwurf beauftragte. Auf diesem sollte der Weihnachtsmann vor allem durch das Coca-Cola-Rot beeindrucken.

■ Farbtypen

Das reine Rot wie auch ein kaltes Rot mit Blaustich stehen dem Wintertyp gut.

Eine klassische Farbe für den Herbsttyp ist Weinrot, eine Farbe, die sich aus Rot und Schwarz subtraktiv mischt. Das Bordeaux genannte Weinrot (leichter Blaustich) kleidet ferner den Sommertyp gut.

■ Make-up

Rot geschminkte Lippen wirken nur dann attraktiv, wenn der Farbton zum Teint passt. Blaustichige Rottöne wie Himbeere, Fuchsia und Pink stehen derjenigen gut, die einen kalten Hautton aufweist wie z. B. bei einer eher weißlichen Hautfarbe. Diese kalten Rottöne lassen die Zähne weißer erscheinen.

Wer dagegen einen warmen Hautton besitzt wie z.B. einen Bronzeton, der sollte einen roten Lippenstift mit Gelbanteilen verwenden, wie z. B. Ziegelrot oder die Lippenstiftfarbe Tomate.

Jeder Hauttyp wirkt mit transparentem Lippgloss anmutig.

Rouge und Lippenstift sollten einer Farbqualität entstammen, d. h. es sollte kein Make-up mit warmen Rottönen zu Lippenstift in kalten Rottönen benutzt werden. Rouge sollte nur äußerst vorsichtig in der Nähe der Augen aufgetragen werden, da man sonst leicht kränklich erscheint. Wer auffallen möchte, kombiniert violetten Lidschatten mit rotem Lippenstift.

■ Architektur und Umgebungsgestaltung

Rote Wandfarbe ist nur in großen Zimmern möglich, wirkt jedoch bei weinroten und rotbraunen Tönen anheimelnd. Ein ungebrochenes Rot ist nur für helle Zimmer zu empfehlen, und dort an der Fensterseite. Edel wirkt eine solche Wand, wenn die anderen weiß sind und in diesem Zimmer nicht zu viele andere Farben auftreten. Decke und Fußboden eignen sich wenig für Rot. Sie würden sich in solch einem Zimmer bedrängt fühlen.

Rot kann man dosiert im Bad anwenden – zum Beispiel in Form von roten Accessoires und Akzenten wie beispielsweise roten Handtüchern oder Zahnputzbechern. Bei roten Handtüchern haben Sie nicht nur ein kuschelig warmes Gefühl, sondern sie energetisieren Sie auch leicht. Ein roter Teppich kann Wärme ins Bad bringen. Bei großen Bädern ist es reizvoll, rote Farbflächen mit Grünpflanzen zu kombinieren.

Die amerikanische Hexe Selene Silverwind empfiehlt, für die »besondere Nacht« das Bett mit roter Bettwäsche zu beziehen.[60]

Für Choleriker ist Rot eine ungünstige Farbe – unabhängig davon, wie und wo es in der Wohnumgebung auftritt.

■ Rot mit anderen Farben

Wenn Rot durch Schwarz gebrochen wird, bleibt es harmonisch (Weinrot- und Bordeauxtöne). Auch wenn Rot zum Rosa hin durch Weißeinmischung oder andere starke Aufhellung gebrochen wird, bleibt es eine harmonische Farbe, die eine häufige Lieblingsfarbe der Deutschen darstellt. Rot ist also nicht so leicht aus der Harmonie zu bringen. Es hat, wie man es farbtheoretisch ausdrückt, eine große Farbreichweite. Das heißt mit anderen Worten: Rot ist eine stark energetische Farbe, deren Individualität und Schönheit weit ausstrahlt.

Rot und Weiß

Die Farbkombination von Rot und Weiß erinnert den Autor an den sommerlichen Genuss von Erdbeeren mit Schlagsahne. Weiß und Rot sind ferner die Farben Englands. Ein rotes Kreuz auf weißem Grund stellt das Wappen von St. George dar, dem Nationalheiligen Englands, dessen Fest am 23. April noch im heutigen England mit roten Rosen begangen wird. Der englische Schutzpatron, über den man fast nichts weiß, war für die Tracht der Kreuzritter verantwortlich, die ein rotes Kreuz hinten auf ihrer weißen Kluft trugen.

Das rote Kreuz auf weißem Grund ist das Symbol der internationalen Hilfsorganisation Rotes Kreuz. In umgekehrter Form (weißes Kreuz auf rotem Grund) kommt es in der Schweizer Nationalflagge vor.

Weiß und Rot scheinen zusammenzugehören. Die unter dem Leitspruch

»solve et coagula« (auflösen und verbinden) stehende Alchemie wählte ebenfalls Weiß und Rot als ihre Farben.

Rot und Weiß stellen die Verbindung der Gegensätze dar, die im Tantra
als die Verbindung von rotem Menstruationsblut und weißem Samen gesehen
wird. Darauf spielt der Prolog von Geoffrey Chaucers »Canterbury Tales« (um
1390 entstanden) an, in dem sich ein junger Knappe mit weißen und roten
Blumen wie eine Wiese schmückt, um die Aufmerksamkeit seiner Herrin zu
erregen.[61]

Rot und Weiß pflegen sich geradezu automatisch zu verbinden, wobei die
eine Farbe die Kraft der anderen unterstützt: Das Rot wirkt bunter, wärmer
und leuchtender, wenn es auf das Weiß trifft. Das Weiß erscheint noch reiner
und unschuldiger, aber auch stechender, wenn es dem Roten gegenübersteht.

Diese Macht der sich gegenseitig steigernden Farben Rot und Weiß nutzt
besonders die Werbung. Man denke nur an den weißen Schriftzug von Coca-
Cola auf rotem Grund.

Rot und Weiß verkörpern das Reine im Gegensatz zu Rot und Schwarz,
die als das Verdorbene gelten. Das jungfräuliche Weiß braucht das körperliche
Rot, um sich weiter zu entwickeln und fruchtbar werden zu können.

Weiß	—	Rot
Geist	—	Körper
Licht	—	Materie
Unschuld	—	Lust
Engel	—	Teufel
Himmel	—	Hölle
oben	—	unten
Samen	—	Menstruationsblut

Die Anziehung, welche die beiden Farben Rot und Weiß aufeinander ausüben,
hat auch das deutsche Volksmärchen abgebildet: Rot und Weiß sind die häufigsten Kombinationen zweier Farben im klassischen Volksmärchen. Man
denke an »Schneeweißchen und Rosenrot«. Im »Schneewittchen« wird gleich
zu Beginn betont, wie das Rote im Weißen so schön aussieht. Hierin klingt das
ritterliche Ideal nach, demzufolge eine schöne Frau wie weiße Lilien und rote
Rosen auszusehen hat.

124

Rot und Schwarz

Rot und Schwarz sind die Farben der Anarchisten und Syndikalisten. Außerdem ist dies der Titel eines Romans von Stendhal, der eine Chronik des 19. Jahrhunderts am Beispiel des Aufstiegs und Falls eines Emporkömmlings ist. Hier steht Rot für die republikanische Gesinnung und Schwarz für Kirche und Priester.

Schwarz und Rot gilt als dämonische und triebhafte Farbkombination, die allerdings harmonisch wirkt. Tod und Leben treffen sich, und somit ist dies die beliebteste Farbkombination sexualmagischer Rituale. Schwarz und Rot gelten als Hurenfarben. Es ist erstaunlich, welche Phantasien diese beiden Farben dem männlichen und weiblichen Geist entlocken: Es sind die häufigsten Farben der Pornographie. Die gesamte Palette der sadistisch-masochistischen Literatur lebt von den Projektionen auf diese Farbsymbolik. Man kann hierbei an schwarzes Leder und rotes Blut denken, aber zugleich verstärkt das unbunte Schwarz die Buntheit des Roten und lässt dessen Wärme noch deutlicher hervortreten.

Schwarz und Rot sind beides magische Farben der Macht, sie sind symbolisch miteinander verwandt, was ihre gefällige Farbzusammenstellung fördert.

Betrachten wir den Teufel, so kann dieser Fürst der Unterwelt sowohl in Rot als auch in Schwarz auftreten. Da der Teufel das Unten, also die Sexualität beherrscht, können wir speziell auf unsere Organe der Lust mit roter und schwarzer Wäsche verweisen, die den Blick magisch anzieht und lustvolle Energien an jene Stellen leitet, die den »niederen« Chakren verbunden sind.

Rot, Weiß und Schwarz

Das Schwarze ist das Zeichen der Ökonomie,
das Rote das Signal der Revolution
und das Weiße das der reinen Bewegung.

(Kasimir Malewitsch)

Nach Alfons Rosenberg[62] kann Schwarz-Weiß-Rot als der älteste Farbdreiklang der Menschheit angesehen werden. Er ist der Ausdruck des Weltempfindens früherer Völker. Überreste solcher Völker, die diese Sicht bewahrt haben, wie die isoliert lebenden Polynesier, bemalten noch zu Beginn des vorigen Jahrhunderts ihre Körper und Geräte ausschließlich mit diesen drei Farben.

Nach dem Jerusalemitischen Talmud[63] schuf Gott den Menschen in diesen drei Farben. So verwundert es nicht, wenn Rudolf Steiner und die Anthroposophie sich die Farbe der menschlichen Reinkarnation – »Pfirsichblüt« oder »Reinkarnat« bei Steiner genannt – aus den Farben Weiß, Schwarz und Rot zusammengesetzt vorstellen. Das männliche Weiß und das weibliche Schwarz verbinden sich mit dem Rot des Lebens. Mit den Farben Schwarz, Weiß und Rot können Sie durch Mischung die Farbe der menschlichen Haut darstellen: Legen Sie eine dünne Schicht schwarzer Farbe auf weißes Papier und darüber eine dünne Schicht roter Farbe. Wenn Sie sich dafür Zeit nehmen und die Schichten durchsichtig und dünn auftragen, bekommen Sie die Farbe der menschlichen Haut, Steiners Pfirsichblüt (die alten Meister der Hautfarbe wie Matthias Grünewald und Peter Paul Rubens mischten allerdings die Farbe der menschlichen Haut auf Gelbtönen aufbauend).

Die drei Göttinnen in jeder Frau werden ebenfalls mit diesem Farbdreiklang symbolisiert. Die jungfräuliche Göttin Artemis mit ihrer Farbe Weiß steht für die Unschuld und zugleich die Bereitschaft, diese zu verlieren, um einen neuen Zyklus zu beginnen. Die verheiratete und gebärende Göttin Hestia, mit Rot symbolisiert, verkörpert das Wissen der Frau und die Fähigkeit, mit notwendigen Entscheidungen zu leben. Die alte weise Göttin Hekate verweist mit Schwarz auf die Reife und die Fähigkeit, das loszulassen, was nicht notwendig ist. Diese drei archetypischen Frauengestalten entsprechen den drei Mondphasen: Der Vollmond ist weiß, der Halbmond rot und der Neumond schwarz.

Schwarz, Weiß und Rot waren die Farben der deutschen Kriegsfahne, der deutschen Fahne des Kaiserreichs sowie der deutschen Burschenschaft. So besitzt, mit dem Auge des Historikers gesehen, dieser Farbdreiklang etwas Konservatives.

Haben Sie sich schon einmal schwarz, weiß und rot gekleidet? Probieren Sie es aus. Beobachten Sie genau, wie Sie sich in dieser Farbkombination fühlen.

Rot, Schwarz, Gold

Dies war die klassische Färbung der Zunftkleidung der Goldschmiede: Über ihrer vollständig roten Kleidung trugen sie einen schwarzen Damastmantel, der reichlich mit Gold bestickt war.

Farbmeditationen, Malen und Wahrnehmungsübungen

Anregende Meditation

Auf Rot zu meditieren, regt den arteriellen Blutkreislauf an, wodurch man seine Vitalität steigert und seine Gesundheit pflegt. Diese Meditation aktiviert selbst Phlegmatiker und Melancholiker. Allerdings sollten Sie nie länger als fünf Minuten solche Rot-Meditationen durchführen. Nun gibt es mehre Möglichkeiten, sich meditativ Rot anzunähern:

Zunächst können Sie sich vor Ihren geschlossenen Augen die Farbe Rot so klar wie möglich vorstellen. Wenn Sie ein visueller Mensch sind, wird Ihnen das leicht gelingen. Sehen Sie ein Rot vor Ihrem inneren Auge, können Sie versuchen, diesen Farbton zu verändern, indem Sie ihn wärmer (zum Orange hin) oder kälter (zum Violett hin) werden lassen.

Wollen Sie auf Rot meditieren, um sich zu aktivieren, können Sie nach dem indischen Vorbild vorgehen. Der Yoga-Philosophie folgend entspricht der Farbe Rot unser Wurzel-Chakra. Für die folgende Meditation ist nicht notwendig, Genaueres über dieses Chakra zu wissen, außer dass es sich am Ende Ihrer Wirbelsäule befindet. Versuchen Sie, mit geschlossenen Augen das Ende Ihrer Wirbelsäule zu spüren. Bekommen Sie Kontakt mit Ihrem Steiß- und Kreuzbein, stellen Sie sich vor, dass Ihr Wurzel-Chakra mit einer roten Farbwolke umhüllt ist. Mit jedem Atemzug lassen Sie dieses Rot intensiver werden. Wenn Sie mit einem gesättigten Rot Ihr Wurzel-Chakra umhüllt haben, können Sie von dort die Farbe sich in Ihrem gesamten Körper ausbreiten lassen.
Eine reizvolle Variation dieser Übung besteht darin, dass Sie sich Ihre Wirbelsäule wie ein durchsichtiges Glasrohr vorstellen. Unten ist dieses Glasrohr mit einer roten Flüssigkeit gefüllt (Rotwein beispielsweise), die Sie mit jedem Atemzug langsam bis in Ihren Kopf aufsteigen lassen und im nächsten Atemzug wieder fallen lassen. Das aktiviert Ihre Energien nachhaltig.
Rudolf Steiner benutzte das Rosenkreuz als Meditationssymbol. Er stellte sich ein schwarzes Kreuz mit sieben rot strahlenden Rosen vor, die im Kreis angeordnet ein Sinnbild des Blutes sind. Die roten Blütenblätter gelten als ein

Ausdruck der geläuterten Leidenschaften und Triebe. Die Meditation auf das Rosenkreuz zeigt, dass die Welt für die Liebe geschaffen worden ist. Nach dem deutschen Rosenkreuzer Franz Hartmann stellt die rote Rose im Rosenkreuz die Selbsterkenntnis und die geistige Wiedergeburt dar.

Malen

Für nicht visuell ausgerichtete Menschen ist es einfacher, zunächst ein Blatt Papier vollständig mit einem Rot auszumalen. Wählen Sie Ihr Lieblingsrot, um eine monochrome Farbfläche zu schaffen. Wie bei der Meditation auf die anderen Farben machen Sie sich beim Ausmalen bewusst, welche Gefühle in Ihnen hochsteigen. Benötigen Sie Energie, schauen Sie weich auf diese Farbfläche und lassen alle Gefühle, Gedanken und Phantasien hochsteigen.

Wahrnehmungsübungen

Obwohl oder gerade weil Rot aufregt und Bewegung bringt, kann man die rote Farbenergie auch dazu benutzen, sich zu beruhigen. Wenn Sie abends vor dem Einschlafen mit geschlossenen Augen im Bett liegen und die Hektik des Tages und aller Stress in Ihnen noch nachklingen, dann visualisieren Sie rote Flecken vor Ihrem inneren Auge, die dort zu wandern scheinen. Nachdem Sie diese Flecken eine Weile betrachtet haben, lösen Sie diese auf und lassen sich dabei tiefer und tiefer in das heilende Dunkel der Nacht fallen.

Diese kleine Visualisierungsübung empfiehlt sich, wenn man vor innerer Unruhe nicht einschlafen kann. Sie werden bemerken, wie leicht es ist, Rot zu visualisieren, wenn man innerlich aufgeregt ist. Die Taoisten Chinas entwickelten Wahrnehmungsübungen von Farben, die man in einem völlig dunklen Raum durchführt. Bei diesen Übungen zeigen die roten Farbflecken vor den geschlossenen Augen Nervosität an. Die Auflösung dieser roten Flecken schenkt tiefe Ruhe.

Auch die Buddhisten pflegen eine ähnliche – allerdings kompliziertere – Meditation vor dem Einschlafen, wenn sie sich einen roten Buddha über ihrem Kopf vorstellen. Sie vereinigen sich mit ihm, indem sie ihn durch ihr Kronen-Chakra[64] aufnehmen, um ihn dann in den roten Lotus ihres Herzens zu führen. Vom Herzen geht dann eine rote Strahlung aus, die den inneren Raum des Meditierenden und seine Umgebung erleuchtet. Rotes Licht strahlt in alle Himmelsrichtungen. Dann schläft der Meditierende ein, um morgens beim Aufwachen dieses Bild aufzulösen. So beginnt man den neuen Tag ruhig, gelassen und gereinigt von allen Geistesgiften (falschen Einstellungen).

Als weitere kleine Übung empfiehlt sich die Visualisierung einer perfekten roten Rose. Aber diesmal visualisieren Sie die rote Rose nicht nur, sondern Sie öffnen sich ihr zusätzlich mit all Ihren Sinnen: Sie nehmen den Duft dieser roten Rose wahr. Ziehen Sie den Duftstrom in der Vorstellung durch Ihr Drittes Auge ein. Das ist eine Übung, die bei den Sufis für die Öffnung zu höheren Bewusstseinsstufen benutzt wird.

Diese Übung fällt Ihnen leichter, wenn Sie sich eine rote Rose kaufen. Halten Sie die rote Rose an Ihre Stirn, dort zwischen Ihren Augenbrauen ans Dritte Auge, nachdem Sie an ihr gerochen haben. Mit Ihrem Dritten Auge können Sie sich diesem Duftstrom öffnen, indem Sie mit jedem Lufthauch an der Stirn die Vorstellung verbinden, dass Ihr Drittes Auge eine durchlässige Stelle sei, durch die der Duft der roten Rose in Sie einströmt.

Alle hier vorgestellten Übungen sollten auf keinen Fall durchgeführt werden, wenn Sie

- aufgeregt,
- nervös,
- aggressiv

sind. In diesem Fall würde Sie Rot noch mehr aufregen.

Heiligkeit
Göttlichkeit Mystik
Ewigkeit Magie Jenseits
Selbstbestimmung
Macht Reichtum
Feminismus

Melancholie
Veilchen Flieder Lavendel
Verbindung der Gegensätze
Rausch

Kardinäle
Bescheidenheit
Demut
Buße
Tiefe

Höhe
Lust

Violett

Geometrische Form:	Verschmelzung von Kreis und Quadrat
Lage im Spektrum:	rechte Seite zwischen Blau und Rot
Wellenlänge:	450–396 nm (unter 396 nm unsichtbar)
Körperfarbe:	eine der drei Sekundärfarben
	subtraktive Farbmischung von Rot und Blau
Lichtfarbe:	Blauviolett
Farbreichweite:	groß (verliert langsam seinen Charakter
	bei Mischung mit anderen Farben)
Temperatur:	kalte Farbe
Komplementärfarbe:	Gelb
Goethes Farbenlehre:	empfand Violett als uneindeutige Farbe
Bauhaus-Farbenlehre:	entsprechende Form: Verschmelzung von Kreis
	und Quadrat
Volkstümliche Symbolik:	Tod, Geistlichkeit
Esoterische Symbolik:	Sehnsucht nach Transzendenz, Buße, Besinnung,
	Wassermann
Chakra:	Drittes Auge
Moderne Symbolik:	Emanzipation
Psychologie:	Unentschlossenheit/Ambivalenz,
	Streben nach »Höherem«

Farbbezeichnungen und Pigmente

Wir bezeichnen hier als Violett alle Farbtöne, die sich aus der Mischung von Rot und Blau ergeben. In seiner heutigen sprachlichen Form bezeichnet »Violett« das rotgebrochene tiefe Blau der Veilchen. Als Lila bezeichnen wir diejenigen Farben, bei denen sich Rot und Blau, in welchem Verhältnis auch immer, mischen und aufgehellt sind (mit und ohne Weißbrechung).

Der Ausdruck »violetter Farbton« versteht sich als Überbegriff, der Violett, Purpur, Lila und Fliederfarben umfasst.

● Purpur

Um 1500 vor unserer Zeitrechnung haben die Phönizier die Gewinnung des Purpurfarbstoffs aus der Purpurschnecke (hauptsächlich *murex trunculus* und *murex brandaris)* entdeckt.

Purpurschnecken kamen in Mengen an der Küste des Mittelmeeres vor, doch infolge ihrer Ausbeutung waren sie am Ende des Mittelalters selten geworden. Seit dem Ende der Purpurherstellung haben sie sich wieder stark vermehrt.

Je nach Gattung dieser Schnecken und dem Farbaufbereitungsvorgang ergeben sich unterschiedliche Purpurtöne. Vor allem stellte man den beliebten dunkelroten, mit einem Stich ins Blaue spielenden Purpur her und den violetten Purpur, den wir heute als Violett bezeichnen würden. Ferner stellte man den Blaupurpur – ein dunkles Blauviolett – her und den Schwarzpurpur, der etwa unserem heutigen Paynes-Blau entspricht. Es gab auch Mischungen, die ein zartes Lila ergaben. Letztendlich konnte man in der Purpurfärberei alle denkbaren Violett-Töne herstellen.

Der Purpur wurde aus dem meist farblosen, teilweise leicht gelblichen Schleim der Meeresschnecken hergestellt. In der Antike dachte man, der Purpur sei das Blut der Schnecken, die man in großen Gefäßen sammelte und unter bestialischem Gestank anfaulen ließ. Durch diesen Fäulnisprozess produzierten die Schnecken viel Schleim. Der stinkenden Brühe aus Schleim und Schnecken wurde Salz zugesetzt. Der spätere Farbton hing unter anderem von der Menge des zugegebenen Salzes ab. Diese Brühe wurde zehn Tage gekocht, was den Gestank, für den die Färberstädte berühmt-berüchtigt waren, noch unerträglicher machte. Und nun kommen wir zum Geheimnis der Farbe Purpur: Aus 100 Litern dieser Brühe bekam man gerade fünf Liter Färbeextrakt. Dieser Färbeextrakt war keineswegs violett, sondern er zeigte eine gelbe Farbe. In ihn wurden die zu färbenden Stoffe gegeben, die sich danach unter Lichteinwirkung zuerst grün, dann rot und am Schluss violett färbten. Der violette Purpur entstand unter dem Einfluss des Sonnenlichts. Sein schillernder Glanz nahm sogar noch unter starkem Sonnenlicht zu.

Zum Färben eines Königsmantels wurden etwa drei Millionen Purpurschnecken benötigt. Dem Farbhistoriker Hans-Heinrich Vogt[65] zufolge kostete das Färben von einem Kilogramm Wolle umgerechnet etwa 3.500,- €. Damit konnten sich nur die Reichsten der Reichen purpurfarbene Kleidungsstücke leisten.

Heute wird der Purpur aus Schnecken nur noch für Restauratoren früh-mittelalterlicher Buchmalerei hergestellt.

Rotvioletter Purpur kann auch aus anderen Naturprodukten hergestellt werden wie aus der Malve, dem Lecanora-Moos aus Nordafrika und dem des mittleren Ostens, dem tropischen Blauholz *(lignum campechianum)* und der Alkanna-Wurzel *(alkanna tinct.)*, die auch Schminkwurz genannt wurde und aus Arabien stammt.

Allerdings benutzte man all diese Pflanzen nicht zur byzantinischen Zeit, da sie keine so lichtechte Farbe lieferten und ihrem Violett der geheimnisvolle Glanz des Purpurs fehlte.

Im Gegensatz zu den Chemiefarben (Anilinfarben etc.) sind diese Pur-pur-Farbtöne dynamisch und leicht schillernd, da sie aus ihrer Komplemen-tärfarbe entstehen (Grün), die im Farbeindruck im Hintergrund präsent zu sein scheint. Es gibt heutzutage fast keine lichtechten Violett-Pigmente. In seiner Lichtechtheit ist der Purpur einmalig und übertrifft selbst das synthe-tisierte Anilin-Rotviolett.

Einführung

Sehr verdünnt kennen wir die Farbe unter dem Namen Lila; aber auch so hat sie etwas Lebhaftes ohne Fröhlichkeit.

(Goethe, Farbenlehre)

◼ Wortstamm

Das Farbwort Violett stammt vom spätmittelhochdeutschen *fiolet* ab, wird aber erst am Ende des 17. Jahrhunderts allgemein gebräuchlich. *Fiolet* wiede-rum stammt vom lateinischen *viola* für Veilchen ab. Das Farbwort Lila tritt erst im 19. Jahrhundert als Bezeichnung für Fliederblau auf. Heute wird der Ausdruck Lila oft umgangssprachlich für jeden Violett-Ton benutzt.

◼ Bildende Kunst

Der Jugendstil liebte Violett.

● Farbtöne

Das Violett tritt uns grundsätzlich in zwei Ausprägungen oder Eigenschaften entgegen:

- ● als Rotviolett, wozu Purpur gehört
- ● als Blauviolett, wozu Indigo gehört

Der Bauhauslehrer Johannes Itten schrieb über das Geheimnis der Farbe, dass dieses nur mit dem Herz erfasst werden kann. Dies ist ein Stichwort, das Violett in außerordentlichem Maße charakterisiert: Violett ist eine geheimnisvolle Farbe. Sie besitzt einen eigenartig uneindeutigen Charakter zwischen Rot und Blau und spielt unverhofft ins Grau hinein – eben schwer zu fassen, nie eindeutig. Wie unterschiedlich kann sich diese Farbe geben: Da tritt uns Violett im feinen durchsichtigen Ton des Amethyst entgegen, dessen Gegensatz das massive, schwere Blauviolett bildet, das wir »Aubergine« nennen. Der feinen zarten Malvenfarbe, dem so genannten Mauve, stehen der rötlich mächtige Königspurpur und das Dunkellila entgegen. Ferner zeigt sich Violett als Bischofslila – auch Kardinalslila oder Römischviolett genannt –, Blass- und Blaulila, das so genannte Feministinnenlila[66], und als Orchideenlila. Der helle, sanfte Fliederton stellt zusammen mit dem zarten Lavendel den beliebtesten Violett-Ton dar. Dazu kommen noch die exzentrischen Modetöne wie das ins Rote gesteigerte Purpurrosa, das auffällige Purpurviolett und das ihm sehr ähnliche Rotlila. Ferner gibt es noch ein Violettgrau, in das sich die meisten Violett-Töne bei »schummeriger« Beleuchtung verwandeln. Violett kann sich gegen seine beiden Nachbarfarben Rot und Blau gut behaupten.

Die meisten dieser Farbtöne werden Sie kaum genau voneinander unterscheiden können. Jedoch gibt Ihnen diese keineswegs vollständige Aufstellung der Violett-Töne eine Idee, in welch verschiedener Gestalt uns Violett entgegenzutreten vermag.

Grundsätzlich gibt es folgende Unterscheidungen bei violetten Farbtönen:

● Das Rotviolett

Rotviolett ist ein geheimnisvoller Farbton, der melancholisch wirkt und zwischen warmen und kalten Farben angesiedelt ist. Das wärmere Rot schwächt im Rotviolett das kühlere Blau ab. Rotviolett wirkt heller und leichter als Blauviolett.[67]

● Der Purpur

Während Violett eine Spektralfarbe ist, ist Purpur immer eine Mischung aus rotem und violettem Licht. Purpur ist eng dem Rotviolett verwandt, ein kühles Rot, das als Violett-Ton zwischen warmen und kalten Farbtönen steht. Mit ein wenig Blauzumischung würde diese Farbe sogleich in eine kalte Farbe umschlagen.

Für Goethe stellte der Purpur die Steigerung aller Farben dar. Er bezeichnete in Abweichung vom heutigen Sprachgebrauch mit Purpur ein reines Rot. Für uns ist heute Purpur ein violettes Rot. Das liegt daran, dass sich seit der Goethezeit möglicherweise unser Farbempfinden verändert hat. Es hat sich etwas zum Gelb hin verschoben, das heißt, was wir heute als Rot bezeichnen, hätte man zur Goethezeit eher schon Orange genannt (diese These wird einleuchtend von Werner Schürpach in seiner Studie zur historischen Veränderung des Farbempfindens »Die Entwicklung des Farbensinns und des Farberlebens beim Menschen« [Freiburg 1970] vertreten. Sie geht letztlich auf Rudolf Steiner zurück, der in seinen Vorträgen in Dornach auf die historische Entwicklung des Farbenerkennens häufiger eingeht[68]).

Im Altertum galt der Purpur als vornehmste Farbe – allerdings bedeutete der Ausdruck »Purpur« weitgehend nur »teure Farbe«. Schon in der Bibel finden wir den Purpur als die Symbolfarbe des Reichtums. [69]

● Das Blauviolett

Im Blauviolett treten mehr Anteile des kalten Blaus als des wärmeren Rots auf. Es ist ein kühler Farbton, der ernst und mystisch wirkt. Das gilt speziell für das dunkelste Blauviolett, das *Indigo* genannt und farbtheoretisch zu den Violett-Tönen gerechnet wird. Newton führte die Farbe Indigo ein. Dabei ist Indigo keine prismatische, sondern eine theoretisch angenommene Farbe. Beim Malen mit den als Indigo bezeichneten Pigmenten kann man eine leichte Schwarzbrechung des Blauvioletts wahrnehmen (speziell bei Aufhellung der Farbe).

Blauviolett ist eine der drei Urfarben, die im Auge vorkommen. Das Auge erzeugt mithilfe von Blauviolett, Grün und Orangerot das Farbensehen.

● Lila

Lila ist ein aufgehelltes Violett (oft mit Weiß gebrochen). Viele Menschen werden durch Lila- und Lavendeltöne angesprochen, da in diesen Farben die Macht des häufig abgelehnten Violetts gebrochen und abgeschwächt wird. Lila und Lavendel sind speziell im fortgeschrittenen Alter beliebt.

135

● An Violett scheiden sich die Geister

Violett ist eine schwierige Farbe, was schon Goethe bemerkte. Aus Blau und Rot mischt sich Violett, wobei traditionell das zurückweichende Blau die Seele und das aktive Rot den Körper symbolisiert. Im Violett trifft sich Blau als die Farbe des Schattens, der Gefühllosigkeit und der Kälte mit Rot als der Farbe des Lichts, der Lebensfülle und ungebrochenen Triebhaftigkeit. Blau und Rot werden oft dem Männlichen und dem Weiblichen zugeordnet, und so ergibt Violett die Einheit von männlich und weiblich, also den androgynen Menschen. Violett ist die Farbe, die zwischen den Geschlechtern steht. Es ist die Farbe der Frauenbewegung, da sie auf den beseelten Körper verweist und bei den Hexen als grenzüberschreitende Farbe beliebt war – dort symbolisiert Violett sowohl Spiritualität als auch Macht und Einfluss. Violett stellt die dunkelste Farbe des Farbenkreises dar – allerdings mit vielen Helligkeitsabstufungen.

Einige Menschen in unserem Kulturbereich lehnen Violett ab – meistens Männer. Wenn Sie in Ihren Kleiderschrank schauen, werden Sie dort wenig violette Kleidungsstücke finden. Ab und zu gibt es zwar Modewellen, die Violett als Farbe der Saison kreieren, aber im Großen und Ganzen wird Violett stiefmütterlich behandelt. Wenige Menschen tragen Violett oder fahren gar violette Autos. Ein tiefviolettes Zimmer ist unvorstellbar.

Wenn Sie jetzt von diesem Buch aufblicken, um sich in Ihrem Zimmer umzuschauen, werden Sie wenig violette Gegenstände sehen.

Wenn ich in meinen Farbenworkshops die Teilnehmer aus Blau und Rot ein Violett mischen lasse, erstaunt mich, wie viele verschiedene Vorstellungen es von Violett gibt. Violett ist eine weniger deutliche Farbbezeichnung als zum Beispiel Orange oder Grün. Violett ist in einem großen Farbbereich zwischen Blau und Rot angesiedelt, und im Gegensatz zu den anderen beiden Sekundärfarben Grün und Orange ist es schwer, beim Violett die genaue Mitte zwischen Rot und Blau zu bestimmen. Versuchen Sie das einmal, indem Sie ein Violett zu mischen versuchen, das genau zwischen Blau und Rot liegt.

Violett weist größte Hell-Dunkel-Unterschiede auf, die wir sonst nur noch bei der Primärfarbe Blau finden. Misst man die Färbung des Lichts (in Kelvin) wie beim Filmen, dann zeigt sich, dass das Mitternachtslicht violett ist (das Morgenlicht blau, das Vormittagslicht grün, das Nachmittagslicht orange und das Abendlicht rot). Violett als Farbe der Dunkelheit wird der Qualität *Yin* oder dem weiblichen Archetypen zugeordnet. Außerdem wird Violett als kalte Farbe angesehen.

Für den Physiker steht Violett am Anfang oder am Ende des sichtbaren Spektrums als Farbe der höchsten Lichtschwingung und zugleich der kürzesten Wellenlänge. Violett wird durch ein Prisma von allen Farben am stärksten gebrochen, was man daran sehen kann, dass es die äußerste Farbe des Regenbogens darstellt.

Interessanter ist die Beobachtung, dass Violett an der Grenze zu dem für das menschliche Auge unsichtbaren Ultraviolett steht und dass Blauviolett die dunkelste Farbe des Farbenkreises darstellt. Nach Blauviolett werden die Farben des Farbenkreises wieder heller (es geht wieder dem Licht entgegen).

Violett nimmt im Regenbogen den größten Bereich ein, was auffällig ist.[70] Auch als Flächenfarbe besitzt Violett eine große Farbreichweite. Das mag unter anderem daran liegen, dass wir relativ undifferenziert im Violettbereich wahrnehmen, wie die antiken Griechen, die im Dunkelbereich derart undifferenziert wahrnahmen, dass sie Blau und Schwarz nicht unterscheiden konnten.

Allgemeine Symbolik

Violett gilt als ein Symbol der Demut und Buße wie auch der Selbstbesinnung. Das violette Veilchen wurde im Mittelalter zum Symbol der Tugend und der Bescheidenheit. Auf diese Bedeutung der Farbe Violett geht die Tracht der Kirchenfürsten zurück. Immerhin ist die katholische Kirche die einzige Institution, die ihre Bediensteten violett kleidet. Auch an den Universitäten waren einst die Talare der Theologieprofessoren violett. Der Bischofsring mit violettem Amethyst deutet auf Nüchternheit und Demut (das griechische Wort »améthystos« heißt »nicht trunken«). Als liturgische Farbe ist Violett die Farbe der Besinnung, Umkehr und Buße.

Im Rheinland war Violett bis ins 19. Jahrhundert hinein eine wichtige Trauerfarbe wegen ihrer engen Beziehung zum Jenseitigen (ihrem Übergang zum Unsichtbaren). Das erste halbe Jahr wurde in Schwarz getrauert, das zweite halbe Jahr in Violett.

Man sieht die Nähe von Violett und Schwarz, die Goethe in seiner Farbenlehre erkannte, wenn er Violett in der Natur als »wenig Materie vor etwas seitlich beleuchtetem Finsterem« beschrieb. Deswegen sehen Raumfahrer den Himmel violett, da wenig Materie, in diesem Fall Atmosphärenschichten, vor dem dunklen Weltraum liegt.

● Purpur ist Macht

Auffällig ist die sprachliche Nähe von Violett und Gewalt (lat.: *violentia).* Als Stellvertreter und naher Verwandter des Purpurs gilt Violett als Farbe der Macht. Der rotviolette Purpur galt seit alters als die Farbe der Macht. So sprechen wir noch heute vom Königspurpur. Wenn wir uns einen König oder eine Königin vorstellen, denken wir sogleich an deren auffallend leuchtend rotvioletten Mäntel.

Die Verbindung zwischen Rotviolett und Macht scheint archetypischen Charakter zu besitzen, denn bereits bei den Azteken und Inkas Mittel- und Südamerikas galt Rotviolett als Symbolfarbe der Macht. Dies wird häufig damit begründet, dass der Purpur die Farbe des Blutes assoziieren lässt. Es ist weniger das frische als das geronnene Blut, das sich rotviolett verfärbt. Der Schorf auf einer Wunde sieht rotviolett aus. Diese Beobachtung lässt vermuten, dass hier auch die Macht der Heilung angesprochen ist. Der rotviolette Schorf zeigt an, dass die Verletzung überwunden ist.

Schauen wir uns genauer den Purpur als Farbe der Macht in der Geschichte an, fällt auf, dass sich diese Charakterisierung sowohl auf die weltliche als auch auf die geistliche Macht bezieht.

Purpur: Farbe der weltlichen Macht

Purpur zu tragen, bedeutete ein höheres Privileg, als Gold zu tragen. Das hat eine lange Geschichte. Die Farbe Purpur spielte bereits im Alten Testament eine große Rolle. Im Hohenlied Salomo[71] wird berichtet, dass der Thron des weisen Königs Salomon mit purpurnen Kissen gepolstert war. Im Buch Richter[72] steht geschrieben, dass die purpurnen Gewänder der besiegten Könige den Juden als begehrte Kriegsbeute zufielen. Daniel[73] und Mardochäus[74] bekommen purpurne Kleider als Zeichen ihrer Herrschaft verliehen. Auch der berühmte babylonische König Belsazar, dem die Flammenschrift »mene, mene tekel upharsin« (gewogen und zu leicht befunden) an der Wand erschien, soll demjenigen, der den Sinn dieser Schrift zu deuten vermochte, einen purpurnen Mantel versprochen haben.

Nach der Naturgeschichte[75] des Plinius war das Tragen des rotvioletten Purpurs seit jeher in Rom beliebt. Es drückte Reichtum und eine hervorragende gesellschaftliche Stellung aus. Allerdings durften im römischen Reich nur der Kaiser, die Kaiserin und der Thronfolger purpurfarbene Mäntel tragen. Hohen Beamten und Ministern war gerade noch ein purpurfarbener

Besatz an ihrer Toga gestattet, und Senatoren gestand man purpurne Streifen an der Toga zu. Wie wichtig es den Römern mit dieser Farbenordnung der Gewänder war, zeigt sich nicht zuletzt darin, dass auf nicht-autorisiertes Tragen von Purpur die Todesstrafe stand.

Kleopatra, die nicht der römischen Kleiderordnung unterstand, ging so weit, die Segel ihres Schiffes purpur färben zu lassen. Für die Römer musste dies eine eindrucksvolle Machtdemonstration der ägyptischen Königin gewesen sein.

Die Purpurherstellung, die sich zunächst auf die Städte Tyrus (das heutige Sur) und Sidon (das heutige Saida) in Phönizien konzentrierte, wurde zu einem Monopol der byzantinischen Kaiser. Um 300 u. Z. machte der römische Kaiser Diokletian (Gaius Aurelius Valerius Diocletianus, 243–313 oder 316) die Purpurherstellung per Gesetz zu einem höchst gewinnträchtigen kaiserlichen Monopol und verlegte die Färberei-Werkstätten nach Byzanz (dem späteren Konstantinopel).

Die byzantinischen Kaiser liebten ihren Purpur so sehr, dass sie ihn nicht nur als Demonstration ihrer Macht trugen, sondern auch mit rotvioletter Tinte schrieben. Diese Purpurtinte wurde von einem hohen Hofbeamten, dem »Bewahrer des kaiserlichen Schreibzeugs«, ständig bewacht. So hüteten die oströmischen Kaiser eifersüchtig das Wissen um die Purpurfärberei. Es ging mit ihnen unter, als die Türken 1453 Byzanz eroberten. Aber immerhin konnte der Purpur auf eine fast dreitausendjährige Geschichte als Farbe der Macht zurückblicken, bis seine Herstellung abbrach, in Vergessenheit geriet und er vom leicht blaustichigen Kermesrot abgelöst wurde.

Heute wird Purpur als so genannter Küpenfarbstoff wieder hergestellt (Küpenfarbstoffe sind wasserunlösliche Farben auf Indigobasis).

● Warum ist Violett so geheimnisvoll?

Weil es, wie C. G. Jung es ausdrückte, »die geeinte Zwienatur«[76] von Blau und Rot darstellt. Jung charakterisiert hier wie auch an anderen Stellen Violett als das Symbol des Geistkörpers, eben der Verbindung von Blau (Geist) und Rot (Körper).

Ergänzend zu Jung wäre anzuführen, dass jeder Farbe diese »geeinte Zwienatur« innewohnt. Sie scheint zum Wesen der Farben zu gehören.

Der Farbton Violett mit all seinen Lilatönen steht an der Grenze zwischen den warmen Rot-Tönen und den kalten Blautönen, zwischen den hellen

Tönen des Farbenkreises (Rot – Orange – Gelb) und seinem dunklen Tönen (Blau), zwischen männlich-fordernd aktiven Farben (Rot) und den weiblich-passiven Blautönen. Diese ganze Dynamik findet darüber hinaus an der Grenze zum Unsichtbaren statt.

● Violett im Farbenkreis

Um Violett zu verstehen, müssen wir seine Stellung im Farbenkreis anschauen (Farbenkreis siehe weiter oben, S. 16).

Wir sehen:
- ● Violett steht zwischen Blau und Rot (Rot und Blau sind Vater und Mutter des Violetts).
- ● Violett bildet die Übergangszone zu den kalten Farben: Es steht zwischen dem lauen Rot und dem Blau, das den Kältepol des Farbenkreises bildet.
- ● Violett bildet den Übergang zwischen hell und dunkel im Farbenkreis.
- ● Blauviolett ist die dunkelste Farbe des Farbenkreises, und zum Rotviolett und zum Rot hin hellen sich die Farben auf, um dann im Gelb, der Komplementärfarbe zu Violett, ihren Helligkeitspol zu finden.

● Violett zwischen den Geschlechtern

Im Violett treffen sich die beiden Farben Rot und Blau. Einige Farbforscher haben jedoch eingewendet, dass Rot und Blau keine echte Verschmelzung eingehen, sondern dass beide Farbenergien sich gegenseitig bekämpfen. Der Maler und Bauhauslehrer Wassily Kandinsky hält Violett für ein abgekühltes, gebrochenes Rot, das etwas Krankhaftes und Trauriges an sich hat. Deswegen wirkte Violett beunruhigend auf ihn. Kandinsky hält sich an Goethe, der in seiner Farbenlehre den rotblauen Farbton mit folgendem Satz einführt: »Sehr verdünnt kennen wir die Farbe unter dem Namen Lila; aber auch so hat sie etwas Lebhaftes ohne Fröhlichkeit« (Farbenlehre § 789). Das ist eine Einstellung, die wir heute nicht unbedingt nachvollziehen müssen. In einem mittleren Violett sind Rot und Blau in idealer Weise ausgeglichen, es sind zwei Gegensätze nicht nur vereint, sondern verschmolzen, und so ist Violett *auch* eine Farbe der Synthese und des rechten Maßes.

Im Violett treffen Bewegung und Ruhe, Körper und Seele, Feuer und Wasser aufeinander. So ist es verständlich, dass Violett eine uneindeutige

Farbe ist, deren innere Spannung nur wenige Menschen aushalten können. Goethe erinnerte Violett gar an die Weltuntergangsstimmung. Dazu passt, dass der Adler, dessen Schrei die Apokalypse einleitet, in der mittelalterlichen Buchmalerei violett dargestellt wurde.

Auf der anderen Seite macht die Spannung des Violetts zwischen aktiv und passiv, zwischen männlich und weiblich, diese Farbe gerade für Feministinnen und Homosexuelle attraktiv, da sie deren Stellung in der Gesellschaft und die innere sexuelle Spannung abbildet.

Violett wird offenbar von einigen Frauen während der Schwangerschaft bevorzugt. Wenn diese Farbvorliebe von einigen Farbforschern wie Max Lüscher hormonell erklärt wird, so scheint dem Autor doch eine einleuchtendere Erklärung auf der Hand zu liegen. Die werdende Mutter hält sich mit Violett für das Geschlecht ihres Kindes offen. Letztendlich möchte sie ein Kind gebären, wobei es zweitrangig ist, ob es ein Junge oder ein Mädchen wird. Violett ist offen, es verbindet beide Geschlechter miteinander. So wurde Violett von den frühen Feministinnen bevorzugt, die sich auf Alexandra Kollontai (1872–1952) bezogen, für die »freie Liebe« (der Begriff stammt von A. Kollontai) ein wesentlicher Teil der Emanzipation war. Noch heute haben viele Frauenbücher und Bücher über die Sexualität der Frau einen violetten Umschlag. Wie die Feministinnen sich zwischen den Geschlechtern fühlten und dies in ihrem Abrücken vom süßlichen Rosa als der traditionellen Frauenfarbe dokumentierten, so fühlten sich auch die Homosexuellen und Lesbierinnen, die als Erste zu Lila und Violett griffen. Im Dritten Reich hatte man sie mit der Farbe Rosa zu diskriminieren versucht.

Bei heterosexuellen Männern werden Violett und Lila wie fast keine anderen Farben radikal abgelehnt. Außer bei der Krawatte oder bestenfalls versteckt bei den Socken existiert Violett in der Herrenmode nicht. Ob sich darin die Angst ausdrückt, homosexuell zu wirken? Selbst fliederfarbene Hemden haben etwas Ungewöhnliches, in manchen Kreisen gar Anstößiges.

● Violett und Radioaktivität

Violett wird international als Farbsymbol zur Kennzeichnung radioaktiv verseuchter Stellen benutzt (teilweise jedoch auch schwarze Zeichen auf gelbem Grund) und gilt generell als Kennfarbe der Radioaktivität. Das hängt damit zusammen, dass Violett dem Unsichtbaren und der Finsternis zugleich nahe steht.

■ Violett ist Lust

Zusammen mit Schwarz und Rot wird Violett als die Farbe der Lust angesehen. Dies liegt nicht nur daran, dass man der hohen Geistlichkeit des Mittelalters einen besonderen wollüstigen Lebenswandel nachsagte, sondern dass farbtheoretisch in der Farbe Violett das aktive fordernde Rot mit dem hingebungsvollen Blau verschmilzt. Von daher ist es verständlich, wenn in Bayern traditionell Violett statt Weiß als Brautfarbe galt. Die Hochzeit und die darauf folgende Vereinigung von Mann und Frau sollte ein Fest der Lust sein.

In der Schweiz trug die Frau bei ihrer zweiten Heirat bis in das 19. Jahrhundert hinein einen violetten Schleier oder andere violette Accessoires. Sollte die Farbe Violett darauf hindeuten, dass diese Frau schon Lust erfahren hat?

Deutlicher noch zeigt sich der Lustcharakter der Farbe Violett im lustfeindlichen christlichen Bereich. Maria Magdalena wird traditionell violett gekleidet dargestellt. So ist Violett sowohl die Farbe des leidenden Christus als auch die der leidenschaftlichen Maria Magdalena. Dies entspricht dem Verständnis C. G. Jungs vom Violett. Jung geht davon aus, »dass das Triebbild nicht am roten, sondern am violetten Ende der Farbskala entdeckt wird«[77].

Violett drückt die Faszination der Lust aus. Es ist die Gier, wobei Lavendel und Fliederfarbe die jungmädchenhaften, zarten Regungen symbolisieren.

Für den Kenner religiöser Bilder ist es kein Geheimnis, dass physische und geistige Leidenschaften zwar feindliche, aber doch eng verbundene Brüder sind. In beiden wird die ersehnte Lust erlebt. Jung macht darauf aufmerksam, wie leicht das eine in das andere umschlagen kann.

All diese Spannungen, diese Sehnsüchte und dieses Pendeln zwischen sexueller Lust und mystischem Einswerden spielen sich im Farbraum Violett ab. Diese Dynamik charakterisiert Violett wie keine andere Farbe.

Lila wird entwertend als »Farbe des letzten Versuchs« bezeichnet, was so viel heißen könnte, dass Lila das letzte Begehren im Alter ausdrückt. Die Triebkraft des mächtigen Violetts ist gebrochen, und ein Funke dieser ursprünglichen Lust macht sich noch im Violett bemerkbar.

Früher galt Lila als die Farbe der unverheirateten Frauen. Lila sagte sozusagen: »Ich bin noch zu haben.« Heute ist Lila zu einer der beliebtesten Farben älterer Damen geworden, die sich noch attraktiv fühlen.

Violett und in abgeschwächter Form Lila sind die Farben der Lust am Rausch und Vergessen. Nicht ohne Grund werden Lust steigernde Drogen, z. B. bestimmte Amphetamintabletten, »purple hearts« genannt. Wenn die rausch-

142

hafte Lust mit Violett symbolisiert wird, so muss gemäß dem Grundsatz, dass Gleiches Gleiches heilt, diese Lust mit Violett geheilt werden. So hilft der violette Veilchenkranz wie auch der Amethyst gegen jegliche Auswirkung von Lust und Rausch. Beide sollen den Geist wieder klären.

Stichworte zur Symbolik
1. Verbindung Körper – Gefühl
2. Ausdruck von Lust und Emanzipation der Frau
3. Geheimnisvollste und zwiespältigste aller Farben
4. Radioaktivität
5. Grenzerfahrung

● Violett in der Zahlenmagie

Die heute in der Esoterik geläufige Zahlenmagie geht weitgehend auf kabalistisches Wissen zurück, das jedem Buchstaben des hebräischen Alphabets eine Zahl und Farbe zuordnet. Die Zahl Sechs wird dem Blauviolett zugeordnet, die Zahl Sieben dem Violett.

Menschen, deren Zahl die Sechs ist[78] lieben ein geselliges Leben und suchen Harmonie, Freude und Sicherheit bei ihren Freunden und Mitmenschen. Man sagt ihnen einen ausgeprägten Familiensinn und einen Hang zur Treue nach. Gelten diese Personen auch als pflichtbewusst und aktiv, so können sie jedoch meist als Reaktion auf ihre Umwelt leicht verletzt werden. Dann ziehen sie sich in eine depressive Verstimmtheit zurück und wollen mit keinem etwas zu tun haben. Man sagt diesem Menschentyp eine Tendenz zu Erkältungskrankheiten und im allgemeinen zu Erkrankungen der oberen Luftwege nach.

Personen, deren Zahl die Sieben ist, gelten wie Menschen mit einer starken violetten Ausstrahlung in ihrer Aura als intuitiv, sensibel bis hin zu medial veranlagt. In der kabbalistischen Zahlenmagie wird hier oft von mystischer Begabung und medialer Veranlagung gesprochen. Sie werden als leistungsfähige, wahrheitsliebende Menschen charakterisiert, die oft sehr idealistisch oder spirituell ausgerichtet sind. Allerdings sagt man ihnen eine ausgeprägte Außenseiterrolle nach, was nicht zuletzt daran liegt, das sie starken Gefühlsschwankungen unterworfen sind. Oftmals wirken sie so nach außen als arrogant und unnahbar, auf der anderen Seite verstehen sie es, ihr Leben zu genießen. Sie sollen empfindlich sein, leicht an Nervenleiden erkranken und anfällig für Überanstrengungen sein.

● Violett als Farbe der Aura

Körper und Seele können mit einem Prisma verglichen werden, durch welches das klare, weiße Licht des Geistes reflektiert wird, um sich schließlich in die verschiedenen Farben des Regenbogens zu verwandeln.[79]

Waltraut-Maria Hulke

Unser Gesundheitszustand, unsere Einstellungen, Gefühle und Gedanken drücken sich in unserem individuellen Energiefeld farbig aus. Dieses eiförmige Energiefeld wird Aura genannt. Es kann von sensitiven Menschen gesehen werden und durch die Kirlianfotografie[80] fotografiert werden. Das bedeutet, dass wir ständig von einer Hülle von Lichtfarben umgeben sind, die von der Abstrahlung der einzelnen Körperzellen geprägt ist. Jede Körperzelle strahlt in kleinen Mengen Licht ab, das sich zur Aura des Menschen addiert. An dieser Aura kann man das körperliche und seelische Befinden des betreffenden Menschen ablesen.

Der Mensch strahlt nicht nur Farben durch seine schwer sichtbare Aura aus, sondern er nimmt auch Farben durch diese Aura auf. Besonders die Farben der Umwelt werden an bestimmten Stellen, den sogenannten Chakren oder Energiezentren des Körpers aufgenommen, weswegen über eine Farblichtbestrahlung der Chakren der Körper auf jeder seiner Ebenen harmonisiert werden kann.

Violett in der Aura eines Menschen wird heutzutage weitgehend übereinstimmend wie folgt gedeutet:

Der entsprechende Mensch besitzt eine hohe Intuition und Konzentrationsfähigkeit, man nimmt gemeinhin an, dass solch ein Mensch regelmäßig meditiert. Ferner nimmt man an, dass Violett in der Aura auf einen demütigen Lebenswandel verweist und dass diese Person hilfsbereit, wenn nicht gar selbstlos ist. Man spricht hier von »edlen Charakterzügen« und einer fortgeschrittenen geistig-seelischen Entwicklung. Geht dieser Violett-Ton in den Lavendelton über, sieht man die entsprechende Person als vergeistigtes und mitfühlendes Wesen an. Von der Bedeutung der violetten Farbe in der Aura wird es verständlich, dass die geistlichen Würdenträger Violett so lieben: Man stellt sichtbar dar, was man unsichtbar gerne ausstrahlen würde.

Einige Autoren wie Jones[81] lassen sich sogar dazu hinreißen, bei einer violetten Aura von der Macht, Wunder zu wirken, zu sprechen und ziehen hier einen Vergleich zu Babaji[82].

Wollen wir die Aura eines Menschen stärken, dann kann das violette Licht besonders gut durch das dritte Auge (Ajna-Chakra) und das Kronen-Chakra (Sahasrara) aufgenommen werden. Diese Zentren werden als Sitz der Intuition angesehen. Die Aura des Kronenchakra wird in der christlichen Kunst als Heiligenschein oder Aureole dargestellt. Die Bestrahlung dieser beiden höchsten Chakren mit violettem Licht soll uns ein Gefühl des Eins-Werdens mit Gott, ein kosmisches Bewusstsein und sprituelle Vollendung vermitteln. Außerdem wird noch der vollkommene Frieden erwähnt. Das scheint alles ein wenig hochgegriffen zu sein, aber sicherlich hilft solch eine Behandlung, sich seiner selbst bewusster zu werden und wacher durchs Leben zu gehen. Im Sinne von Erich Fromm[83] wird man erkennen, dass nicht das Haben, sondern das Sein einen befriedigenden Zustand erzeugt und so ist man in der Lage, seine materielle Einstellungen, die eine häufige Quelle der Angst sind, abzuschwächen.

Das Kronenchakra und das dritte Auge strahlen auch selber eine leuchtend violette Lichtfarbe aus, wenn der entsprechende Mensch selbstlos und spirituell zu leben sucht. Hier ist sicherlich die Haltung des Mitgefühls sehr wesentlich. Allerdings steht die violette Aura der beiden höchsten Chakren auch mit Macht und Unterdrückung im Zusammenhang. Violett, besonders in seiner Pupurtönung, ist ja *die* Farbe der Macht und Herrschaft – über sich und über andere.

In der Yoga-Philosophie unterscheidet man entsprechend den sieben Chakren auch sieben Zeitalter der Menschheit, wobei das violette Zeitalter dem sogenannten *Satyaloka* oder *Satya Yuga* entspricht. In diesem letzten Zeitalter der Menschheit, dem wir allerdings äußerst fern stehen, sieht die Menschheit als Ganzes ein, dass sie mit dem Schöpfer und der Schöpfung identisch ist – und sie handelt auch kollektiv dementsprechend.

Das menschliche Energiefeld oder die Aura des Menschen verweist mithilfe der Sprache der Farben auf den geistigen, seelischen und körperlichen Zustand eines Menschen.

Farbtheorien und empirische Beobachtungen weisen darauf hin, dass unsere Emotionen und unsere Psyche – letztendlich unsere ganze Persönlichkeit ein Farbspektakel von lebendigen und strahlenden Energien ist.

Diese Energien zeigen sich als sogenannte *auratische* Farben, die besonders sensible Menschen bei einem Menschen sehen können.

Schon die altindischen Schriften der Veden gehen davon aus, dass die verschiedenen Regionen unseres Körpers mit ganz bestimmten Farben in Verbindung stehen. Die Stirn wird hier mit Indigo und der obere Kopfbereich mit Violett angegeben.

Die Farben der Aura eines Menschen geben diagnostische Hinweise darauf, wo Lebensenergien geschwächt sind und nicht frei fließen können. Durch spezielle Farbbehandlungen kann wieder eine Balance in einem aus dem Gleichgewicht geratenen Körper hergestellt werden. Viele Farbtherapeuten und Medien gehen davon aus, dass, wenn man die entsprechenden Farben auf die geschwächten Körperstellen aufträgt, diese wieder gestärkt und unterstützt werden. So führen z. B. die Farbheiler der bekannten Gruppe *Aura Soma*[84] in England aus, dass, wenn sie ein geschwächtes Energiezentrum des menschlichen Körpers mit ihren farbigen Ölen einreiben, die Schwingungen dieses Zentrums gestärkt werden, was den Erneuerungs- und Heilungsprozess innerhalb der Körperzellen begünstigt. Im violetten Bereich arbeiten sie u. a. mit dem Öl Rosa-Blau (oder Rosa über Himmelblau) bzw. Lila, von dem nach ihrer Theorie eine Kraft der Verwandlung ausgeht. Ferner gehen sie davon aus, dass dieses violette Öl Reinigungsprozesse im Körper auslöst, alte Gewohnheiten auflöst und aufgestaute Energien wieder zum Fließen bringt. Letztendlich geht es bei der Behandlung des feinstofflichen menschlichen Energiekörpers mit Violett um die Umwandlung und Auflösung von Angst.

In der menschlichen Aura zeigt Violett einen Heilungsprozess an und wird von Geistheilern und Medien als sehr positiv im Sinne von physischer und psychischer Gesundheit gedeutet.

Die beiden englischen Heilerinnen Annie Wilson und Lilla Bek[85] betrachten hauptsächlich, an welcher Stelle der menschlichen Aura die Farbe Violett auftritt.

Allgemein weist ein deutlicher Violettbereich in der menschlichen Aura immer auf eine künstlerische Veranlagung und einen Hang zur Ästhetik hin. Diese Tendenz kann jedoch bis zum narzisstischen Ästhetizismus führen.

● **Violett im Sexualzentrum:**
verweist auf eine kultivierte und ausgeglichene Sexualität. Oft bei Personen, die Tantra oder spezielle Sexualtechniken (z.B. Tao Yoga) praktizieren.

● **Violett im Verdauungszentrum:**
die Ästhetik in der Präsentation der Speisen ist sehr wichtig (das Auge isst mit); aber nicht nur bei Speisen, sondern bei allen Sinneseindrücken.

● **Violett im Herzzentrum:**
zeigt die Sehnsucht nach einer tiefen Beziehung an.

● **Violett im Kehlzentrum:**
deutet auf eine hohe Sprachbegabung hin; meist ein sehr kommunikationsfreudiger Mensch. Oft bei Psychotherapeuten und seltener bei Priestern.

● **Violett im Kopfzentrum:**
verweist auf eine gute Kombinationsgabe und einen Sinn für Proportionen.

Wie wir schon an den allgemeinen Heileigenschaften von Violett sahen, spricht diese Farbe besonders gut auf den Bereich des Kopfes an. Das liegt daran, dass Violett den beiden obersten Energiezentren des menschlichen Körpers zugeordnet wird. Das mittlere Violett wird dem dritten Auge oder dem Ajna-Chakra zugeordnet, während der Purpur bzw. das gesteigerte Rotviolett dem Kronen-Chakra (Sahasrara) entspricht.[86]

Meditationen auf die Farbe Violett und deren Visualisierung bringen in sanfter Weise die Energieverhältnisse im Kopf in den Ausgleich. Dadurch werden nicht nur Symptome des Kopfbereiches gelindert oder gar geheilt, sondern auch geistige Einstellungen verändert, die oft eine wesentliche Krankheitsursache darstellen. Ferner öffnet die Farbe Violett uns der Intuition und inspiriert uns zu Leistungen, die wir ohne sie nicht vollbringen würden.

Mythologie, Religion und Aberglaube

● Mitteleuropäische Mythologien

Purpur ist geistlich

Der violettstichige Purpur wurde zu einer heiligen, göttlichen Farbe, nicht nur, weil er wertvoll war und dem Schönheitsideal der damaligen Zeit entsprach, sondern auch wegen seines besonderen Verhältnisses zum Licht: Der Purpur entsteht durch Lichteinfluss. Das Licht verwandelt Gelb in Rot, um zuletzt den Purpurton hervorzubringen (beim Färben wird das leicht gelbe Drüsensekret der Purpurschnecken im Sonnenlicht purpurrot).

Zugleich stellt der Purpur die Besonderheit einer extrem lichtechten Farbe dar. Das war in früherer Zeit außergewöhnlich, da alle anderen Farben schnell unter dem Einfluss des Sonnenlichts verblassten. So wurde Purpur zur Symbolfarbe der Ewigkeit, da es den ewig haltbaren Farbton darstellte. Dazu kommt, dass der rötlichviolette Purpur der Farbe des Bluts ähnelt. Purpur war prädestiniert, als heilige Farbe angesehen zu werden. Es verwundert nicht, dass sowohl die Juden, die Römer als auch die Christen ihren höchsten Gott mit Purpur symbolisierten. Bei den Römern galt der Purpur als eine der Symbolfarben Jupiters, bei den Juden als diejenige Jahwes, und die Christen sahen im Purpur das heilige Blut Christi. Dass Purpur das Göttliche symbolisiert, scheint eine über alle Kulturen verbreitete Vorstellung zu sein. Das finden wir bei den Inkas, Azteken, Juden, Römern, Christen und bei den Chinesen.

Purpur und Violett verbinden wir mit mystischen Erfahrungen und der Meditation. Es erstaunt, dass eine solch dunkle Farbe wie Rotviolett Gott symbolisiert, der normalerweise mit dem Licht verbunden wird. Im Violett schauen wir auf das Schwarze, jene archetypische Farbe des Geheimnisses, aus der alles Lebendige hervorgeht.[87] Wie aus dem Dunklen die Pflanze und das Kind hervorwachsen, so manifestiert sich der Schöpfer allen Lebens im dunklen Geheimnis. Diese symbolische Geste gibt Violett wieder.

Am bekanntesten im geistlichen Bereich ist das Römisch-Violett (ein Rotviolett) der Bischöfe und anderer Würdenträger der katholischen Kirche. Die Verwendung dieser Farbe geht auf die antike Bedeutung des Purpurs zurück. Nachdem jedoch der Purpurfärberei mit dem Ende des oströmischen Reiches ein jähes Ende bereitet worden war, veranlasste Papst Paul II. 1464 per Dekret, dass von nun an das Kermesrot, die in Folge teuerste Farbe, zur

Symbolfarbe der Bischöfe wurde. Niedrigere kirchliche Würdenträger trugen einen stärkeren Violett-Ton, der aus der Mischung vom blaustichigen Kermesrot und Indigo gemischt wurde. Noch heute tragen die kirchlichen Würdenträger Purpur.

Nach der analytischen Psychologin Ingrid Riedel[88] wird Purpur durch die archetypische Gestalt des Christus am reinsten verkörpert. In der Kunst wird der inkarnierte leidende Christus während seiner Passion im Purpur-Mantel dargestellt. Ingrid Riedel erklärt das folgendermaßen:

»Jesus hat nach christlichem Glauben in der Inkarnation, die in der Kreuzigung gipfelt, seine Sendung erfüllt: in der Hingabe des vitalen Rot, das ihn als Menschen charakterisiert, an das transzendente Blau, das den Gottessohn ausmacht. Dieser Weg und Prozess lässt sich farbsymbolisch in Violett darstellen, in dem der Rot-Anteil gebrochen wird zugunsten des Blau-Anteils.«[89]

Purpur ist deswegen die Farbe der Märtyrer, da diese wie Christus am Wandlungsmysterium durch das Selbstopfer teilhaben.

Die katholische Kirche liebt es, nicht nur ihre Priester im violetten Purpur zu kleiden, sondern auch in der Karwoche die Kreuze violett zu verhängen. Im kirchlichen Bereich ist Violett der farbige Stellvertreter des Schwarz. Hierin folgt die Kirche der Farbenlehre Goethes.

In den Fastenzeiten zu Advent und vor Ostern sowie bei Totenmessen werden die Kirchenfarben violett. 1970 beschloss das zweite Vatikanische Konzil, dass Totenmessen in Violett abgehalten werden sollten. Es entspricht dem passiven Charakter der Farbe Violett, dass es als Trauerfarbe benutzt wird. Die enge Verbindung von Trauer und Violett wurde von der jüdischen Dichterin Nelly Sachs (1891–1970) in vielen ihrer Gedichte betont. In China und am französischen Hof galt Violett als die einzige Trauerfarbe. Noch bis vor wenigen Jahren war Violett die Farbe der Witwen und Großmütter. Der deutsche Farbforscher E. Heimdahl schreibt, dass keine Farbe so deutlich dem Zwischenbereich von Leben und Tod angehört wie Violett.[90]

Die Entwicklung von Schwarz zu Violett ist eine Entwicklung aus den unbunten in den bunten Bereich. Kein Mensch unseres Kulturbereichs wird Violett als eine fröhliche Farbe empfinden. Die ungebändigte Kraft des Roten ist im Violett durch das dunkle, zurücktretende Blau zu stark gebrochen, als dass wir mit Violett Lebhaftigkeit und Freude verbinden könnten. Zur Zeit der Antike mag das anders gewesen sein, da damals Violett so mit Herrschaft und Licht verbunden war, dass es als aktive Farbe empfunden werden konnte.

Violett ist magisch

Violett gilt neben Schwarz und Rot als die »magischste« Farbe. In Violett kommt nach Clarissa Ray[91] die Vorliebe für Zeremonie und Ritual verbunden mit der Liebe zur Macht zum Ausdruck. Violett war keineswegs nur die Farbe der Priesterkleidung, sondern auch der Umhang des Zauberers war violett und wurde mit der unheimlichen Phantasie und dem Unwirklichen assoziiert.[92] Der Bauhauslehrer Johannes Itten, der ähnlich wie Goethe eine schlechte Meinung vom Violett hatte, hielt diese Farbe für diejenige »der nicht-wissenden Frömmigkeit«[93] und für die »verdunkelte oder getrübte Farbe des Aberglaubens«[94]. Folgerichtig ist das Standardwerk des deutschen Aberglaubens – Hanns Bächtold-Stäublis zehnbändiges Handbuch – mit einem violetten Einband versehen.

Bei vielen Arten des Zaubers – besonders beim Bindungszauber – werden violette Kerzen oder teilweise grell violette Tücher benutzt. Ein aus dem Jahr 1727 handschriftlich überlieferter Liebeszauber, der heute im Archiv zu Donaueschingen liegt, empfiehlt pflanzliche Zutaten von violetter Farbe. Andere Bindungs- und Liebeszauber empfehlen, bestimmte Wurzeln in einem Tuch aus violetter Seide bei sich zu tragen. Violett kann das Unmögliche in der Liebe möglich machen, wie es auch die gegensätzlichen Farben in sich verbindet.

Violett ist das Geheimnis der Faszination, mit dem der Magier perfekt umzugehen weiß. Darin liegt seine Macht. Zugleich symbolisiert Violett sein intuitivsensibles Verstehen einer Situation, die er seinem Willen gemäß manipuliert.

● Moderne Mythen

Wassermannzeitalter

Violett ist die Farbe des Wassermanns in der Astrologie. Der Wassermann als das vorletzte Zeichen des Zodiaks kann tiefe Einsichten in die Urgründe des Seins produktiv verarbeiten. Genau dies drückt Violett aus, das die Finsternis farbig erscheinen lässt.

Obwohl immer wieder davon gesprochen wird, dass Violett die Farbe des New Age ist, da sie die Gegensätze überwindet, ist davon – abgesehen von einer kurzen Beliebtheitswelle in den 1980er Jahren – wenig zu spüren. Zumindest die männliche Einstellung zum Violett hat sich nicht geändert.

In der Astrologie wird Violett meist mit dem Saturn verbunden, der eine ähnlich eigenartige Stellung unter den Planeten wie Violett unter den Farben aufweist. Saturn als »Hüter der Schwelle« steht genauso am Übergang zum Unsichtbaren wie Violett. Er ist der letzte Planet, der mit dem bloßen Auge sichtbar ist, wie Violett die letzte mit bloßem Auge sichtbare Farbe darstellt. Im Prinzip des Saturns und im Violett wird die Transformation, das Dunkle, aber auch das Unfassbare und Widersprüchliche betont. Nach dem deutschen Farbforscher Heinrich Frieling[95] soll Violett im Farbtest von ungewöhnlich widersprüchlichen Naturen bevorzugt werden. Diese »Violett-Liebhaber« sind häufig von einem Wechsel ihrer emotionalen Stimmungen geprägt, die sich so rasch verändern können wie Violett seinen Farbton bei Beleuchtungsveränderungen.

Stichworte zur Mythologie
1. Ausdruck göttlicher Macht
2. Ausdruck weltlicher Macht
3. Verbindung der Gegensätze (harmonische Verbindung von Rot und Blau – unstete Verbindung von Rot und Blau)
4. Grenze zur Finsternis oder dem Unsichtbaren

Psychologie

● Psychologische Wirkung der Farbe Violett

Mit Ausnahme von hellen und fliederfarbenen Tönen schafft Violett schnell ein Gefühl der Enge. Als kalte Farbe wirkt es zudem noch distanzierend. Allerdings besitzt Violett wie Grün eine große Farbreichweite, und es kommt auf den jeweiligen Farbton an. Dunkelblaues Violett wirkt beruhigend und anziehend, hellrotes Violett (bestimmte Purpurtöne) dagegen regt an und wirkt eher aufdringlich. Die Wohlfühltöne liegen im Violettbereich an der Grenze zu Blau. Dort wirkt Violett ausgleichend, spricht zugleich unsere Intuition an und entspannt den Intellekt.

Da Violett – außer dem tiefblauen Ton – das Nervensystem stimuliert (hohe Energie, hohe Schwingungszahl), ist es bei Nervösen und Gestressten unbeliebt. Sie lehnen die Farbe Violett ab und fühlen sich in violetter Farbumgebung fremd und unwohl. Auf träge Menschen wirkt dagegen Violett angenehm.

Violett ist eine Sekundär-, also eine Mischfarbe. Farbpsychologisch werden die Mischfarben mit den gemischten Gefühlen gleichgesetzt, während die eindeutigen Primärfarben der Klarheit und Eindeutigkeit verbunden werden.

Allerdings kann eine Vorliebe für Mischfarben auch auf ein differenziertes Farbverständnis zurückgehen, das sich erst mit zunehmendem Alter einstellt. Kleine Kinder greifen zu Rot, später zu Blau oder Gelb, aber es dauert bis zur Pubertät, ehe sie ein reines Violett lieben lernen (vorher wenden sie sich als erster Mischfarbe dem auffälligen und warmen Orange zu).

Violett kann als die »typischste« Mischfarbe angesehen werden, da in ihr die beiden gemischten Farben noch nicht zu einer neuen, in sich ruhenden Qualität gefunden haben (zumindest ist das eine oft vertretene, von Goethe inspirierte Ansicht). Sie scheinen miteinander zu kämpfen, was sich durch die viel zitierte Unruhe des Violetts ausdrückt: Mal scheint das Violett zum Roten, dann wieder zum Blauen hinzutendieren, und das bei dem gleichen Ton je nach Beleuchtung und Farbumgebung.

Wenn Violett durch Weiß gebrochen oder stark aufgehellt wird, erscheint es als Lila. Diese Aufhellung beruhigt. Nun scheint der Farbton seine Mitte gefunden zu haben. Deswegen ist dieser Farbton beliebter als das reine Violett.

Der violette Farbton wird von introvertierten Menschen bevorzugt. Sie fühlen sich seiner inneren Spannung verwandt und kennen jenes Hin- und Hergerissen-Sein zwischen zwei Polen. Gerät diese Farbe aus ihrer Mitte und tendiert zum Rot hin, dann möchte sie auffallen oder zumindest etwas Besonderes sein – so charakterisiert zumindest die Farbpsychologie Menschen, die einen Purpurton lieben. Sie möchten der König oder die Königin in ihrer Welt sein und wirken auf ihre Umwelt produktiv, aber auch überheblich, eitel und aufgeblasen. Lieben Sie den blauen Violett-Ton, hält man Sie für ängstlich oder gar niedergedrückt bis depressiv. Bei der Vorliebe für hellere Violett-Töne oder Lila unterstellt man Ihnen eine hohe Empfindsamkeit und wird Sie für einen Ästheten halten.

Frauen, die Violett-Töne tragen, werden zwar von Männern begehrt, aber zugleich vermutet man bei ihnen einen Hang zur Hysterie und projiziert eine Sucht nach Individualität auf sie. Ob sich Mann oder Frau violett kleiden, immer umgeben sie sich mit dem geheimnisvollen Hauch der Homosexualität. Zu seiner Liebe zu Violett zu stehen, ist in unserer Gesellschaft nicht einfach. Bestenfalls hält man Sie für einen ästhetischen Intellektuellen, der etwas abgehoben lebt.

Nach den Schriften C. G. Jungs wird Violett als eine undifferenzierte Einheit von Blau und Rot angesehen, was die Anhänger dieser Richtung vermuten lässt, dass hiermit eine frühe Entwicklungsstufe angesprochen oder ausgedrückt wird, welche die Ausdifferenzierung von weiblich und männlich noch nicht vollzogen hat. Für die aus dieser Schule stammende Analytikerin Jolande Jacobi (1890–1973) symbolisiert dagegen Violett ein mystisches und tiefes intuitives Verstehen. Sie sieht im Violett eine ausdifferenzierte, komplexe Gestalt, wohingegen ihre Kollegen mit genauso stimmigen Argumenten und Beobachtungen von einem undifferenzierten und regressiven Violett sprechen.

Violett ist in jeder Hinsicht eine doppelgesichtige Mischfarbe, die an zwei unterschiedlichen Farbpolen teilhat, auf die jeder seine eigene Psyche projiziert. Erstaunlicherweise gibt es bei der Mischfarbe Grün, welche die noch viel extremere Farbpolarität zwischen Gelb und Blau verbindet, längst nicht solch gespaltene Lager wie bei Violett.

Es scheint, dass zur Goethe-Zeit mit dem Ende der Alchemie die vormals positive Bedeutung der Farbe Violett umgeschlagen ist. Spätestens seit Ende des 18. Jahrhunderts scheinen sich die Geister am Violett zu scheiden und sich auf die Apokalypse zu besinnen, die in christlicher Tradition mit der Farbe Violett charakterisiert wird.

Violett im Farbtest

Nach Lüscher[96] drückt eine Vorliebe für Violett mangelnde Sensibilität aus. Bei der ersten Wahl dieser Farbe hat der Wählende zu lernen, einfühlsam auf seine Mitmenschen einzugehen und seine Wünsche und Gefühle deutlich auszusprechen. Nach Lüscher will Rot durch Kämpfen eine Übereinstimmung erzwingen, Blau durch Hingabe. Beide Farben wollen sich zum Violett verschmelzen. Lüscher spricht beim Violett von »grenzüberschreitender Verwandlung«.

Die Vorliebe für Purpur (oder Rotviolett) scheint auch eine Tendenz zum Kindlichen auszudrücken (Kinder vor der Pubertät lieben weltweit Rotviolett [Purpur]). Wer die sich hingebende »participation mystique« nach Lucien Lévy-Bruhl (einflussreicher französischer Ethnologe und Philosoph, 1857–1939) anstrebt, der liebt Violett.

Anders arbeitet der Farbtest nach Howard und Dorothy Sun[97], bei dem ebenfalls Violett eine wichtige Rolle spielt. Wie fast alle esoterischen Autoren sehen H. und D. Sun eine Vorliebe für Violett als einen Indikator spirituellen Bewusstseins. Diese Spiritualität kann in das alltägliche Leben integriert werden. Es geht um Personen, die sich nicht nur ihrer Visionen bewusst sind, sondern diese auch leben können. Ferner drückt eine Vorliebe für Violett Aufmerksamkeit und ein Gefühl für Ästhetik aus. Oftmals finden wir bei den

Violettliebhabern Führerpersönlichkeiten mit Unsicherheitsgefühlen. Wahrscheinlich ist die Bildung einer Führerpersönlichkeit die Flucht nach vorne, um gewisse quälende Unsicherheits- und Minderwertigkeitsgefühle zu übertönen.

Alle Farbtest-Autoren bescheinigen Menschen, die Violett bevorzugen, eine hohe Intuition und Lebensweisheit.

● Lieblingsfarbe

Wer Violett über alle anderen Farben liebt, ist häufig spirituell ausgerichtet. Ihm ist der Glaube oder eine Idee wichtiger als ein Partner und die Familie. Wenn er in einem bürgerlichen Beruf arbeitet, fühlt er sich zu seiner Arbeit berufen. Er kleidet sich entweder streng oder hippiehaft romantisch.

Bei Violett als Lieblingsfarbe oder wenn Sie Violett ablehnen, sollten Sie sich Folgendes fragen:

- ● Wie exzentrisch lebe ich?
- ● Was bedeutet Emanzipation für mich, was Romantik?
- ● An was glaube ich?

Heilen

Spätestens seit Goethes Farbenlehre ist Violett eher unbeliebt. Eine Ausnahme bilden die Farbheiler, die nicht nur den Amethyst, sondern auch die violette Farbe insgesamt lieben. Im Gegensatz zur übrigen Bevölkerung lehnen sie die zarteren Lilatöne eher ab. Bei den Farbheilern wird die Farbe Violett zu einem Zeichen inneren Wachstums. Sie wird als Farbe des Ausgleichs und der Ausgewogenheit angesehen. Der englische Theosoph und Farbheiler Roland T. Hunt[98] schreibt über Violett, dass man dessen Kraft positiv zur Heilung und speziell zur Bewusstseinserweiterung nutzen kann oder negativ, um sein Ego und seine persönliche Macht zu stärken. Im Violett sind beide Möglichkeiten enthalten. Schon der von den Theosophen verehrte Meister Saint-Germain (1710–1784)[99] soll an europäischen Fürstenhöfen mit der Farbe Violett geheilt haben. Allerdings sollte Violett mit gewisser Vorsicht, das heißt nicht länger als maximal fünf Minuten eingesetzt werden, weil diese Farbe eine höhere Energie als die anderen Farben des Spektrums besitzt. Bereits der deutsche Physiker Albert Einstein (1879–1955) stellte fest, dass die Photonen des violetten Lichts mehr Energien tragen als alle anderen Farblicht-Photonen.[100]

Dennoch wird Violett als beruhigende Farbschwingung speziell zur Unterstützung der Meditation und zur Beruhigung des Nervensystems empfohlen. So schreibt der deutsche Farbforscher Heinrich Frieling[101], dass man Violett am besten erfasst, wenn man es als Farbe der Meditation sieht. Es ist die betrachtende Urteilskraft, die durch diese Farbe angesprochen wird. Der gelungenen Vereinigung der Gegensätze Rot und Blau wohnt ein Geheimnis inne, das nachdenklich macht und in die Tiefe führt. Wer Violett als seine Farbe wählt, bevorzugt den Ausgleich, das Nachdenken und die Kontemplation. Das italienische Renaissance-Genie Leonardo da Vinci (1452–1519) empfahl als Übung, im violetten Licht zu meditieren, das durch bunte Kirchenfenster fällt. Er stellte fest, dass durch violettes Licht die Meditation zehnmal stärker und tiefer ist als gewöhnlich.

Auch die Aktivität verschiedener Organsysteme kann durch Violett herabgesetzt werden: Es beruhigt das motorische Nervensystem, den Herzmuskel und die Arbeit der Lymphdrüsen. Gleichzeitig fördert Violett die Produktion der weißen Blutkörperchen (Leukozyten), reinigt das Blut (geeignet zur Entgiftung), regt die Milz an und harmonisiert den Natrium-Kalium-Ausgleich im Körper. Ferner vermutet man eine Beeinflussung der Keimdrüsen und der Hormonsteuerung durch Violett. Man weiß, dass Violett Heilungsprozesse fördert und bei zyklothymen Erkrankungen (manisch-depressiver Formenkreis) ausgleichend wirkt. Ferner ist bekannt, dass Violett die Körpertemperatur senkt und die Erzeugung von Magensäure oder des Schutzfilms der Haut unterstützt.

Ultraviolette Lichtbestrahlungen[102], die einen wärmenden Effekt erzeugen, sind in der klassisch-medizinischen Therapie seit langem bekannt. Großflächige Bestrahlungen mit violettem Licht des sichtbaren Spektrums und das Einschlagen des Kranken in violette Tücher, um ihn zu beruhigen und die Krankheit aus dem Leib zu ziehen, sind eine wiederentdeckte Praxis des sanften Heilens. Man geht davon aus, dass Violett wie alle anderen Farben durch seine Farbschwingung die Eigenschwingung des Menschen aktiviert und verstärkt.

Violett bietet sich als Farbe zu jeder Art von Reinigung an. Eine Bestrahlung mit violettem Farblicht beschleunigt die Heilung entzündeter Wunden und hilft bei Hautunreinheiten wie Akne. Die Erfahrung zeigt, dass eine solche Reinigungsbehandlung oft durch die gleichzeitige Einnahme der Bach-Blütenessenz Crab Apple (Nr. 10, Holzapfel) verstärkt werden kann.[103]

Da Violett die höchste und feinste Farbschwingung aller Farben besitzt, wirkt es stark auf die Psyche des Klienten. Aus diesem Grunde eignet sich Violett vorzüglich zur Behandlung psychosomatischer Erkrankungen, z. B. stressbedingter Erschöpfungszustände, durch depressionsartige Stimmungen verursachte Verdauungs- und Magenbeschwerden, bei Migräne und Kopfschmerzen (besonders bei Spannungskopfschmerzen, die durch chronische Anspannungen der Nackenmuskulatur hervorgerufen werden), bei Regelstörungen und allgemeiner psychischer Unausgeglichenheit. Des Weiteren wirkt solch eine Farblichtbestrahlung günstig bei Ischias-Problemen, bei Krämpfen aller Art, die durch die Violettlicht-Bestrahlung gelöst werden, bei gutartigen Geschwüren, bei Nieren- und Blasenschwäche und Gehirnerschütterung sowie allen Problemen des Kopfbereiches (gerade bei Haarausfall und Schuppen ist violette Farblichtbestrahlung zu empfehlen), da Violett die Kräfte im Kopfbereich ausgleicht und harmonisiert. Bei wiederkehrenden Alpträumen hilft violettes Licht, indem man die Fenster des Schlafzimmers mit violetten Vorhängen verhängt.

● Lavendel und Lila

Anders wirken das hellere Lavendel und das Lila, das von Farbheilern wie Christa Muths[104] als kühl und abweisend eingeschätzt wird. Diese Farbe soll Eitelkeit, übertriebene Weiblichkeit und Arroganz symbolisieren. Wenn Menschen eine Tendenz aufweisen, mehr in der Welt ihrer Phantasien als in der realen Welt zu leben, muss von einer Behandlung mit Lavendel und Lila abgesehen werden.

● Blauviolett

Blauviolett unterstützt geistige Fähigkeiten und Einsichten und kann wie Violett zur Unterstützung der Meditation und jeder Art von Psychotherapie eingesetzt werden. Es beruhigt die Nieren und das Nervensystem so tief gehend, dass diese Farbe das Mittel der Wahl bei Schlafstörungen und Nervosität darstellt. Es setzt die Schmerzempfindlichkeit herab und senkt die Körpertemperatur. Blauviolett eignet sich als Zimmerfarbe für klaustrophobische Menschen und Asthma-Patienten; ferner soll der Aufenthalt in solch einem Zimmer eine Tendenz zu Minderwertigkeitsgefühlen herabsetzen. Bei allen stressbedingten Symptomen ist eine Farbbehandlung mit Blauviolett angesagt. Ferner wirkt es gut bei nervösen Erkrankungen des Magen- und Verdauungsbereichs, bei Appetitlosigkeit und Bulimie, Erbrechen, Magenkrämpfen und chronischer Magenschleimhautentzündung.

🔺 Rotviolett

Alle rotvioletten Farbtöne – zu denen Purpur gehört – sollten nur bei der Behandlung von introvertierten Menschen benutzt werden. Bei extravertierten Klienten greift man zu blauvioletten Farbtönen, welche die introvertierte Seite eines Menschen betonen. Rotviolett stabilisiert den Adrenalinspiegel, harmonisiert Herz und Kreislauf und wirkt aufbauend. Wegen seines ausgleichenden Charakters kann Rotviolett speziell für die Linderung und unterstützend zur Heilung von Zuständen geistiger Verwirrtheit angewandt werden.

🔺 Die Heilwirkung der verschiedenen Violett-Töne

Rotviolett: Anregung

- 🔺 Antriebsschwäche und Introversion, depressive Verstimmungen,
- 🔺 Haarausfall

Blauviolett: höchste Beruhigung

- 🔺 nervöse Erkrankungen des Magen- und Verdauungstraktes, Appetitlosigkeit, Bulimie, Erbrechen, Magenkrämpfe, Magenschleimhautentzündung
- 🔺 Reinigung von entzündeten Wunden;
- 🔺 Hautreinigung bei Akne und anderen Hautunreinheiten.
- 🔺 zur Unterstützung der Psychotherapie

Flieder/Lila: kühlende Wirkung

- 🔺 Ausrichtung auf spirituelle bzw. überpersönliche Ziele, besonders bei einseitig materialistisch eingestellten Menschen

Reines Violett: mittlerer Farbton genau zwischen Rot und Blau

- 🔺 neutrale Wirkung, beruhigt tief das Nervensystem und wirkt ausgleichend auf die Hypophyse (Hirnanhangsdrüse)
- 🔺 bei Schlafstörungen, geistiger Überanstrengung,
- 🔺 Kopfschmerzen bis hin zur Migräne,
- 🔺 Depression, geistigen Verwirrtheitszuständen (auch Schocks),
- 🔺 wiederkehrenden Alpträumen, Stress-Symptomen,
- 🔺 Kommunikationsstörungen
- 🔺 bei Regelstörungen, Krämpfen aller Art,
- 🔺 Blasen- und Nierenschwäche
- 🔺 bei Ischias- und anderen Nervenproblemen
- 🔺 bei Gehirnerschütterung, Kopf-Schuppen

Steine

Die Farbe Violett erhielt ihre besondere Heiltradition, weil man früh und in den meisten Kulturen den violetten Amethyst als den König der Heilsteine ansah. Man sprach ihm eine Zauberkraft über böse Mächte zu und trank im Mittelalter aus Amethystbechern, da diese durch eine Verfärbung anzeigten, wenn der Wein vergiftet war.[105] Teilweise nahm man an, dass ein Amethystbecher das in ihn hineingeschüttete Gift neutralisieren würde.

● **Amethyst (Härte 7)**
Die tiefblauvioletten Formen dieses Quarzes sind seltener als die rein violetten und rotvioletten Formen. **Es ist der Stein, der vor Trunkenheit schützt.**
Noch im Mittelalter war dieser Edelstein selten und galt als der wertvollste Stein. Heute dagegen ist er häufig und deswegen preisgünstig. Er soll weitgehend auf der psychischen Ebene wirken und Trägerin und Träger zu **Liebesglück, Macht, Klarheit und Weisheit** verhelfen. Zur Überwindung von Trauer sollten Sie ihn in der Tasche oder als Schmuck tragen.

In der chinesischen Heilkunde zählen alle violetten Steine zu den körperreinigenden Heilsteinen. Aber selbst dort besitzt wie in Europa der Amethyst eine hervorragende Rolle als **der heilkräftigste aller Edelsteine.** Wurde der violette Amethyst noch im Mittelalter äußerst selten gefunden und wurde er damals ähnlich wertvoll wie der Diamant angesehen, so wird er heute derart zahlreich gefunden, das man aus dem vergleichsweise billigen Amethyst durch Bestrahlung oder Hitzeeinwirkung andere Steine (wie z. B. die selteneren Zitrine) herstellt.
Rudolf Steiner (1861–1925) bezeichnete die Kristalle und Edelsteine als die »**Sinnesorgane geistiger Wesen**«. Mit diesen Sinnesorganen beeinflussen die höheren geistigen Wesen unser Befinden. So wird der violette Amethyst als **Stein der Nächstenliebe** angesehen. Man nahm im Mittelalter an, dass der Amethyst Güte und Weisheit im Menschen entstehen lässt. Deswegen war dieser Stein bei weltlichen und kirchlichen Würdenträgern beliebt. Dazu kam, dass er einer der teuersten Steine seiner Zeit war. Noch heute überreicht der Papst bei der Einsetzung eines Bischofs diesem einen Amethystring, auf dass der neue Bischof Güte und Weisheit übe. Ferner gilt in der katholischen Kirche der Amethyst wie das Veilchen als Zeichen der Demut.
Der orientalische Amethyst ist fast so hart wie der Diamant und so verwundert es kaum, dass dieser Stein **zum Fundament des heiligen Jerusalem gehört**. Auch Plinius lobt in seiner Naturgeschichte den Amethyst. In der **modernen Esoterik** nimmt man an, dass der Amethyst **uns für die Liebe, Güte und das**

höhere Geistige öffnet. Er soll unsere **Intuition** verstärken, uns **göttliche Inspirationen** vermitteln und dabei helfen, dass unser **Geist und Herz miteinander verbunden werden.**

Der Amethyst wirkt nach der zeitgenössischen Heilerin **Agatha Laroche**[106] besonders heilend bei **Schlaflosigkeit** und bei **nervösen Erregungszuständen,** auf die auch die Farbe Violett positiv einwirkt. Ferner soll der Amethyst **Beschwerden der Gelenke** mildern und die **Milztätigkeit anregen** und somit die allgemeine Abwehrkraft steigern, außerdem **harmonisiert er Herz und Lymphe.**

Wurde noch bis zum Ausgang des Mittelalters der Amethyst fein zerrieben als violettes Pulver eingenommen, so vertraut man heute mehr auf dessen feinstoffliche Wirkung. Man trägt ihn entweder als Schmuckstein oder als gewachsene Spitze (möglichst nicht als getrommelter Stein) in der Tasche.

● Andere violette Steine

Chalcedon, Fluorit, Pyrop, Rubellit, Spinell und Tansanit sind violette Steine, denen man ebenfalls Heilkräfte nachsagt. Sie spielten allerdings eine untergeordnete Rolle, da der Amethyst über lange Zeit als der Heilstein schlechthin angesehen wurde.

Man kann die violetten Steine zum Heilen benutzen, indem man sie auf das Dritte Auge oder die entsprechenden Akupunkturpunkte legt. Mit violetten Edelsteinen kann man Trink- und Badewasser violett aufladen, indem man sie ins Wasser legt. Man kann einen Lichtstrahl durch einen violetten Kristall auf den Körper senden. Da die Edelsteine ihre Schwingungsqualität aus ihrer reinen Farbe beziehen, können sie die Zellen anregen und Körper und Seele harmonisieren.

Die wichtigsten Steine dieser Farbe

1. Amethyst (Härte 7)
2. Chalcedon (Härte 7) – Bluterkrankungen und Erkrankungen des Hals- und Rachenbereichs
3. Fluorit (Härte 4) – wirkt auf Kopf und Gehirn, löst Verwirrungen
4. Spinell (Härte 8) – wirkt auf Nerven und Muskeln

Pflanzen

Auffallend ist, dass viele Violett-Töne nach Pflanzen wie Orchideen, Lavendel, Malve, Glockenblume, Erika (Heidekraut), Pflaume und Heidelbeere benannt sind. Violett scheint in der Natur wie in der Farbenlehre eine Farbe des Übergangs zu sein. Die meisten violetten Blüten finden wir im Frühjahr und im Herbst. Veilchen, Flieder und Herbstzeitlose blühen an den jahreszeitlichen Übergängen. Die allgemeine Farbbezeichnung »violett« verweist auf *Viola*, das Veilchen.

● Veilchen

Das violette Veilchen[107] ist eine weit verbreitete Pflanze in Europa. Zu dieser Pflanzenfamilie gehört auch das Stiefmütterchen.

Im Veilchen finden wir alle Variationen der Farbe Violett vom Tiefviolett des gezüchteten Parma-Veilchens über das Rotviolett/Purpur des Pontischen Veilchens bis hin zum blassen und hellen Violett des so genannten Wunder- und Zwerg-Veilchens.

Im Violett des bescheidenen Veilchens sieht der Volksglauben die Farbe der Demut, weil Violett eine stark zurücktretende Farbe ist. Homer, Plinius und Gregor der Große bezeichnen das Veilchen wegen seiner dunkelvioletten Farbe als Blume der Demut. Ferner wird in der **Kirche** das Veilchen als »**die Blume der Bekenner**« im Garten Gottes bezeichnet, da die Haut der Asketen durch Selbstgeißelungen und Kasteiungen eine blauviolette Farbe annimmt.

Das wohlriechende März-Veilchen kündigt als eine der ersten Frühlingsblumen das Ende des Winters an. So wie es den zeitlichen Übergang der Jahreszeiten kennzeichnet, kommt es auch häufig an räumlichen Grenzen wie Hecken, Zäunen und Waldrändern vor.

Als Frühlingsbote spielt das Veilchen eine wichtige Rolle in den Frühlingsmythen und im Brauchtum. So berichtet der Schweizer Volkskundler Hanns Bächtold-Stäubli[108], dass es am Wiener Hof zur Zeit Leopolds IV. (1371–1411) Sitte war, die ersten Veilchen in den Donauauen zu begrüßen. Der Finder benachrichtigte sogleich den Wiener Hof, und Leopold zog mit seinem ganzen Hofstaat an die Fundstelle, zur Begrüßung des Veilchens. Als Symbolblume der Tugend und Bescheidenheit durfte das Veilchen nur von dem tugendhaftesten und bescheidensten Mädchen gepflückt werden.

Wie farbtheoretisch Violett als der Übergang von der Finsternis (Schwarz) in den lichten Bereich der Farbe angesehen werden kann, so kündet in der Natur das Veilchen die lichte, warme Jahreszeit an. Es ist kein Wunder, das man dem Veilchen bereits seit dem sechsten Jahrhundert (im »Antidotarium Bruxellense«, einer frühmittelalterlichen medizinischen Rezeptsammlung) ungewöhnliche Heilkräfte zusprach. Speziell die ersten drei in jedem Jahr gefundenen Veilchen sollen sich durch besondere Heilkräfte auszeichnen. Verschluckt man ihre violetten Blütenblätter, sollen sie vor Erkältungen und Grippe schützen, das Blut gründlich reinigen und insgesamt die allgemeine Widerstandskraft gegen Krankheiten erhöhen. Die violetten **Veilchenblüten wirken** nach heutiger medizinischer Erkenntnis **gegen jede Art von Erkältungskrankheiten. Sie lösen Schleim, wirken schweißtreibend und hustenlindernd.** In der Antike und im frühen Mittelalter nahm man an, dass es bei Erkältungskrankheiten nütze, einen Veilchenkranz auf dem Kopf zu tragen oder sich eine blauviolette Veilchenblüte auf die Stirn zu legen. Allgemein schrieb man dem violetten Veilchen in Deutschland eine kühlende Wirkung zu, die sicherlich von dem kühlen Farbeindruck des Violetts abgeleitet wurde.

Die **Veilchen bringen als Künder des Lichts** nicht nur Gesundheit, sondern auch **Glück**: Nach slavischen Sagen soll die Tochter eines Dämonen-Gottes in ein Veilchen verwandelt worden sein. Alle zehn Jahre erwacht sie in der Walpurgisnacht zum Leben. Wer dieses verwunschene Veilchen erlöst, indem er es pflückt, bekommt nicht nur die schöne Jungfrau zur Frau, sondern dazu noch unermessliche Schätze.

Bei vielen westeuropäischen Völkern gilt das Veilchen als Liebeszeichen, welches das Kind der Mutter und der Liebhaber der Geliebten schenkt. Hier ist Violett wieder die Farbe der Verbindung (Rot und Blau).

Als Abkömmling der Finsternis kann das Veilchen im Volksglauben eine erschreckend negative Wirkung besitzen. Wer an einem geruchlosen Hunds-Veilchen riecht, der soll auf der Stelle Sommersprossen bekommen. Allerdings sollte man bedenken, dass zu dessen Blütezeit die Sonne besonders stark auf die Pigmentierung der Haut wirkt. Wahrscheinlich möchte der Volksglauben dies verdeutlichen. Nimmt man allerdings ein Hunds-Veilchen in den Mund, so erkrankt man auf der Stelle oder verliert zumindest seinen Geruchssinn. **In England wird es allgemein als ein Unglückszeichen betrachtet, wenn man violette Veilchen ins Haus bringt.** In anderen Gebieten nimmt man an, dass sie einen verrückt machen.

● **Aubergine**

Dort, wo es keine Veilchen gibt, wird der violette Farbton »Aubergine« genannt. Auberginen sollen nach französischem Volksglauben wie die Artischocken Dämonen und im heutigen Sinne wohl die (schlechten) Launen vertreiben.

● **Brombeere**

Heidelbeere und Brombeere schützen vor Krankheiten. Wer durch eine Beerenhecke kriecht, wird gesund, da seine Krankheit an den Stacheln hängen bleibt.[109]

Wegen der dunkelvioletten Farbe ihrer Beeren **steht die Brombeere den Hexen**

nahe. Entweder sitzen diese rittlings auf der Brombeerhecke, oder man vertreibt sie mit den dornigen Brombeerzweigen, an denen noch dunkelviolette Beeren hängen müssen.

Zahlreiches Auftreten von Brombeeren soll einen harten Winter ankündigen. Das ist eine weit verbreitete Vorstellung der Analogiemagie, da sich im Dunkelviolett der Brombeere die dunkle Jahreszeit ankündigt. Viele Brombeeren deuten ferner einen Trauerfall in der Familie an, auf deren Land dieser Strauch steht.

● Flieder

Im Gegensatz zum dunkelvioletten Veilchen blüht der Flieder *(syringa vulgaris)* in einem deutlich helleren Farbton, der Fliederfarbe. Diese Farbe wird als das ideale Lila angesehen. Wie dem violetten Veilchen **schreibt man dem Flieder glückbringende Wirkung zu.** Wer eine violette Fliederblüte mit fünfteiliger Blumenkrone (normalerweise ist sie vierteilig) isst, der hat zeitlebens Glück. Im Baltikum und in Nordamerika bringt schon das Sehen einer violetten Fliederblüte Glück.

Der Flieder wurde vom Blumenfreund Busbequius[110] von Vorderasien über Konstantinopel wegen seiner schönen violetten Farbe nach Europa gebracht.

● Heidelbeere

Die ins dunkle Blauviolett spielende Heidelbeere *(vaccinium myrtillus)* der mittel- und besonders nordeuropäischen Wälder findet man im Herbst. Diese Beere gab dem Heidelbeer-Violett seinen Namen. Die Heidelbeere ist wie das violett blühende Heidekraut ein Heidekrautgewächs, das schmackhafte Beeren hervorbringt.

In Volksbräuchen Skandinaviens und Böhmens finden wir noch Reste der alten Beerenopfer, wenn niedergefallene Beeren nicht aufgehoben werden, da die Mutter Gottes sie aufheben wird. Diese Beeren werden Muttergottesbeeren genannt.

In Trier wurden vor den Marienbildern Heidelbeeren ausgestreut. Es geht die Sage, dass die Heidelbeeren aus den Rosenkranzperlen einer armen alten Frau entstanden seien, die während einer Hungersnot im tiefen Wald des Spessarts betete. Die Jungfrau Maria bewahrte sie vor dem Verhungern, indem sie ihr als Nahrung Heidelbeeren sandte, die so groß wie die Perlen ihres Rosenkranzes waren. Wenn sie diese Perlen während ihres Gebets berührte, entstanden Heidelbeeren.

Wer von Heidelbeeren träumt, so meinte man in deutschen Landen, wird bald um den Tod eines Familienmitglieds trauern oder selber krank werden. Auch Heidelbeeren am Weihnachtstage zu essen, bringt Trauer, da eine Frucht solch dunkler Farbe nicht zu einem Fest des Lichtes passt. Im Volksglauben wird oft das Dunkle in der Heidelbeere gesehen, wenn auch die **Volksmedizin sie gegen Bauchschmerzen und Fieber empfiehlt.** Das medizinische Lob der Heidelbeere ging so weit, dass man annahm, wenn man auf einem Wagen Heidelbeeren durch das Dorf fuhr, die Kinder vor Kinderkrankheiten zu schützen.

Medizinisch wirkt die Heidelbeere zusammenziehend, abführend und erfrischend. Neben der Verarbeitung der Heidelbeere zu Konfitüre wurde der aus den reifen Beeren hergestellte blauviolette Farbstoff wirtschaftlich genutzt.[111] Zum einen färbte man mit dieser Farbe den Rotwein, zum anderen wurden in Gallien und Rom die Kleider der Sklaven mit Heidelbeer-Farbe blauviolett gefärbt.

● **Lavendel**

Der Lavendel *(lavendula vera)* ist ein zu den Lippenblütlern gehöriger Halbstrauch mit stark duftenden Blüten. Er stammt aus dem Gebiet des Mittelmeers. Heute ist auch der englische Lavendel (hauptsächlich an der Küste Norfolks) berühmt. Die Farbe Lavendel lässt sogleich die gleichnamige Pflanze assoziieren und ist in unserer Kultur eng mit dem entsprechenden Geruch verbunden. Mit dieser Farbe wird deswegen für Parfüms, Blumen, Kosmetika und Seifen geworben. In Seife und Gesichtssalben **entspannt** Lavendel angenehm **die Haut** – hierzu wird das ätherische Öl der Blüten verwandt.

Man schreibt dem Lavendel **Zauberkraft gegen alles Böse** wie den bösen Blick und jegliche Verhexung zu. In Bayern ging man davon aus, dass der Lavendel von Gott gesegnet wurde. Diese Segnung zeigt sich neben seiner zarten Farbe der Blüten hauptsächlich in seinem Wohlgeruch, weswegen er heute kommerziell angebaut wird. Wegen seines guten Geruchs, der selbst den Schwefelgestank des Teufels übertönte, empfahl man den Lavendel **als Mittel gegen die Pest.** Er galt über lange Zeiten hinweg als einziges Mittel gegen den Pesthauch. In Pestzeiten wurde er in den Ländern des Mittelmeers im großen Stil angebaut. Heute dient der auf Feldern angebaute Lavendel der Parfümherstellung.

Dass die Farbe Lavendel im Gegensatz zu anderen Violett-Tönen positiv bewertet wird, hängt mit dem guten Geruch des Lavendels zusammen, der mit dieser zarten Farbe assoziiert wird. Wie das Veilchen soll der Lavendel Tugend und die Demut symbolisieren, da sein Geruch von den meisten Menschen mit Reinheit verbunden wird.

Die wichtigsten Pflanzen dieser Farbe

1. Flieder
2. Lavendel
3. violettes Veilchen (von dem die Bezeichnung Violett stammt)
4. Aubergine
5. Distel (violett blühende Arten)

Tipps für den Alltag

● Körperlicher und seelischer Nutzen der Farbe Violett

Da Farbschwingungen auch über den Darm und Magen aufgenommen werden, ist es wichtig, auf die Färbung seiner täglichen Lebensmittel zu achten. So zeigte kürzlich ein viel zitierter Versuch, dass nach einer Woche nur weißer Lebensmittel, die alle lebenswichtigen Nährstoffe im ausreichenden Maße enthielten, sich bei allen Versuchspersonen ein leichter Magen-Darmkatarrh einstellte. Als wieder farbige Lebensmittel in der Woche danach genossen wurden, verschwanden diese Symptome innerhalb von drei Tagen ohne jede weitere Behandlung. Lassen Sie also Ihre Lebensmittel Ihre Heilmittel sein. Dabei sollten Sie schon deswegen auf deren Farbe achten, da die Farben der Lebensmittel weitgehend die Vitamine und Mineralien transportieren (Bioflavonoide). Die Farbe der Obst- und Gemüsesorten, die Sie zu sich nehmen, signalisiert Ihnen Vitamin- und Mineralreichtum.

Natürliche violette Farbstoffe in Lebensmitteln weisen eine glykosische Bindung auf, das heißt, das Farbpigment ist an Zucker gebunden. Sie verbessern die Sauerstoffzufuhr in den Zellen und können so den Körper regenerieren und neue Zellen aufbauen.

- ● **Obst:** Brombeeren, Holunderbeeren, Johannisbeeren (schwarz)
- ● **Gemüse:** Feigen, Auberginen, Oliven (schwarz), Radiccio, Rotkohl

● Kleidung

Violett ist ein schwieriger Farbton, ein Infant terrible unter den Farben, mit dem schwer zu leben ist. Dennoch oder gerade deswegen vermag dieses Farbwesen die Menschen zu bannen und zu faszinieren. Das wurde in der Magie genutzt. Überall, wo es um Herrschaft geht, wird Violett reichlich benutzt. Augenscheinlich kann man mit Violett leichter verführen und manipulieren, weswegen die extremeren Violett-Töne ein Lieblingskind der Werbung sind. Man verführt in Violett nicht nur zum Kauf.

Bis ins 19. Jahrhundert hinein zeigte diese Farbe bei Frauen an, dass sie noch ledig sind. Es erscheint als eine Ironie der postmodernen Kulturgeschichte, wenn die feministische Bewegung die Farbe der unverheirateten Mädchen auf der Suche nach einem Partner zu ihrer Farbe machte.

● Architektur und Umgebungsgestaltung

Violett eignet sich kaum für die Raumgestaltung. Violett ist eine lichtabhängige Farbe: Sie wirkt je nach Beleuchtung äußerst unterschiedlich, weswegen Violett ursprünglich in der Mode unbeliebt war, besonders da es nachts bei Kunstlicht gräulich wirkt. Es besteht keine Beständigkeit des Farbeindrucks, wie zum Beispiel bei seiner Komplementärfarbe Gelb. Da dasselbe Violett je nach Lichteinfall gräulich, bläulich oder rötlich wirken kann, gilt es als Farbe der Täuschung, als Symbol für Gift und Elend. Violett wirkt auf viele Menschen deprimierend, niederdrückend und traurig.

Goethe meinte: »Jene Unruhe nimmt bei der weiterschreitenden Steigerung zu, und man kann wohl behaupten, dass eine Tapete von einem ganz rein gesättigten Blaurot eine Art unerträglicher Gegenwart sein müsse.«[112]

Werden Violett-Töne weißgebrochen zu einer hellen Fliederfarbe, wirken sie als Wandfarbe leicht und angenehm.

● Die Farbe Violett mit anderen Farben

Violett und Schwarz

Die Verbindung der Farben Violett und Schwarz galt von jeher als Farbsymbol der Unmoral. Im praktischen Gebrauch – außer bei der Kleidung – wirkt diese Kombination oft depressiv.

Violett und Rot

Symbol der sexuellen Lust. Im praktischen Gebrauch kann diese Farbkombination aufdringlich wirken.

Violett und Blau

Je nach violettem Farbton kann diese Kombination edel wirken, besonders bei der Kleidung.

Violett und Gelb

Bei dieser komplementären Farbkombination steigern sich beide Farben, wodurch Violett und Gelb mehr Glanz bekommen. Goethe und die Pointillisten wie Seurat und Signac liebten diese Farbkombination, die besonders gefällig wirkt, wenn beide Farben weißgebrochen werden. In dieser Weise sind sie auch als Wandfarben einzusetzen.

Farbmeditationen, Malen und Wahrnehmungsübungen

Meditation

Das Mischen einer Farbe kann als Meditation betrachtet werden. Es ist gleich, ob man flüssige Farben mischt oder mit Farbstiften unterschiedliche Farbschichten durchscheinend übereinander legt.

Malen

Mischen Sie sich Ihr ideales Violett. Einmal gehen Sie dabei vom Rot aus, in das Sie vorsichtig Blau einmischen, und ein anderes Mal gehen Sie vom Blau aus, in das Sie vorsichtig Rot einmischen. Sie werden sehen, dass es einen Unterschied macht, was Sie als Ihr Lieblingsviolett ansehen, ob Sie sich ihm vom Rot oder Blau her annähern. Bei der Mischung mit Farbstiften tritt dieser Unterschied noch deutlicher zu Tage und hängt davon ab, ob Sie auf eine blaue oder rote Farbfläche die jeweils andere Farbe lasierend auftragen. Je öfter Sie solche Mischübungen durchführen, desto differenzierter gelingt es Ihnen, Farbnuancen zu unterscheiden.

Mit Ihrem idealen Violett malen Sie eine größere Fläche monochrom aus. Färben Sie diese Fläche langsam ein, und werden Sie sich dabei Ihrer Gefühle und Gedanken bewusst. Wo führt das Violett Sie hin? Sind Sie ein visuell begabter Mensch – was sich durch solche Übungen automatisch ergibt –, versuchen Sie, sich diesen Violett-Ton mit geschlossenen Augen vorzustellen und ihn für ein paar Minuten zu halten. Können Sie ihn in der Vorstellung nach Rot und Blau hin verändern?

Wahrnehmungsübungen

Visualisierungen mit Violett sind bei Schlafstörungen, geistiger Überanstrengung, einseitigen Kopfschmerzen und Migräne sowie depressionsartigen Verstimmungen zu empfehlen. Hier versucht man sich am besten auf einen mittleren Violett-Ton einzuschwingen.

Wieder stellen Sie sich mit geschlossenen Augen und im entspannten Zustand (am besten im Liegen) einen Violett-Ton vor, der Sie anspricht. Versuchen Sie, diesen Farbton zu Ihrer Stirn hin zu bewegen und ihn dort für maximal fünf Minuten zu halten. Danach lösen Sie ihn in einem dunklen Grau auf und öffnen Ihre Augen.

Wenn Sie nun in Ihrem Zimmer umherschauen, welche Violett-Töne fallen Ihnen dort auf?

Sonne
Wärme Glück Sonnenuntergang
Begierde Lust Ekstase
Jugend Geselligkeit
Aufmerksamkeit Warnung
Mut Opferbereitschaft
Mitgefühl
Orange Revolution

Niederlande

Krishna buddhistischer
Mönch

Agent Orange

billig
grell
auffallend
strahlend

Orange

Geometrische Form:	Fünfeck
Lage im Spektrum:	linke Seite zwischen Gelb und Rot
Wellenlänge:	600 nm (Gelborange) bis 650 nm (Rotorange)
Flächenfarbe:	Mischfarbe (Sekundärfarbe)
	subtraktive Farmischung von Rot und Gelb
Lichtfarbe:	Rotorange ist Grundfarbe bei Lichtfarben
Farbreichweite:	mäßig
Temperatur:	warme Farbe, Wärmepol des Spektrums
Komplementärfarbe:	Blau
Goethes Farbenlehre:	Wärmepol des Spektrums,
	höchste Aktivität der Farben
Bauhaus-Farbenlehre:	leicht zentrifugale Farbe;
	entsprechende Form: Fünfeck
Volkstümliche Symbolik:	Sonne, Begierde
Esoterische Symbolik:	Mitgefühl
Chakra:	Sexual-Chakra
Moderne Symbolik:	auffallend, billig
Psychologie:	Extraversion
Götter:	viele indische Götter
	(orange Haut galt dem Inder als ideale Haut)

Farbbezeichnungen und Pigmente

◆ Weld und Madder

Die beiden klassischen Färberpflanzen Weld (Waid, Reseda) und Madder *(rubia tinctorum)* ergeben zusammen ein leuchtendes Orange in den traditionellen Färbemethoden.

◆ Henna

Das traditionelle orange Färbemittel ist Henna, das als Körper- und Haarfarbe nicht nur in Nordafrika beliebt ist.

◆ Orlean

Orange Farbstoff, der von einem Strauch stammt, dessen Samenkapseln zur Färbung von Genuss- und Lebensmitteln genutzt werden.

Einführung

◆ Wortstamm

Das Farbwort Orange kommt von der gleichnamigen Frucht in den meisten Sprachen.

◆ Bildende Kunst

Ursprünglich war diese Farbe fremd für Europäer. In der Malerei bis zum ausgehenden Mittelalter war kein reines Orange zu finden. Man vermied es, da man es für einen schwächlichen, eher missglückten Ableger des Rots ansah.

Christo und Jeanne-Claude stellten Anfang 2005 im Central Park in New York City mehrere hundert Bögen auf, die mit einem orangefarbenen Stoff bespannt waren, der orange leuchtete und große Aufmerksamkeit erregte.

◆ Farbtöne

Orange ist eine relativ unbeliebte Farbe, obwohl sie immer wieder als Modefarbe auftritt. Die weniger auffallenden hellen oder bräunlichen Töne und das Apricotorange sind beliebter als das eher aufdringliche Orange, das zur Hälfte aus Rot und Gelb besteht.

Allgemeine Symbolik

> *Jedermann weiß, dass Gelb, Orange und Rot Ideen der Freude und des Reichtums einflößen und darstellen.*
>
> (Eugène Delacroix)

Orange ist nach Braun in Mitteleuropa die unbeliebteste Farbe – man hielt sie für eine unästhetische Mischung mit Rot oder für ein misslungenes Gelb. Im Gegensatz zu den anderen Sekundärfarben wurde zumindest im deutschsprachigen Bereich Orange nicht als eigene Farbe, sondern als Farbton von Rot betrachtet.

Orange ist eine moderne Farbe. Erst mit den Aufkommen der Warnfarben haben wir uns an sie gewöhnt. In den USA erfreut sich Orange allerdings größerer Beliebtheit. Das zeigt sich deutlich an der Golden Gate Bridge in San Franzisco. Für die Aufrechterhaltung deren Farbenpracht werden jährlich 20.000 Liter der Farbe »International Orange« verwendet.

Orange ist eine stark extravertierte, strahlende und lebhafte Farbe. Sie ist beliebt im öffentlichen Bereich, um auf etwas aufmerksam zu machen. So sind z. B. Papierkörbe, die Müllwagen und Fahrkartenautomaten orange. Orange wirkt erregend, warm und freundlich. Es drückt wie Gelb das Licht der Sonne aus: Gelb ist die Sonne im Zenith, orange ist die auf- oder untergehende Sonne. Häufig wird Orange mit Freude verbunden. Ist Blau die ernste Farbe des tiefen Geistigen, so ist seine Komplementärfarbe Orange oberflächlich amüsant. Es kann allerdings aufdringlich wirken, weswegen es neben Rot die beliebteste Farbe der Werbung ist. Orange erzeugt Aufmerksamkeit, man schaut hin.

In der Hexentradition wird Orange mit allen geschäftlichen und geldlichen Angelegenheiten verbunden. Das kommt durch die optische Nähe von Orange zu Gold.

⬟ Das politische Orange

Orange ist die Farbe verschiedener Nationen, so zum Beispiel der Niederländer, die vom Königshaus der Oranier – niederländisch Oranje (Orange) – repräsentiert werden.

Es ist die Farbe der Anhänger von Wiktor Juschtschenko, der Anfang 2005 Präsident in der Ukraine wurde. Juschtschenkos Lieblingsfarbe ist Orange. Seine Anhänger kopierten ihn, und unter der Hand wurde Orange zur Farbe dieser ukrainischen Regierung.

Dioxin ist einer der giftigen Bestandteile des Entlaubungsmittels »Agent Orange«, das die Amerikaner im Vietnam-Krieg einsetzten. Wie viele der chemischen Kampfmittel (z. B. Agent White, Agent Blue und Agent Purple) ist es nach einer Farbe benannt. Diese Angabe bezieht sich auf einen farbigen Streifen an den betreffenden Fässern. Nach Berichten des Roten Kreuzes führte Agent Orange bei etwa 100.000 Vietnamesen zu Krebs, Immunschwäche und Erbgutveränderungen.

⬟ **Apricot – das positive Orange**

Apricotorange – oder kurz Apricot genannt – ist ein speziell bei Frauen beliebtes Orange. Es vermittelt Geborgenheit, Wärme und Entspannung. Es ist diejenige Farbe, die das Embryo im Mutterleib umgibt und deswegen Zärtlichkeit ausstrahlt.

Mythologie, Religion und Aberglaube

⬟ **Mitteleuropäische Mythologien**

Im Dionysoskult Griechenlands und später im Bacchus-Kult in Rom trugen die Priesterinnen, die Bacchantinnen, orange Kleider. Hier steht Orange als Wärmepol des Spektrums für die Ekstase. Im Volksglauben wurde seit alters Orange mit den Begierden verbunden. Auch im psychologischen Farbpyramidentest[113] wird Orange als Farbe der Körperlichkeit gewertet.

⬟ **Außereuropäische Mythologien**

Die Inder lieben Orange als die Farbe Krishnas. Wenn auch alle indischen Gottheiten mit orangefarbener Haut dargestellt werden können, ist Orange doch vor allem Krishnas Farbe. Die orange Hautfarbe wird grundsätzlich in Indien idealisiert. Der Inder sieht seine Haut orange im Licht der Sonne glänzen. Orange ist in seiner Welt das Bild für die Erleuchtung, die sich in orangefarbener Haut zeigt.

Orange ist die Farbe der Mönchsgewänder im Hinduismus und Buddhismus, denn warmes Orange steht für Mitgefühl, Mut und Opferbereitschaft. Der Buddhismus geht in der Idealisierung von Orange über den Hinduismus hinaus: Für ihn ist Orange nicht nur die Farbe der Erleuchtung, sondern es symbolisiert auch den idealen Menschen.

Psychologie

⬟ **Psychologische Wirkung der Farbe Orange**

Orange fördert die Begeisterungsfähigkeit und Selbstsicherheit. Es befreit von Blockaden. In der Therapie sagt man: »Orange öffnet.«

Es ist eine stark extravertierte Farbe, die ausstrahlt und lebhaft ist und deswegen anregend wirkt. Orange gilt speziell bei extravertierten emotionalen Menschen als Wohlfühlfarbe. Bei Frauen ist es beliebter als bei Männern. Frauen erwähnen oft, dass Orange ihnen Selbstsicherheit und Stärke vermittelt. Orange wirkt gegen melancholische und depressive Gefühle. Es regt den Appetit an und wird daher in der Behandlung von Magersucht eingesetzt und bei Übergewichtigen verboten.

Orange verstärkt den erotischen Ausdruck. Es regt an, ohne wie Rot aufzuregen. Orange schafft ein Wohlgefühl durch Wärme. Wer überarbeitet und geistig überspannt ist, dem tut Orange gut. Es ist eine Farbe, die von geistigen Blockaden befreit, den Ideenfluss und die Kreativität erhöht. Allerdings wirkt Orange aufdringlich, wenn man selbst aufgeregt und enthusiastisch ist.

Peter Green, der Gründer der Band Fleetwood Mac, pflegte nach seinem psychotischen Zusammenbruch seine Fingernägel orange zu lackieren, um damit die Menschen zu erschrecken.

Psychologische Wirkung der Farbe Orange: Wärme, Oberflächlichkeit, Mitgefühl, Lebenslust, Erotik, Aufmerksamkeit heischend

✿ Lieblingsfarbe

Menschen, die Orange lieben, sind meist erotisch und versinken freudig in ihren Gefühlen. Oft sind sie kinderlieb. Sie fühlen sich von Berufen angezogen, die häufig mit Kunst verbunden sind.

Bei Orange als Lieblingsfarbe oder wenn Sie Orange ablehnen, sollten Sie sich Folgendes fragen:

- ✿ Bin ich körperlich befriedigt?
- ✿ Bin ich aufmerksamkeits- oder anerkennungssüchtig?
- ✿ Wie halte ich es mit dem Tiefsinn?

Heilen

Orange ist die Farbe der Gesundheit. Sie reinigt und gilt als Nervennahrung. Orange hilft bei Nierenschwäche und regt einen trägen Magen an.

Überaktive, nervöse Menschen und Choleriker sollten die Farbe Orange aus ihrer Umgebung verbannen.

Steine

Orange Steine werden selten zum Farbheilen verwandt. Sie sollen den Genuss in jeder Hinsicht steigern und Erstarrungen in der Lebensführung auflösen. Die Volksmedizin empfiehlt, orange Steine zu tragen, um Kummer aufzulösen.

◆ **Feueropal (Härte 6.5)**

In England, Schweden und Spanien gilt der Feueropal als Unglücksstein, weshalb er früher am Hof nicht getragen werden durfte. Der Feueropal besitzt eine orangerote Farbe. Er gilt besonders bei den Indianern als kräftiger Heilstein, **der den Kreislauf stabilisiert und die Blutgefäße pflegt**. Menschen, die sich häufig schwach fühlen, gibt dieser Stein Energie.

◆ **Karneol (Härte 7)**

Dem Volksglauben nach **stärkt der Karneol die Ausdrucksfähigkeit sowie den Zusammenhalt und die Identität der Familie.** Deswegen wurde er oft in Siegelringen getragen. Die Römer trugen diesen Stein, um sich Inspirationen zu öffnen. Hildegard von Bingen hielt diesen Stein, den sie Sarder nannte, für einen der stärksten Heilsteine. **Er beruhigt zornige und aggressive Menschen.**

◆ **Topas (Härte 8)**

Der orange Goldtopas gilt als **Stein des Denkens.** Er hilft bei Erschöpfung und Prüfungsängsten und bewahrt dem Volksglauben nach vor Depressionen.

Pflanzen

Die klassische orange Pflanze ist die Frucht der Orange und anderer Zitrusfrüchte wie Mandarinen und Clementinen. Dieses orange Obst versorgt uns in der kalten Jahreszeit mit abwehrsteigerndem Vitamin C.

◆ **Orlean**

Strauch, dessen Samenkapseln ein leuchtendes Orange färben.

◆ **Echter und falscher Safran**

Safran[114], der Krokus, wird häufig zur Färbung eines gelbstichigen Oranges genutzt, das auch Indischgelb genannt wird.

Mit Safran kann man eine Reihe von Farbtönen von einem reinen Gelb bis zu einem kräftigen Orange färben. Billiger ist jedoch der Saflor (falscher Safran), eine Distel, die in Indien und China zu diesem Zweck kultiviert wurde.

Tipps für den Alltag

♦ Kleidung

Nach der deutschen Farbberaterin Karin Hunkel soll orange Unterwäsche bei Regelschmerzen helfen. Ansonsten kleidet Orange dann besonders gut, wenn man gebräunt ist. Helle Haut lässt Orange fast krankhaft blass erscheinen.

Wenn auch Orange erotisiert, sollte man dennoch beachten, dass man in orangefarbener Kleidung nicht zu aufdringlich wirkt. Aus diesem Grunde empfiehlt es sich, Orange mit einer Farbe wie Hellgrün zu kombinieren, die Orange das Schreiende nimmt.

Unter dem aufdringlichen Charakter von Orange litt Fontanes Vater (wie es Theodor Fontane in seiner Autobiografie »Meine Kinderjahre« beschreibt), der mit einer orange Weste in die Schule geschickt wurde.

Apricottöne wirken bei den meisten Frauen angenehm, während sie an Männern häufig deplaziert erscheinen.

♦ Architektur und Umgebungsgestaltung

Diese strahlende, lebhafte Farbe sollte wegen ihrer großen Energie sparsam verwendet werden, da sie sonst zu aufdringlich wirkt.

In Geschäftsräumen schafft Orange nachweislich Umsatzsteigerungen, denn in orangefarbener Umgebung neigen Menschen dazu, mehr Geld auszugeben. Allerdings läuft Orange Gefahr, billige Künstlichkeit zu signalisieren, da es wenig Naturmaterialien in Orange gibt. Luxus und Orange passen nicht zusammen – außer bei den Apricottönen. Orange Gegenstände aus Plastik wirken billig. Andere Werkstoffe wirken in Orange oft froh und lustig, warm und energievoll. Auf dem Frühstückstisch sollten ein bis zwei orangefarbene Gegenstände liegen, wie zum Beispiel Papierservietten, wodurch man die Energie bekommt, freudig in den Tag zu gehen.

Orange Vorhänge, speziell wenn sie lichtdurchlässig sind, schaffen ein angenehm warmes Raumklima. Orange und alle warmen Farben schaffen im Schlafzimmer eine kuschelig warme Atmosphäre. Als Wandfarbe kann Orange angenehm wirken, wenn es durch Weiß gebrochen wird. Solch eine Wand wirkt nie schmutzig, wie es leicht bei Gelb der Fall ist. In solch einem Raum werden Geist (Gelb) und Körper (Rot) erfreut.

Orange als der Wärmepol des Spektrums ist von allen Farben am deutlichsten sichtbar. Deswegen wird es als Sicherheits- und Warnfarbefarbe benutzt.

● Die Farbe Orange mit anderen Farben

Rot und Gelb, die sich subtraktiv zu Orange mischen, werden als ähnlicher wahrgenommen als Gelb und Blau oder Blau und Rot. So wirkt Orange seinen beiden Grundfarben ähnlich und wurde deswegen in Asien – speziell in Indien, Tibet und China – als dem Gelb verwandt gesehen. In Europa wurde es als dem Rot verwandt empfunden.

Gelb wird als angenehm grell betrachtet, Orange wird dagegen oft als unangenehm grell abgelehnt. Rot und Orange wirken nach Johannes Itten (wie das Rotorange) kämpferisch. Diese Farbkombination besitzt eine Tendenz zum Aggressiven. Als edel empfindet der Autor die Farbkombination Orange und Blau. In der Kombination Orange und Schwarz steigert Schwarz die Leuchtkraft von Orange.

Farbmeditationen, Malen und Wahrnehmungsübungen

Meditation

Eine Meditation auf Orange gibt konstruktive, enthusiastische Energien und verleiht Selbstsicherheit. Allerdings sollten Sie nie länger als fünf Minuten auf Orange meditieren, da es Sie sonst zu unruhig macht.

Zur Meditation auf Orange können Sie eine Orange benutzen, die Sie im Abstand von etwa 30 Zentimetern gut beleuchtet vor sich hinlegen. Diese Orange schauen Sie im tief entspannten Zustand an.

Wenn Sie nach dieser Meditation die Orange wegnehmen, werden Sie als Nachbild einen violetten Fleck sehen, der umso deutlicher erscheint, desto heller der Untergrund ist, auf dem die Orange lag.

Malen

Wie bei der Farbe Violett können Sie sich meditativ Ihren Lieblingston von Orange ermischen. Es gibt dabei zwei Wege:
Sie nehmen ein Glas Wasser, in dem Sie gelbe Farbe auflösen. In dieses gelbe Wasser geben Sie vorsichtig rote Farbe hinein und beobachten, wie das Gelb ins Orange umschlägt. Wie viel Rot können Sie in diese Farbmischung geben, bis der Farbton für Sie zum Rot wird?

Sie können sich auch vom Rot her dem Orange annähern, indem Sie in rotes Wasser langsam gelbe Farbe fließen lassen. Sie werden bemerken, dass Sie auf diese Weise nur schwer vom Orange zum Gelb kommen. Das liegt daran, dass Gelb im Gegensatz zu Rot eine weitaus geringere Farbreichweite besitzt.

Natur

Leben   Hoffnung   Wachstum

Fruchtbarkeit   Harmonie

Paradies Neubeginn Frühling

Oase   beginnende Liebe

Grüner Daumen

grün hinter den Ohren

Der heilige Gral

Greenpeace

Green Man   Die Grünen

Robin Hood

Grüne Fee

Eifersucht

Gift

Grün

Geometrische Form:	Trapez, das in einen Kreis übergeht
Lage im Spektrum:	unten zwischen linker und rechter Seite
	zwischen Gelb und Blau
Wellenlänge:	550 nm (Lindgrün) bis 500 nm (Türkis)
Körperfarbe:	eine der drei Mischfarben
	subtraktive Farbmischung von Blau und Gelb
Lichtfarbe:	Grundfarbe – nicht ermischbar
Farbreichweite:	sehr groß (Grün verliert langsam seinen Charakter
	bei Mischung mit anderen Farben)
Temperatur:	laue Farbe: helles Gelbgrün eher warm,
	dunkles Blaugrün eher kalt
Komplementärfarbe:	Rot
Goethes Farbenlehre:	Grün ist des Lebens Baum,
	der Ausgleich zwischen warm und kalt
Bauhaus-Farbenlehre:	steht in der Fläche; entsprechende Form:
	Trapez, das in einen Kreis übergeht
Volkstümliche Symbolik:	Hoffnung
Esoterische Symbolik:	Leben, Herzkraft, Hoffnung, Erdzeichen
Chakra:	Herz-Chakra
Moderne Symbolik:	Natur/Natürlichkeit, Vertrauen
Psychologie:	Ausgleich, Gelassenheit
Götter:	der Grüne Mann

Farbbezeichnungen und Pigmente

Die meisten heute gebräuchlichen grünen Pigmente basieren auf Chrom. Zu schönen Grüntönen lässt sich das Chromoxidgrün mischen, das lichtbeständig und stark deckend ist. Viele grüne Pigmente wie Grünspan sind hochgiftig.

Folgende Pigmente sind giftig, wenn sie nicht synthetisch hergestellt werden: Deckgrün, Emeraldgrün, Grünspan, Schweinfurter Grün und Smaragdgrün.

Im 18. und 19. Jahrhundert war das sogenannte »Scheele-Grün« beliebt. Es ist nach dem in Schweden ansässigen Chemiker Carl Wilhelm Scheele benannt, dem es 1775 gelang, ein leuchtendes Grün auf Arsenbasis herzustellen. Allerdings bedauerte Scheele bereits 1777, dass diese hochgiftige Farbe massenweise produziert wurde. Diese Farbe kam so in Mode, dass um das Ende des 18. Jahrhundert jedes Haus, das etwas auf sich hielt, zumindest ein grünes Zimmer aufwies.

Als Reaktion auf den Arsenanteil in Scheeles Grün wandte man sich wieder natürlicheren Stoffen zur Pigmentherstellung zu und besann sich auf ein grünes Farbpigment, das aus Malachit bestand. Bei den Kunstmalern wurde dieses ungiftige Blaugrün *verde azurro* oder kurz »Azurgrün« genannt. In Deutschland war man der Ansicht (im 18. und 19. Jahrhundert), dass der Malachit im Azurgrün Geister abschrecken würde.

Als drittes Grün, das die Kunstmaler des 18. und 19. Jahrhundert begeisterte, ist das Van Eyck Grün oder *verdigris* zu nennen. Wenn auch Leonardo da Vinci vor dem Einsatz dieses Pigments warnte, da es bereits beim Auftragen ausbleicht und später unschöne Schwarzverfärbungen aufweist, benutzte es der Flame van Eyck in einer Weise, dass es Jahrhunderte farbecht bleibt. Dies kann man an seinem rätselhaften Bild »Die Arnolfini-Hochzeit« deutlich sehen. In diesem 1434 gemalten Bild strahlt das Kleid der weiblichen Figur noch heute in einem leuchtenden Grün. Gegen Ende des 19. Jahrhunderts wurde diese Farbe außer in Persien nicht mehr benutzt (da es billigere chemische Farben mindestens gleicher Qualität gab).

Billig konnten Stoffe mit Farn oder der Brennnessel grün gefärbt werden, solches Grün galt im Mittelalter als »das schlechte Grün«.

Einführung

● Wortstamm

Das Farbwort Grün stammt vom althochdeutschen Wort *gruoni* ab, was »wachsen« und »gedeihen« bedeutet.

● Bildende Kunst

Als Künstlerfarbe war Grün oft die Farbe des Gifts. Es war das Smaragdgrün, das auch Schweinfurter oder Französisches Grün genannt wurde, das Maler liebten. Dieses Grün, das als schönstes Grün der Kunst galt, wurde aus in Arsen gelöstem Grünspan hergestellt und war deswegen für den frühzeitigen Tod einiger Maler und deren Gesellen verantwortlich.

Die berühmte Grüne Tara – Mitte des 13. Jahrhunderts entstanden – im Cleveland Museum ist ein Meisterwerk der Epoche der indo-nepalesischen Kultur.[115] Der Körper dieser Tara ist hellolivgrün. Sie ist der geheimnisvolle weibliche Bodhisattva, der reines Mitgefühl symbolisiert. Durch die klare Linienführung wirkt sie realistisch. Der Betrachter meint, einer lebendigen Figur gegenüberzustehen. Die grüne Körperfarbe zeigt aber zugleich das Andersweltliche an. Grün symbolisiert die vollkommene Natur dieser Tara – sie wirkt transzendent und real zugleich. Es gibt viele Abbildungen von Grünen Taras, besonders aus dem 12. und 13. Jahrhundert. Sie gehören zu dynamischen Darstellungen der Tara. Ihr grüner Körper zeigt an, dass sie zur Buddha-Familie des *Amoghasiddhi* (Sanskrit: der sein Ziel unbeirrt verwirklicht) gehört. Ihre Spezialität ist, Neid in Weisheit zu wandeln. Die Grüne Tara ist beliebt, da sie alle Wesen von ihrem Leiden befreit und so als große Retterin verehrt wird. Sie gilt als Mutter aller Buddhas.

Sein Geheimnis wahrt das Russischgrün, mit dem Albrecht Dürer seine Stiche kolorierte. Bis heute ist dessen genaue Zusammensetzung trotz einiger Bemühungen erfolglos geblieben.

● Farbtöne

Es gibt mehr als 40 bezeichnete Grüntöne im Deutschen zwischen Gelbgrün und Blaugrün. Das macht es schwer, ein typisches Grün zu bezeichnen, das zu 50 Prozent aus Gelb und zu 50 Prozent aus Blau besteht. Das angenehmste Grün für längere Betrachtung soll das Standardgrün sein, mit denen Wandtafeln in Schulen angestrichen werden.

Die vielen Nuancen der Farbe Grün können wir, wenn wir es üben, wahrnehmen. Liane Collot d'Herbois (Mitarbeiterin von Ita Wegman, welche die anthroposophische Medizin begründete) geht davon aus, dass wir mit Übung fast 100 unterschiedliche Grüntöne unterscheiden können. Je mehr Grüntöne wir zu differenzieren lernen, desto besser sind wir geerdet.

Allgemeine Symbolik

Hugo von St. Victor lobt im 12. Jahrhundert Grün als die schönste Farbe, da sie ein Symbol des Frühlings und damit des Neubeginns ist. »Schöner als andere Farben ist schließlich das Grün, es zieht die Herzen der Betrachter in seinen Bann.«[116] Heute steht Grün an dritter Stelle der Lieblingsfarben in Mitteleuropa sowie an erster Stelle der Lieblingsfarben im Islam und bei vielen Wüstenvölkern. Rudolf Steiner lobte in seinen Vorträgen gar das Smaragdgrün (Viridian, ein Grün mit leichtem bläulichen Stich) als die Farbe des Heilens.

Häufig wird mit Grün Wiese, Wald und Natur assoziiert. Es drückt Fruchtbarkeit, Leben und Harmonie aus. Deswegen hat der erfolgreiche Gärtner einen grünen Daumen, und man fährt ins Grüne. In diesem Bedeutungsraum verstehen sich Die Grünen als Leben schützende Partei.

Der erste Keim ist grün, und das grüne Zimmer ist seit dem 15. Jahrhundert das Zimmer, in dem Frauen gebären. Grün ist die Hoffnung. Dass dies nicht nur ein veralteter Volksglauben ist, sondern konkret noch heute wirkt, zeigt folgender Vorfall: In London sprangen von der Blackfriar-Brücke immer wieder Selbstmörder. Nachdem die Stadtverwaltung diese Brücke grün anstrich, sprang fast keiner mehr (nach Peter Ackroyd: »London« – Fernsehdokumentation und Buch).

Verständlicherweise lieben speziell die Wüstenvölker Grün. Es ist nicht nur die Farbe der Oase, die sich vom unfruchtbaren Gelb absetzt, sondern Grün ist die Farbe des Paradieses und die Lieblingsfarbe Mohammeds. Das Wort *Paradies* stammt aus dem Persischen und bedeutet »grüner Fleck«.

Wie die Aids Hilfe Spendern rote Bänder gibt, so treten nach Anschlägen in London im Sommer 2005 grüne Bänder auf, die Menschen tragen, die muslimische Mitbürger in England unterstützen.

Aber Grün symbolisiert nicht nur Fruchtbarkeit, Neubeginn und Wachstum (wie in Gottfried Kellers Entwicklungsroman »Der grüne Heinrich«), sondern auch Gift, Eifersucht und Unerfahrenheit.

Grün ist die Mischung von hell (Gelb) und dunkel (Blau). Es ist der Ausgleich und ein Symbol der Mitte, was seinem Platz im Farbenkreis entspricht. In Grün kommt die Dynamik der Farben zur Ruhe, was Rudolf Steiner ausdrückt, als er es als »das tote Bild des Lebens« bezeichnete. Schon von den Farben her ist Grün die Mitte zwischen rechter und kalter Seite sowie linker und warmer Seite des Farbenkreises:

- Gelb ist trocken, Blau ist nass und Grün ist feucht
- Gelb ist aktiv, Blau ist passiv und Grün ist neutral
- Gelb ist zentrifugal, Blau ist zentripetal und Grün steht bewegungslos in der Fläche

182

Das Mittelalter liebte Grün und Rot als mittlere Farben. Schönheit und Harmonie lagen im Mittelweg zwischen den Extremen. Dabei wurden als Extreme die beiden polaren Farben Gelb und Blau angesehen und die harmonische Mitte Rot und Grün zugeordnet. Rot und Grün zusammen waren in der Kleidung des Mittelalters »in«.

● Grün ist unreif

Grün ist aller Anfang. Das wusste bereits die Minnedichtung. In ihr symbolisiert Grün die beginnende Liebe, denn Grün ist das Herz-Chakra und Grün wird als eine weiche Farbe voller Hoffnung angesehen. Schon die Venus wurde von den Römern mit der Farbe Grün verbunden. Friedrich Schiller (1759–1805) schrieb über eine junge Liebe: »Unsere Bekanntschaft ist noch grün.« Diese Wendung war keineswegs ungewöhnlich. Im Volk war bis ins 20. Jahrhundert hinein die Farbe der Tracht der heiratsfähigen Mädchen hellgrün (oder violett), eben jenes Grün, welches das Symbol des Frühlings ist.[117]

● Grün ist Gift

Das hässliche Giftgrün steht dem schönen ersten Grün des Frühlings entgegen. Grün ist die Farbe des Gesunden und des Giftigen. Es symbolisiert das Leben oder den Tod. Das gelbliche Frühlingsgrün ist das Leben, das bläuliche Grün ist der Tod. In den Sagen ist der grüne Ritter der Tod, der jeden ereilt. Ein blasses Grün bezeichnet sein Reich.

Grün war die Lieblingsfarbe Napoleons, der sich an den Arsenausdünstungen einer grünen Tapete in seinem Haus auf St. Helena vergiftete.

Mit dem Absinth, der häufig als Gift bezeichnet wurde und den man »die grüne Fee« nannte, vergifteten sich die sozial Schwachen. Vor der grünen Fee wurden die Menschen vom Pesthauch der grünen Drachen ruiniert, die zu beliebten Sagenfiguren geworden sind.

● Grün ist Leben

Grün ist die klassische Farbe der Umweltschützer, denn Grün ist Leben. Wer kennt es nicht, jenes Zitat aus Goethes »Faust I«: „Grau, teurer Freund, ist alle Theorie,/ und grün des Lebens goldner Baum.« Mit diesen Sätzen weist Mephisto den Schüler auf die Unzulänglichkeiten des Buchwissens hin.

Wer der Natur verbunden ist, liebt Grün.

183

Mythologie, Religion und Aberglaube

● Mitteleuropäische Mythologie

Die Farbe Gelbgrün wird der Jungfrau als Göttin des Korns zugeordnet. Wie so oft symbolisiert Grün die Lebenskraft. Ab 1570 öffnete sich selbst die christliche Kirche dieser im Volksglauben verwurzelten Farbsymbolik. Papst Pius V. führte Grün als liturgische Farbe für die »normalen Sonntage« ein, die für das Einfache und Natürliche stehen.

Über 300 Jahre zuvor finden wir in Wolfgang von Eschenbachs »Parzival« Grün als die Farbe des Gralskönigs: Er trägt einen grünen Mantel und ein grünes Schwert, da er den Ausgleich in der Natur symbolisiert. Das erinnert an die frühchristliche Auffassung der Apostel, die (seit dem Mittelalter) mit Grün verbunden werden. Die Bischöfe als Nachfolger der Apostel tragen deswegen als Wappenzeichen den grünen Hut.

Robin Hood mit seinen Kampfgefährten trat in Lincolngrün auf. Dies ist ein leuchtendes Grün, das mit den Naturfarben Reseda und Waid hergestellt wurde. Wegen seiner Leuchtkraft eignete es sich weniger als Tarnfarbe, sondern eher als Symbol des natürlichen Lebens, das der englische Nationalheld gegenüber den Kirchenfürsten verteidigte.

● Andere Mythologien

Wie in unserem Kulturbereich wurde bereits im alten Ägypten die beginnende Lebenskraft mit Grün symbolisiert. Hier ist es Osiris, der unreifes, grünes Korn verkörpert. Grün ist auch die Farbe des Nils, der die Fruchtbarkeit bringt, die Osiris verkörpert. Osiris ist „der große Grüne", der vom Wüstengott Seth zerstückelt in den Nil geworfen wird, aus dem er im Frühjahr wieder hervorkommt. Wie in allen Vegetationsmythen spielt hier die Farbe Grün eine herausragende Rolle.

Im Islam ist Grün die heilige Farbe der Mekka-Pilger, die oft – wie Mohammed – einen grünen Turban tragen. Grün ist ferner der Chidr, der große Weise Arabiens, der als der grüne Mann in Arabien verehrt wird.

In China symbolisiert Grün ein langes Leben – man lebt, bis man grün wird.

● Moderne Mythen

Der grüne Dollar

Die amerikanischen Dollarnoten sind bekanntlich grün, denn »Grün« kommt von *gruoni*, das »wachsen« bedeutet. Seit 1914 haben die Dollarscheine ihr Aussehen nicht verändert. Kein anderes Grün wirkt so sexy wie das der Dollarnote – meint man in den USA, wo man Grün als Glücksfarbe betrachtet. Das ironisierte Walt Disney, der Gustav Gans eine grüne Weste verpasste, um dessen Glück zu steigern und ihn als Glückspilz auszuzeichnen. Zu den Glückspilzen zählten sich ferner diejenigen, die eine Green Card erhalten, die begehrte Arbeitserlaubnis in den USA.

Auch Hexentraditionen wie Wicca betrachten Grün als Farbe des Wachstums und des Wohlstands.

Die Wiederentdeckung der Natur

Seit den achtziger Jahren des zwanzigsten Jahrhunderts wird die Natur wiederentdeckt. Alles Natürliche wird in einer hoch technologisierten Umgebung zum Guten. Die Grünen und Umweltschützer wie Greenpeace schreiben sich die grüne Farbe auf ihr Banner. Grün als Farbe der Natur, der Hoffnung und der Mitte (zwischen dem Lichten [Gelb] und dem Dunkel [Blau]) wird zum Ausdruck eines verbreiteten Lebensgefühls unserer Zeit.

Psychologie

● Psychologische Wirkung der Farbe Grün

Gemäß seiner Stellung im Farbenkreis wirkt Grün ausgleichend und beruhigend. Es erzeugt Harmonie, stabilisiert, stärkt das Selbstwertgefühl und ruft Sehnsüchte nach dem (verlorenen) Paradies hervor. Rudolf Steiner vertrat die Ansicht, dass Grün unser Denken lebendig macht.

Es wirkt hilfreich bei Menschen, die starken Stimmungsschwankungen unterliegen. Wenn Sie Energien auftanken möchten, empfiehlt sich eine grüne Farbumgebung. Deswegen erholt man sich in der Natur. Grün eignet sich wie Blau zur Entspannung. Wobei Blau für zu depressiven Stimmungen neigenden Menschen ungünstig ist, Grün jedoch diese stabilisiert.

Wie die kalten Farben spricht Grün besonders nervöse und unruhige

Menschen positiv an. Da es jedoch eine laue Farbe ist, kommt ein warmer Ton durch seinen Gelbanteil hinzu. Grün beruhigt, ohne eine kühle Distanz zu schaffen. Mit Grün wird Herzlichkeit verbunden. Die warmen Grüntöne schaffen ein Gefühl angenehmer Balance.

Grün wirkt nach neuesten Untersuchungen vorzüglich auf dominante Menschen. Grün-Fans wollen an die Spitze. Schon das Mittelalter, das Grün liebte, meinte, es stärke die Entschlusskraft.

Giftgrün

Das hässliche Giftgrün verscheucht jedes Wohlgefühl. Man möchte es fliehen. Als Lieblingsfarbe scheidet es daher aus.

Lindgrün

Die Farbe des ersten Grüns im Frühling – Gelbgrün – ist eine klassische Wohlfühlfarbe, die Farbtherapeuten gegen Aufregung und Unruhe anwenden. Lindgrün schafft Wohlgefühl durch Lebensbejahung. Es regt weder zu sehr auf, noch beruhigt es zu sehr. Diese Farbe ist ein Symbol leichter Körperlichkeit und jugendlicher Stärke.

Grün ist die Farbe des Phlegmatikers. Als Farbe der Natur und der Natürlichkeit steht sie für Lebendigkeit, Ausgleich, Harmonie, Entspannung und Einfühlungsvermögen/Intuition.

● Lieblingsfarbe

Wer sich zum Grün hingezogen fühlt, der ruht wahrscheinlich in seiner Mitte und besitzt Einfühlungsvermögen. Im Idealfall wertet er nicht und ist deswegen der ideale Schlichter. Er ist um Harmonie bemüht. Für ihn ist es meist wichtig, verheiratet zu sein und ein Heim als Ort der Erholung zu haben. »Grüne Menschen« benötigen den sozialen Kontakt bei ihrer Arbeit.

Bei Grün als Lieblingsfarbe oder wenn Sie Grün ablehnen, sollten Sie sich Folgendes fragen:

- Bin ich in meiner Mitte?
- Habe ich eine Tendenz zur Harmoniesucht, oder bin ich eher »harmonie-allergisch«?
- Welche Rolle spielt Natur und Natürlichkeit für mich – auch im Sinne der Einfachheit?

Heilen

Man muss von der Farbenlehre aus Gesundheit und Krankheit begreifen.

(Rudolf Steiner)

Grün stabilisiert den Blutdruck und wirkt insgesamt ausgleichend auf den Körper und unsere Gefühle. Hildegard von Bingen (1098–1179) prägte den Begriff »Viriditas«, womit sie die »Grünkraft«, also die Lebenskraft meinte (vgl. Bezeichnung »Viridian« für ein reines Grün). Hildegards gesamte Lehre beruht auf dieser »Grünkraft« und dem Bemühen, diese zu erhalten. Rudolf Steiner und die Anthroposophen nehmen diese Tradition von Grün als vorzügliche Heilfarbe wieder auf und betonen, dass ein mittleres Grün nicht nur Objektivität in Bezug auf sich selber fördert, sondern den Betrachter auch in Harmonie bringt.

Steine

Alle Steine, die Kupferoxid enthalten (Malachit beispielsweise), zeigen ein ausgewogenes Grün.

Grüne Steine fördern, wie nicht anders zu erwarten, eine Harmonisierung des Seelenlebens ihres Trägers. Sie verleihen Selbstbeherrschung und Reife. Sie sollen nach der niederländischen Steinspezialistin Mellie Uyldert gegen Neuralgien, Migräne und Krebs wirken.[118]

● **Aventurin (Härte 7)**
Farbiger Quarz, dessen grüne Sorten aus Indien und Nepal stammen. Dem Volksglauben nach verhelfen diese Steine zum **Glück in der Liebe und im Spiel**.
Das Siegel des Kaisers von China war aus grünem Aventurin geschnitten (bevor die grüne Jade den Aventurin verdrängte), da man annahm, dass grüne Steine von himmlischen Kräften abstammen.
Medizinisch wurde der Aventurin bei **Hautkrankheiten** eingesetzt.

● **Jade (Härte 6.5–7)**

Gehört zu den harten Steinen, weswegen Jade für Speerspitzen und Messer benutzt wurde.

Die grüne Farbe der Jade kommt durch Eisen und Chromsilikate zustande. Die grüne Jade wurde in der Volksmedizin zur **Stärkung der Nieren** benutzt.

Seit dem 18. Jahrhundert war die grüne Jade der Lieblingsstein der Kaiser von China, denn sie galt als Sinnbild der fünf Haupttugenden Gerechtigkeit, Weisheit, Mut, Barmherzigkeit und Bescheidenheit.

● **Malachit (Härte 3.5–4)**

Der Malachit bekommt seine leuchtend bis dunkelgrüne Farbe (Smaragdgrün) durch das Kupferoxid. Im alten Ägypten diente dieser grüne Stein in gemahlener Form als Make-up. In der europäischen Heilkunde des Volkes wurde er **bei Regelproblemen, zur Milchbildung und bei Asthma** verwendet.

Raffael und Tizian benutzten aus Malachit hergestelltes Smaragdgrün.

● **Smaragd (Härte 7.5–8)**

Das schöne Grün ist das Smaragdgrün, das in unserer Gesellschaft als das ideale Grün angesehen wird. Der Smaragd ist ein Beryll, der durch Chromoxid seine leuchtend grüne Färbung erhält. Im Mittelalter wurde der Beryll zu **Brillengläsern** geschliffen, da er eine vergrößernde Wirkung besitzt. Unser heutiges Wort »Brille« geht auf den Beryll zurück. Er gilt als Stein der Venus und **soll die Kraft der Augen stärken**.

Der Smaragd zeigt meistens ein ausgeglichenes Grün, weswegen die Anthroposophie davon ausgeht, dass der Gral aus einem Smaragd bestand.

Tipps für den Alltag

● Körperlicher und seelischer Nutzen der Farbe

Grün beruhigt. Das bezieht sich auch auf grüne Speisen. Alle positiven Wirkungen der Farbe Grün finden sich beim grünen Olivenöl. Goethes Lieblingsspeise war das Nationalgericht der Frankfurter, nämlich die grüne Sauce mit Petersilie, Schnittlauch, Kresse, Pimpinelle, Boretsch und Sauerampfer.

Grün sind auffallend viele gesunde Lebensmittel wie Kräuter, Gemüse und der Gartensalat, die unseren Körper mit Vitaminen und Mineralien versorgen.

● Kleidung

»Grün wirkt am Tag gewöhnlich – am Abend ordinär«, sagt ein altes Sprichwort. Grün galt lange Zeit für festliche Kleidung als ungeeignet, da es die Farbe der einfachen Menschen war. Modeschöpfer wie eitle Damen lehnten Grün ab, da es im Kerzenschein bräunlich wirkt. Heute dagegen wirkt leuchtend grüne Kleidung eher extravagant. 1864 entdeckte zuerst die Gattin Napoleons III. diese Wirkung eines aldehydgrünen seidenen Abendkleides. Aldehydgrün glänzt unter künstlicher Beleuchtung grell wie Jodgrün und Methylgrün. Diese drei Farben sind hochgiftig.

● Make-up

Braunäugige wirken unwiderstehlich mit grünem Lidschatten. Blaue Augen strahlen stärker, wenn das Grün des Lidschattens einem Olivton zuneigt. Bei grünen Augen sollten keine Grüntöne im Lidschatten benutzt werden.

Beim Make-up können mit zarten Grünttönen Rötungen gut überdeckt werden, allerdings sollte grünliches Make-up niemals flächig aufgetragen werden, sondern nur gezielt, da man sonst zu blass bis kränklich erscheint.

● Architektur und Umgebungsgestaltung

Goethe meinte: »Man will nicht weiter, und man kann nicht weiter. Deswegen für Zimmer, in denen man sich immer befindet, die grüne Farbe zur Tapete meist gewählt wird.«

Natürlich ist Grün die Farbe der Natur und der Pflanzenwelt. Im Grünen hält man sich gern auf. Mit Grüntönen können Sie Ihren Wohnraum in ein Paradies verwandeln. Der Vorteil der Farbe Grün liegt darin, dass sie beruhigt und gleichzeitig belebt. Grün beruhigt nicht so stark wie Blau und belebt nicht so stark wie Gelb. Es ist die anmutige Mitte. Besonders ein stark weißgebrochenes Grün oder ein Lindgrün wirken als Wandfarbe reizvoll und schaffen eine angenehme Raumatmosphäre. Dazu kommt, dass Grün am längsten von allen Farben betrachtet werden kann, ohne unangenehm zu wirken.

Die englische »Society Lady« Nancy Cunard dekorierte 1911 ihren Salon in Cavendish Square in London mit arsengrünen Wänden (wie zuvor Napoleon). So wurde Grün zur beliebtesten Farbe für Salon und Wohnzimmer zu Beginn des 20. Jahrhunderts. Allerdings setzt ein derart starkes Grün einen großen Raum voraus, der heute eher selten ist, weswegen die kräftigen Grüntöne als Wandfarbe heute selten anzutreffen sind. Eher streicht man heute seine Wände blassgrün, wie den Salon von George Washington, und gibt dem Raum damit eine beruhigende Ausstrahlung.

Grünpflanzen schaffen eine lebendige Raumatmosphäre. Sie eignen sich für Zimmer, in denen man sich regeneriert, denn sie bringen verbrauchte Energien zurück.

Grün stärkt den Sehpurpur. Es ist deswegen als Hintergrundfarbe geeignet, wenn die Augen angestrengt werden, zum Beispiel bei der Bildschirmarbeit. Man sollte deswegen seinen Bildschirm entweder vor einem (Nord-)Fenster platzieren, durch das man ins Grüne sehen kann, oder vor einer (lind-)grünen Wand.

● Grün mit anderen Farben

Grün verträgt sich mit allen drei Grundfarben, wenn es auch in der formalen Ästhetik, die auf Goethe zurückgeht, Vorbehalte gegen die Kombinationen Grün – Gelb und Grün – Blau gibt.

- Grün – Blau – Weiß wird als positiv angesehen.
- Grün und Schwarz wurden als negativ und zerstörerisch angesehen. Dabei wird ein helles Grün durch das Schwarz gesteigert, ein dunkles Grün kann in dieser Kombination leicht vom Schwarz überstrahlt werden.
- Grün und Violett werden oft als negativ angesehen, obwohl der Autor es als reizvolle Farbkombination öfters einsetzt. Er hat diese Farben häufig bei Zimmern gegeneinander gesetzt, in denen er sich entspannt.

Farbmeditationen, Malen und Wahrnehmungsübungen

Meditation

Die Imagination einer grünen Wiese zur Stärkung müder oder fehlsichtiger Augen empfiehlt bereits Hildegard von Bingen. Jegliche Meditation auf Grün stärkt die Augen und ist zu empfehlen, wenn Sie lange am Bildschirm arbeiten. Ob Sie sich dabei mit geschlossenen Augen eine grüne Fläche vorstellen – was für nicht visuell veranlagte Personen nicht so einfach ist – oder ob Sie mit offenen Augen auf eine grüne Farbfläche weich schauen, spielt dabei keine Rolle.

Die klassische Meditation auf Grün, das dem Herz-Chakra zugeordnet wird, besteht darin, sich mit geschlossenen Augen sein Herz vorzustellen, das man in eine grüne Farbwolke einhüllt. Mit jedem Atemzug lässt man diese Farbwolke größer werden, bis sie am Ende der Meditation den gesamten Körper einhüllt. Danach öffnet man seine Augen, schaut sich in seinem Zimmer um und nimmt alles Grüne bewusst wahr.

Malen

Reizvoll finde ich die Mischübungen. Bei Grün können Sie von Gelb oder von Blau ausgehen. Mischen Sie in die gelbe Farbe vorsichtig Blau ein, bis Sie Ihr Lieblingsgrün erzeugt haben. Oder mischen Sie in Blau zunehmend Gelb ein, bis Sie abermals Ihr Lieblingsgrün erreicht haben.
Wie haben Sie den Unterschied empfunden, wenn Sie von Gelb oder Blau ausgehen?
Die gleiche Übung können Sie mit Farbstiften durchführen, indem Sie auf einem gelben Untergrund lasierend Blau auftragen oder auf einem blauen Untergrund Gelb auftragen. Gehen Sie vorsichtig und langsam vor, um zu spüren, wie sich Blau oder Gelb langsam in Grün verwandeln. Dabei werden Sie bemerken, dass sich Gelb schneller in Grün wandelt als Blau.

Lichtfarben

Rotorange (R):	Wellenlänge 600 nm[119]
Grün (G):	Wellenlänge 555 nm
Blauviolett (B):	Wellenlänge 445 nm
Gelb:	Rotorange und Grün
Blau:	Blauviolett und Grün
Purpur:	Blauviolett und Rotorange

Lichtfarben (RGB-Farben) entstehen durch selbst leuchtende Körper wie Sonnen, Bildschirme (Fernsehen und Computer), fluoreszierende Zifferblätter oder gefärbte Glühbirnen (Bühnenlicht). Sie sind uns von der prismatischen Brechung sowohl in Kristallen als auch im Regenbogen bekannt, wobei im Letzteren die Wassertröpfchen als Miniprismen wirken. Goethe stellte in seiner Farbenlehre fest, »dass die prismatischen Farben [Lichtfarben] viel lebhafter sind als die Farben der Fläche, worauf man sie fallen lässt«.[120]

Lichtfarben besitzen etwas Leichtes, Durchsichtiges, während Körperfarben einen materiellen und dichten Eindruck vermitteln. Bei den Lichtfarben sind Grün, Rotorange und Blauviolett die Primärfarben, für die es Farbrezeptoren im Auge gibt. Mischen wir die Lichtfarben vom langwelligen Rot bis zum kurzwelligen Violett, ergibt sich ein durchsichtiges Licht, das in der Literatur »weißes Licht« genannt wird.

Körper- oder Pigmentfarben besitzen andere Eigenschaften als Lichtfarben. Im Pigment der Körperfarbe ist selbst keine Farbe vorhanden, sondern das entsprechende Pigment absorbiert (schluckt) und reflektiert einen bestimmten Ausschnitt des Lichtspektrums. Das heißt, dass von dem Licht, das beispielsweise auf eine grüne Farbfläche fällt, alle Farben bis auf Grün absorbiert werden. Das grüne Licht wird reflektiert, wodurch der grüne Farbeindruck zustande kommt.

Mischen wir Körperfarben, ergibt die Mischung aller sechs Körperfarben ein schmutziges Grau. Die gleiche Farbe entsteht, wenn wir Violett als Körperfarbe mit ihrer Komplementärfarbe Gelb mischen (indirekt mischen wir alle sechs Farben). Körperfarben mischen sich subtraktiv, das heißt beim Farbdruck und der Malerei haben wir es stets mit subtraktiver Farbmischung zu tun.

Können bei den Lichtfarben Grün, Rotorange und Blauviolett nicht durch Mischung aus anderen Farben hergestellt werden, so können bei den Pigmentfarben Rot, Blau und Gelb nicht durch Mischung erzeugt werden und bilden somit die Primärfarben. Bei den Druckfarben sind dagegen Cyan (Blau), Magenta (Pinkrot) und Yellow (Gelb) die Primärfarben. Es hängt also vom Bezugssystem ab, welche Farbe eine Primärfarbe ist.

Tertiärfarben – Bunte Grautöne

Wir verlassen das Spektrum der Regenbogenfarben. Bunte Grautöne oder Tertiärfarben entstehen – bei den Körperfarben – durch die Mischung einer Grundfarbe mit ihrer Komplementärfarbe.

Bunte Grautöne
- Braun: Rot und Grün
- Olive: Gelb und Violett
- Buntes Grau: Blau und Orange (auch »warmes Grau« genannt)

Bunten Grautönen wird nachgesagt, dass sie eine mindere Qualität ausdrücken. Diese Farben sind zu gebrochen, um klar wirken zu können.

Werden bei den Sekundärfarben zwei Grundfarben gemischt, ist das ein Mischvorgang, der die Klarheit und Leuchtkraft der Farben wenig trübt. Bei den bunten Grautönen dagegen wird eine Grundfarbe mit einer bereits gemischten Farbe gemischt, das heißt, dass zwei Mischvorgänge am Entstehen dieser Farbe beteiligt sind. Dadurch wirken diese Grautöne gebrochen und unklar. Beliebt sind sie nur im militärischen Bereich, wo sie als Tarnfarben benutzt werden.

Braun enthält Rot und Gelb und Blau und so auch Orange und Grün. In allen drei bunten Grautönen mischen sich alle sechs Farben, was diesen Farbtönen die Klarheit raubt. Deshalb werden sie in der Symbolik mit Falschheit verbunden.

Wenn es einem auf die Klarheit der Farben ankommt, sollte man nie mehr als zwei Grundfarben mischen. Bei jeder weiteren Mischung entstehen unharmonische Farben, die sich schwer mit anderen Farben vertragen.

Bunte und unbunte Grautöne entstehen im Auge dadurch, dass das Auge versucht, Extreme zu vermeiden, und diese in Grau auflöst – ein weniger spannungsreicher Zustand.

Wegen ihrer »Unklarheit« eignen sich diese Farben wenig zur Raumgestaltung, wohingegen sie in der Mode der jüngeren Zeit immer wieder auftreten.

Erde

Mutter Erde   Acker   Boden

Fruchtbarkeit

Bodenhaftung   Tradition

altmodisch   rückständig

Sterben   Vergänlichkeit

Wehmut   Abschied

Herbst

scheues Reh

Bär

Bettler

Armut

Kot

Toscana   Sienna

Indian Summer

Nazis

Braun

Lage im Spektrum:	außerhalb des Spektrums
Wellenlänge:	wird der Farbe Rotorange mit verminderter Helligkeit angenähert, bei 640 nm
Körperfarbe:	Tertiärfarbe subtraktive Farbmischung von Rot und Grün
Farbreichweite:	sehr groß (verliert langsam seinen Charakter bei Mischung mit anderen Farben)
Temperatur:	warm
Volkstümliche Symbolik:	Erde, Acker/Boden
Esoterische Symbolik:	Erdung, Natur
Moderne Symbolik:	Nationalsozialismus; psychische Widerstandskraft
Götter:	Erdgöttinnen

Farbbezeichnungen und Pigmente

Wahrscheinlich denken Sie bei braunen Pigmenten sogleich an Erde. Das verwitterte eisenhaltige Gestein, das als Umbra und Ocker auftritt, hat unsere Vorstellung von der Künstlerfarbe Braun geprägt.

- **Braune Erde**
  - alle Brauntöne von dunkel bis hell
  - Braunstein, Eisenoxyde, Eisensilikate
  - Manganschwarz
  - Umbra

Bei diesen Pigmenten ist Vorsicht geboten, da sie zum Durchwachsen neigen, das heißt, die Farbe breitet sich beim Abtrocknen im Bild aus. Sie fließt aus. Ansonsten sind diese Pigmente lichtecht und preisgünstig.

- **Mumie**

Mumie ist dunkelbraun bis braunschwarz. Das Pigment und diese Asphaltfarbe heißen »Mumie«, da wirklich mit dieser Farbe in Ägypten mumifiziert wurde. Plinius erwähnt diese Farbe in seiner Naturgeschichte. Im 16. Jahrhundert zerkleinerten die Maler echte Mumien, um diese in der Ölmalerei beliebte Farbe zu erhalten. Das Pigment Mumie kann nur in der Ölmalerei verwendet werden.

Die Viktorianer Englands liebten dieses Pigment. Dafür ist Rosamunds Harleys Buch »Artist' Pigments 1600 to 1835« verantwortlich, in dem die Geschichte eines englischen Reisenden erzählt wird, der aus Mumienteilen eine feine schwarzbraune Farbe herstellte. Der Farbname kam der Gruselromantik der Viktorianer entgegen, wenn auch im Farbstoff fast niemals Mumienteile vorhanden waren. Der Farbname hat sich bis heute gehalten.

■ Ocker

Ocker kann Gelb- und Brauntöne erzeugen (Genaueres siehe unter Gelb, S. 23).

Bereits in der Altsteinzeit wurde Ocker für die Felsmalerei benutzt. Tote wurden mit Ocker bestrichen. Diese Farbe ist eine der ältesten Farben in unserem Kulturbereich.

■ Sepia

Der im Mittelmeer und Ostatlantik beheimatete Tintenfisch stößt aus seiner Enddarmdrüse bei Gefahr ein Sekret aus, um das Wasser zu trüben. Dieses Sekret bildet den Sepiafarbstoff der Maler. Diese alte Malfarbe wird heute chemisch hergestellt, ist günstig zu bekommen und lässt sich gut mischen.

Sepia ist ein Braunton, der Umbra gleicht. Mit dieser Farbe gestalteten Künstler wie Caspar David Friedrich Bilder, die an der Grenze zwischen Malerei und Zeichnung liegen (die so genannte Sepiamalerei).

Einführung

■ Wortstamm

Das Farbwort Braun geht auf das altgermanische Farbadjektiv *brun* zurück, auf das auch »Bär« und »Biber« zurückgehen. Braun bezeichnete ursprünglich die Farbe des Fells.

■ Bildende Kunst

Rembrandt (1606–1669) machte die tiefen Siena-Brauntöne salonfähig, mit denen er seine Zeitgenossen faszinierte. Als reine Farben im 18. Jahrhundert preiswerter wurden, entdeckten die Mode und die Maler die nuancierten Farbmischungen. So konnte Braun zu einer der Lieblingsfarben des Rokoko werden. Als dazu noch am Ende des 18. Jahrhunderts Ludwig XVI. »die Farbe des Flohs« begeistert pries, wurde für kurze Zeit Braun zur bevorzugten Farbe in der Kunst und Mode.

■ Farbtöne

Braun ist die eigenständigste Farbe unter den bunten Grautönen, genau wie Grün die eigenständigste Sekundärfarbe ist.

Brauntöne sind schwer aus Rot und Grün zu mischen. Es ist einfacher, fertige Brauntöne durch Gelb-, Blau- oder Roteinmischung zu verändern. Dass hierbei ein harmonischer Farbton entsteht, erfordert für den ungeübten Maler Fingerspitzengefühl.

Khak ist das persische Wort für Staub, *Khaki* ist die Farbe des Staubs – erdfarben. Khaki war der Originalton des Nazibrauns, das auf ein Hemd des Freikorpsführers Gerhard Roßbach zurückgeht. Göring und Röhm gefiel diese Farbe, und so wurde sie am Tag der Neugründung der NSDAP (27. 02. 1925) zur offiziellen Einheitsfarbe der Partei.

Bei Kühen und Pferden nennt man den hellbraunen Farbton falb.

■ Das anale Braun

Bei Braun drängt sich dem psychologisch Halbgebildeten die Assoziation »anal« auf. Sie ist eine der ersten Farben nach Rot, die unsere Faszination erregt – eben während der analen Phase, in der wir zur Sauberkeit erzogen werden. Was für das kleine Kind noch interessant war, wird für den Erwachsenen anrüchig. Er verbindet Braun mit dem Unsauberen. Insofern liegt ein Schatten auf dieser Farbe, der dadurch verstärkt wird, dass der braune Terror der Nazi-Terror war. Braun ist psychologisch und ideologisch negativ vorbelastet.

Ein Gegengewicht dazu bildet Braun als Farbe der Erde, so wie wir frisch gepflügte Erde im Frühjahr sehen. Das ist das großflächigste und damit mächtigste Erlebnis der braunen Farbe in der Natur.

Das Braune wird zur Erde und bringt die Fruchtbarkeit. Wenn wir nicht auf Sauberkeit fixiert wären, könnten wir Braun neben Grün als Farbe der Natur lieben. So tritt es in der Werbung für landwirtschaftliche Produkte auf. Mit Grün zusammen ist Braun eher akzeptiert als allein oder gar mit Schwarz.

■ Die hellen Ockertöne

Braun besitzt eine Spannweite von Faszination und Ekel. Bei einer Farbe mit solch großer Farbreichweite ist die Bedeutung wesentlich vom Farbton abhängig.

Hellt sich Brau zu lichten Ockertönen auf, besitzt es das Flair der Toskana. Es wandelt sich zu einer beliebten Farbe, die selbst ein Deutscher unbelastet ertragen kann. Ihr beschwingter und doch zurückhaltender Charme ließ die hellen Brauntöne zu einem Klassiker in der Damen- und Herrenbekleidung werden. Besonders die Farbtöne des hellen Beige sind beliebt. Beige ist ein sandfarbener Ockerton, der graugebrochen ist. Es wird deswegen auch »Graugelb« genannt.

■ Braun und Erotik

Die braune Haut wurde zum Sinnbild sexueller und erotischer Sehnsüchte. Die weiße Haut galt zwar als feiner, aber auch als unerreichbar. Schon im Minnesang war Braun die Farbe der erfüllten, aber geheim gehaltenen Liebe.

Für weißhäutige Menschen hat die braune Haut seit Beginn des 20. Jahrhunderts etwas Verführerisches an sich. Wer gebräunt ist, hat Zeit und Geld für Urlaub. Gebräunte Haut gilt als lebensfroh und vital im Gegensatz zur Leichenblässe.

Die Verbindung von Braun mit Erotik wird auch bei den Dessous aufgenommen, bei denen helle Beigetöne beliebt sind.

Allgemeine Symbolik

■ Braun ist Natur

Das positive Braun ist ein Symbol für Naturverbundenheit und die Fruchtbarkeit der Erde. Dazu gehört das oben vorgestellte erotische Braun genauso wie das eher dunklere Braun des frisch gepflügten Feldes. Braun ist so stark der Erde und der Natur verbunden, dass es jede Verwendung außerhalb dieses Zusammenhangs übel nimmt. Es schlägt beleidigt um und zeigt seinen abschreckend künstlichen Charakter. Braun gestrichene Balken sind beispielsweise eine Verbesserung der Natur, die dem Menschen nicht zusteht.

Wo Braun auftritt, leitet uns unsere Einstellung zu dieser Farbe. Um eine Scheußlichkeit gleich vorwegzunehmen: dunkelbraunes Plastik. Braunes Plastik atmet den Hauch des Altertümlichen. Es ist zu einem Sinnbild des Ärmlichen geworden. Braunes Leder und braunes Holz dagegen wirken positiv auf uns, da sie Natur signalisieren. Leder ist in diesem Zusammenhang der gegerbte Stellvertreter der braunen Haut. So darf man seine Haut zur Schau tragen, und Braun wird erotisch.

Seitdem Natur gefragt ist, wird Holz nicht mehr so häufig gebeizt oder lackiert. Vielmehr werden im Schweiße des Angesichts Farbschichten von Holztüren, Schränken und Truhen entfernt.

Auf Metall wirkt Braun eigenartig unpassend und kommt nur noch beim Backblech vor – ein Gegenstand, den man freilich weniger nach seiner Farbe bewertet. Beim Kuchenteig und Brot dagegen ist es anders: Ein leicht dunkles Braun verspricht Wohlgenuss.

Braun verweist auf die einfachen Freuden des alltäglichen Lebens. Deswegen gilt es in einigen Zusammenhängen als schäbig, als zu erdverbunden, wo man sich mehr Leichtigkeit wünscht.

■ Der schützende Aspekt der Erde

Braun ist früher ausnahmslos als weibliche Farbe angesehen worden. Als Farbe der Mutter Erde und der Fruchtbarkeit liegt das nahe. Das Fell vieler Tiere ist deswegen braun, um sie vor einem Aufbringen zu schützen. Die Assoziation von Frauenhaut und Tierfell findet sich als Klischee in zweitklassigen Romanen. Hier ist es das Bild vom scheuen Rehlein, das halb sich schützt und halb doch lockt.

■ Braun ist Armut

Braun ist die Farbe der Unberührbaren in Indien. Braun war auch in unserem Kulturbereich die Farbe der Bettler, armen Bauern und Herumziehenden. Braun war die billige, schmutzige Kleidung, die zu einer Uniform der Armen wurde. Das ist ein Grund, warum Braun heute vielen als unsympathische Farbe gilt.

Braun ist arm. Es ist arm an Glanz, der den Reichtum ausmacht. Als zweifache Farbmischung (Tertiärfarbe) ist Braun eine »Missfarbe«, wie Goethe Farben nannte, die öfter als einmal gemischt wurden. Missfarben verlieren ihren Glanz und werden häufig diffamiert und abgelehnt. Als hässlichste aller Farben wurde Braun im Mittelalter bezeichnet. Damals lehnte man es ab, weil es die Farbe der Armen war. Ungefärbte Wäsche war damals ein Stigma, gilt heute als gepflegt und kostet mehr als erwartet.

■ Braun ist Tod

Über Braun liegt der Schleier des Herbstes. Braun ist damit auch Absterben, Tod und Vergänglichkeit. Jede noch so bunte Pflanze verliert ihre Farbe und wird braun. Braun ist der Ursprung, die Erde, und Braun ist das Ende. Solche grundlegenden Naturerfahrungen prägen unser Farbempfinden. Es geht eine Starre vom Braun aus, die viele Brauntöne angepasst, bieder, mittelmäßig und langweilig wirken lässt.

In Georg Trakls (1887–1914) Poesie stoßen wir auffallend oft auf Braun. Es sind stets wehmütige Herbstgefühle und die Stimmung des Abschieds, die der Dichter mit Braun beschwört.

Mythologie, Religion und Aberglaube

■ Mönchisches Braun

Das Christentum fühlt sich zu den dunklen Brauntönen hingezogen. Sie symbolisieren im Mönchsgewand die Absage an die Welt und Buße. Mit Braun kehrt der Mönch der bunten Welt den Rücken. Berühmt wurde die braune Kutte des Franz von Assisi. Giotto malte ihn in dieser Kutte, die Einfachheit signalisiert. Das Braun der Kutte war keineswegs eine einfältige Farbwahl, sondern als Protest gegen den Luxus der Kirche gedacht. Braun sollte den Mönch unattraktiv wirken lassen. Er unterschied sich farblich nicht von den Armen seiner Zeit.

■ Moderne Mythen

Nazi-Braun und Biederkeit

Die Farbe der Nazis war Braun, da sie das »normale Volk« ansprechen wollten. Braun ist bieder, was auf viele Nazis sympathisch wirkte, und praktisch war es allemal. Ein brauner Anzug oder ein braunes Hemd einte die Gruppe der verkleideten Nazis und der Biederen. Die braune Zeit in Deutschland hat Braun zur unsympathischen Farbe werden lassen.

Psychologie

■ Psychologische Wirkung der Farbe Braun

Kreativitätsforscher sind sich einig: Braun dämpft die Kreativität. Es wirkt sich negativ auf das geistige Wohlbefinden aus. Das mag daran liegen, dass Braun zu sehr Gemütlichkeit ausstrahlt, eine Gemütlichkeit, die den Gegenpol zur Kreativität darstellt. Braun ermüdet, da es in vielen seiner Farbtöne als reizlos empfunden wird.

■ Lieblingsfarbe

Wenn Sie Braun als Lieblingsfarbe gewählt haben, scheinen Sie ein Naturmensch zu sein, der praktisch ausgerichtete ist und die Erde mit seinen Händen berühren muss. Man sagt Ihnen nach, dass Sie konservativ sind. Der Psychologe würde hierin eine Unsicherheit erkennen, die sich hinter dem biederen oder gefälligen Braun versteckt. Farbtests würden Sie als schüchtern einstufen und Psychoanalytiker als anal gestört. Der Laienpsychologe würde Depressionen wittern und sein eigenes Vorurteil gegen Braun offenbaren. In der humanistischen Psychologie würde man verständnisvoll nicken: Sie haben Ihr Krafttier noch nicht gefunden. In welcher Sprache man es ausdrücken mag, eins ist deutlich: Braun wählt der, der sich nach dem Natürlichen sehnt.

Bei Braun als Lieblingsfarbe oder wenn Sie Braun ablehnen, sollten Sie sich Folgendes fragen:

- Wie sieht es mit meiner Erdung aus?
- Würden andere mich eher als konservativ oder als revolutionär bezeichnen?
- Was bedeutet Natur für mich?

Heilen

Braun ist keine Heilfarbe. Es wird nur als braune Heilerde benutzt.

Steine

Es gibt wenig braune Steine. Meist sind sie orange wie der Karneol oder braunschwarz wie manche Onyxe. Die wenigen rein braunen Steine wie Katzen- und Tigerauge, Obsidian, Jaspis sind im Grunde eher goldbraun oder meist in vielen Farben schimmernd.

Steine wie der rotbraune Granat, die früher billig waren und den typischen Schmuck der Bäuerinnen darstellten, wurden oft in Messing gesetzt, da selbst Silber für sie als zu edel galt – an Gold war gar nicht erst zu denken. Braune Steine galten weitgehend als unedel, eben als »zu natürlich«.

■ **Katzenauge**
Sammelbegriff für braune Steine (wie z. B. Chrysoberyll, Quarze und Turmaline), die streifig schimmern. Bei den Arabern sind sie beliebt als Amulett. Katzenaugen **sollen nicht nur den bösen Blick abwenden, sondern können auch in Kampfsituationen unsichtbar machen. Untreue des Partners sollen sie durch Verfärbungen enthüllen.**

■ **Tigerauge (Härte 7)**
Dieser bräunlich schimmernde Quarz soll nach der Volksmedizin **ruhig, geerdet und pragmatisch** machen. Wie versteinertes Holz verhilft das Tigerauge zur **Bodenständigkeit.** Außerdem soll es Krämpfe lösen.

Pflanzen

In Braun ist die Kraft der Erde. Es symbolisiert aber auch den Verfall und die Krankheit der Pflanze. Jedes braune Blatt wird argwöhnisch beäugt, und in der braunen Blätterfülle des Herbstes weiß jeder, dass es bergab geht. Mit Braun wird es dunkel.

■ Der braune Tabak und der blaue Dunst

Der braune Tabak ist ein gutes Beispiel dafür, wie alles im Reich der Symbolik sein Gegenteil findet. Tabak zu genießen, wurde durch die Jahrhunderte auf unterschiedliche Weise diskriminiert. Im 19. Jahrhundert war es noch leicht, verrucht zu wirken, man brauchte nur zu rauchen. Heute wird der braune Tabak als Suchtbringer dämonisiert, was ebenfalls in diese Richtung von Verruchtheit und Verwegenheit tendiert. Der Böse im Krimi rauchte, so war die Konvention.

Ganz anders wird der Tabak bei indigenen Völkern des Amazonasgebiets gesehen. Dort ist der Tabak eine der wichtigsten Pflanzen im geistigen Leben. Er wird als ein lebendiger Geist angesehen, der Klarsichtigkeit erzeugt. Tabak wird als Heilpflanze eingesetzt. Er soll reinigen und die Fruchtbarkeit erhöhen (allerdings handelt es sich hierbei um Nicotina rustica, der sich wesentlich vom kommerziellen Tabak unterscheidet, da er ohne chemische Behandlungen wächst und keinerlei Zusätze erhält).

Die in unserer Gesellschaft akzeptierten braunen Suchtmittel sind Coca-Cola und all die Heißgetränke, um die sich die Kaffeehauskultur entfaltete.

Tipps für den Alltag

■ Körperlicher und seelischer Nutzen der Farbe

Wie bei den meisten Farben kommt es bei Braun darauf an, wo es auftritt. Die braunen Stellen am Obst und Gemüse sind ein ungern gesehenes Zeichen von Verfall, braune Brötchen und braun Gebratenes gehören hingegen ins Schlaraffenland. Bei Lebensmitteln symbolisiert die Farbe Braun die natürlichere Wahl. Brauner Zucker und brauner Reis sind so beliebt, dass weißer Zucker braun gefärbt wird, um Natürlichkeit zu signalisieren.

Natürlich braune Lebensmittel haben oft einen angenehmen, herb-bitteren Geschmack, z. B. Tee, Bier und Kaffee. Die Genussmittel Kakao, Kaffee, Schokolade, Tabak und Tee sind braun und signalisieren sowohl Anregung als auch Entspannung.

■ Kleidung

Der englische Gentleman vom Lande trägt den braunen Harris Tweed mit braunem Lederbesatz am Ellenbogen und ist niemals under- oder overdressed. Der Biederkeit entgeht er in seiner Exzentrik allemal. Das war das Lob jenes braunen Jacketttyps, zu dem freilich eine braune Cordhose gehört.

Alle anderen braunen Kleidungsstücke sind gefährlich. Entweder sie wirken altmodisch, bieder oder langweilig. Pullover in Naturfarbe sind eine Ausnahme, da sie zum »country style« gehören.

Braune Hemden wirken stets pfadfinderhaft oder schlimmer, manch einer mag sich noch erinnern, dass die Nazis Braunhemden genannt wurden. Im braunen Mantel sehen Sie oft unfreiwillig wie ein Mönch aus. Der Bademantel ist eine Ausnahme. Ein hellbrauner Bademantel auf sonnengebräunter Haut wirkt unwiderstehlich. Hellbraune Kleidung lässt unsere Haut gebräunter scheinen, als sie ist. Sie wirkt als optischer Verstärker. Bei brünetten Frauen kann braune Kleidung deswegen vorteilhaft den Typ verstärken und erdhafte Sinnlichkeit ausdrücken. Braun ist seit vielen Jahren eine bevorzugte Farbe in der Damenmode. Mit Erdfarben (Ockertöne und Beige) sehen Sie meist gut angezogen aus.

■ Architektur und Umgebungsgestaltung

Ein warmer brauner Holzton schafft Gemütlichkeit. Er kann jedoch, wenn er zu dunkel gewählt wird, leicht ins Bedrückende abrutschen. Braune Zimmer wirken warm. Man muss jedoch aufpassen: Räume mit brauner Wandfarbe, aber auch mit braunem Teppich oder vielen Holzmöbeln wirken enger, jedoch man fühlt sich in ihnen geborgen.

Ein Raum mit hellen Ockertönen als Wandfarbe kann edel und warm wirken, aber man muss Acht geben, den genau richtigen Farbton zu bekommen.

■ Die Farbe Braun mit anderen Farben

Ab 1650 wendet sich Rembrandt (1606–1669) verstärkt der Gestaltung der Farbe Braun zu. Er lässt Braun in Gold nicht nur in seinem berühmten Bild »Mann mit Goldhelm« übergehen. Rembrandts Farbatmosphäre wird insgesamt von gebranntem Siena und Gold bestimmt. Das geheimnisvolle Lichtspiel der Kirchenräume stellt Rembrandt mit den Übergängen von Braun nach Gold dar.

Man könnte bei Rembrandt den Nachklang einer alchemistischen Stimmung vermuten. Den Alchemisten ging es nach eigener Beschreibung darum, aus dem braunen Kot Gold zu machen.

Farbmeditationen, Malen und Wahrnehmungsübungen

Visualisierung

Braun kann man sich leicht vor seinem inneren Auge vorstellen, speziell ein dunkles Braun. Wenn Sie sich mit geschlossenen Augen Ihr Lieblingsbraun vorstellen und dieses für ein paar Minuten halten, machen Sie sich bewusst, welche Gefühle in Ihnen hochsteigen. Woran denken Sie spontan?

Wenn Sie sich nach dieser kleinen Übung in Ihrem Zimmer umschauen, welche Brauntöne nehmen Sie dort wahr?

Malen

Eine andere Möglichkeit, sich der Farbe Braun anzunähern, besteht in der Mischung dieser Farbe. Nehmen Sie dazu ein möglichst reines Rot und mischen Sie ein reines Grün hinein, das zur Hälfte aus Blau und Gelb besteht. Am schönsten können Sie die Wandlung von Rot zu Braun betrachten, wenn Sie dem Rot Tropfen für Tropfen Grün zufügen. Das kann man mit farbigen Tinten versuchen, die oft mit einer Mischpipette verkauft werden.

Noch reizvoller, aber ungleich schwieriger wird diese Übung, wenn Sie in das Rot zuerst etwas Gelb und dann Blau einmischen. Führen Sie diese Übung öfter durch, sollten Sie die Reihenfolge verändern: Rot – Blau – Gelb oder Gelb – Blau – Rot und alle anderen Möglichkeiten. Dies zeigt Ihnen, auf welch unterschiedliche Weise Braun entstehen kann.

Olivenbaum

Gesundheit   Langlebigkeit
Mittelmeer

Ölzweig

Friedenstaube

Tarnung

Militär

Olive

Lage im Spektrum:	außerhalb des Spektrums
Wellenlänge:	wird einem abgedunkelten Gelb angenähert, etwa bei 540 nm
Körperfarbe:	Mischfarbe
	bunter Grauton
	subtraktive Farbmischung von Gelb und Violett
Farbreichweite:	sehr groß (verliert langsam seinen Charakter bei Mischung mit anderen Farben)
Temperatur:	laue Farbe
Volkstümliche Symbolik:	Natur (Mittelmeer)
Esoterische Symbolik:	Frieden (der Olivenzweig im Schnabel der weißen Taube)
Moderne Symbolik:	Gesundheit und Langlebigkeit

Olive wird auch Dunkelgelb oder Olivgrün genannt und ist eine moderne Farbe. In früheren Jahrhunderten, als klare Farben als schöne Farben galten, wurden Mischfarben wie Olive als »schmutzig« und »unklar« empfunden.

Die Symbolik der Farbe Olive ist an der Symbolik der Farbe Grün ausgerichtet. Olive wird als ein gebremstes Grün empfunden. In der Mode wird es jedoch als vornehmes, zurückhaltendes Grün dem reinen Grün vorgezogen. Dieser leicht violette Braunton kleidet den Herbsttyp besonders gut.

Mit der Farbe Olive wird zugleich an den Olivenbaum und damit an das Olivenöl erinnert, das zum Symbol der gesunden Ernährung geworden ist.

Eleganz

vornehme Zurückhaltung

Unklarheit

Falschheit

Buntes Grau

Lage im Spektrum:	außerhalb des Spektrums
Wellenlänge:	wird einem blassen, abgedunkelten Blau angenähert, bei 475 nm
Körperfarbe:	Mischfarbe
	bunter Grauton
	subtraktive Farbmischung von Blau und Orange
Farbreichweite:	sehr groß (verliert langsam seinen Charakter bei Mischung mit anderen Farben)
Temperatur:	kühle Farbe
Volkstümliche Symbolik:	Unklarheit
Esoterische Symbolik:	Falschheit
Moderne Symbolik:	Eleganz, vornehme Zurückhaltung

Das bunte Grau ist eine moderne und relativ seltene Farbe, die man ehesten noch in der Herrenmode findet, wo bedeckte Töne Vornehmheit signalisieren. Dieser Ton kleidet den Herbsttyp gut.

Metallfarben

Nach der Betrachtung der bunten Farben kommen wir zu den Farben, die weitgehend für Accessoires und nie großflächig angewandt werden. Das sind die Farben der Metalle Gold, Silber und Kupfer, die zu mächtig und dominant sind, um in größeren Mengen verwendet zu werden.

Sonne   Gott

Glanz   Glück   Reichtum

Das goldene Kalb   Pracht   Macht

Goldrausch

Höheres Selbst

Seelengold   Treue

Das goldene Vlies

Rheingold

Weißes Gold   Schwarzes Gold

Flüssiges Gold

Gold

Lage im Spektrum:	außerhalb des Spektrums
Farbreichweite:	groß
Temperatur:	sehr warme Farbe
Entsprechende Form:	rund
Volkstümliche Symbolik:	Reichtum, Glück, Treue
Esoterische Symbolik:	Gott
Moderne Symbolik:	Höheres Selbst, Seelengold
Götter:	Sonnengötter

Farbbezeichnungen und Pigmente

Das poetisch benannte Muschelgold ist ein echtes Goldpulver auf Gummiarabikum-Lösung, die sich zum Schreiben und Malen eignet und hochbeständig, da nicht wasserlöslich ist. Das Goldpulver wurde im Mittelalter teilweise mit Honig gebunden.

Blattgold ist ebenfalls echtes Gold.

Heute werden in der Malerei meistens preisgünstige synthetische Goldpigmente benutzt.

In der Buchmalerei des Mittelalters half man sich häufig mit Safranfarben aus, um den Goldton billig herzustellen. Allerdings ist die Beständigkeit dieser Farben nur äußerst gering.

Einführung

Es ist nicht alles Gold, was glänzt.
Aber es glänzt auch nicht alles, was Gold ist.

(Friedrich Hebbel)

■ Wortstamm

Das Farbwort Gold geht auf einen gemeingermanischen Farb- und Metallnamen für »gelblich glänzend« zurück.

■ Bildende Kunst

In der religiösen Malerei wurde Gold oft als Hintergrundfarbe genutzt. Eine besondere Ausprägung fand der christliche Goldrausch in Byzanz. Später ist das Barock das Zeitalter des Goldes. In der Malerei des gesamten Mittelalters ist Gold die Steigerung der Lichtfarbe Weiß.

Vom 4. Jahrhundert bis etwa 1500 war der Goldgrund bei Bildern üblich, der erst mit der Entdeckung der Linienperspektive verschwand. In der russischen Ikonenmalerei blieb dieser Goldgrund. Man benutzte meisten Blattgold. Polimentvergoldung ist die älteste, bis heute noch praktizierte Form der Blattvergoldung, bei der man einen Maluntergrund mit rotem Bolus (Tonerde) herstellte, auf dem der Künstler das Blattgold aufträgt (das Fett der glatten Bolus-Oberfläche hält das Gold).

■ Farbtöne

Farbnuancen im Gold kommen durch Beimischung von Metallen – normalerweise Kupfer oder Silber – zustande.

■ Gold ist die Oktave von Gelb

Gold ist die Farbe der Götter. Die Totenmaske von Tutenchamum besteht aus Gold. In Ägypten wie bei den Christen steht Gold für die Größe Gottes, weswegen alle christlichen Kirchen goldene Gegenstände lieben. Die christliche Kirche hat eine Affinität zu Gold: Monstranzen, Kelche, Bilder und deren Rahmen, um nur einige Dinge zu nennen, sind vorzugsweise Gold. Gold war nicht nur gut geeignet, um die gehorteten Gelder anzulegen, sondern auch, um die Herrlichkeit Gottes zu zeigen. Gold ist Pracht. Mit Prachtentfaltung will man beeindrucken. Betrachtet man Gold kritisch, lässt es »Angeberei« assoziieren.

Gold ist aber auch Glück, da es stets auf den Reichtum und so auf Freiheit und Macht verweist.

Allgemeine Symbolik

■ Farbe der Macht

Die Farbe Gold ist wie die Farbe Silber eng an das Metall geknüpft, das sie symbolisiert. Edelmetalle bedeuten Macht. Gold als edelstes dieser Metalle bedeutet höchste Macht. Ferner symbolisiert Gold Beständigkeit. Man sagt »treu wie Gold«, denn Gold geht mit anderen Elementen keine Verbindung ein. Es oxydiert und rostet nicht und ist wertbeständig. Wegen dieser Beständigkeit ist Gold die Farbe der großen Jubiläen, die als goldene Jubiläen bezeichnet und gefeiert werden.

Da Gold an Macht und Reichtum gebunden ist, zog es einst viele Menschen an, die versuchten, aus Minderwertigem Gold zu machen. Zu nennen sind die Alchemisten, die sich vergeblich bemühten, Gold herzustellen. Besonders gelbe Substanzen dienten ihnen als Ausgangsprodukt. Da wurden Eidotter, Schwefelsäure, Zimt und Urin vergeblich benutzt, um Gold hervorzubringen.

■ Farbe der Sonne

In den meisten Zusammenhängen symbolisiert Gold wie Gelb die Sonne. Somit ist Gold eine männliche Farbe, die für Reichtum und Herrschaft steht. So durfte nur der Kaiser mit Gold seine Briefe versiegeln. Diese Schriftstücke hießen »goldene Bullen«.

Dass Gold die Macht der Sonne symbolisiert, finden wir in den meisten Kulturen. Es kann als archetypisch angesehen werden.

Mythologie, Religion und Aberglaube

Nach Golde drängt, am Golde hängt doch alles.
(Johann Wolfgang von Goethe)

■ Außereuropäische Mythologie

Krösus in Lydien (595–546 v. u. Z.) war der erste Herrscher, der Goldmünzen prägen ließ. Sein Land war goldreich. Krösus wurde sprichwörtlich für den Reichtum und somit für Gold. Gold als Farbe wurde seit dieser Zeit zum Symbol für Geld, Einfluss und Macht. Allerdings gab es bereits in der Antike kritische Einstellungen zum Gold. König Midas wurde dem Mythos zufolge von Dionysos gewährt, dass alles, was er berührte, zu Gold wurde. Als er durch diesen törichten Wunsch zu verhungern drohte, wurde durch ein Bad im Fluss der Fluch wieder rückgängig gemacht.

In der griechischen Mythologie spielte Gold oft eine Rolle. Man denke nur an das goldene Vlies, das die Argonauten in Kolchis raubten. Dieser Mythos geht auf die historische Tatsache zurück, dass es im Land der Kolchier gold-reiche Flüsse gab. Die Kolchier nutzten die Schaffelle, um die schwereren Goldpartikel vom Sand zu trennen, und besaßen in der Tat goldene Vliese.

In Deutschland war der goldreichste Fluss im Mittelalter der Rhein. Darauf bezieht sich die Rheingold-Sage. Und immer ist es in deutschen Sagen die goldene Pflanze, die den Schlüssel zu verborgenen Schätzen bietet.

Die Chinesen sehen ihre Haut nicht als gelb, sondern als golden an. Das geht auf folgenden Mythos zurück: Als Menschen geschaffen wurden, hatte Gott sie geformt und in den Ofen geschoben. Beim ersten Versuch holte er sie zu früh aus dem Ofen, und sie waren weiß. Beim zweiten Versuch ließ er sie zu lange drin, und sie wurden schwarz. Beim dritten Versuch gelang es ihm, und sie waren goldgelb.

■ Moderne Mythen

Goldenes Zeitalter

Das goldene Zeitalter stellt einen Traum der Menschheit dar, der in allen Kulturen und zu allen Zeiten geträumt wurde. Wie im Schlaraffenland – einem Bild, das seit der Antike auftauchte – tropft im goldenen Zeitalter der goldene Honig von den Bäumen, und in den Flüssen fließt köstlichste Milch. Milch und der goldene Honig sind verbreitete Symbole des Selbst und verweisen auf ein »Land« in uns, in dem alles im Fluss ist. Uns stehen unbegrenzte Möglichkeiten zur Verfügung, ohne dass wir uns anstrengen müssen. So erfährt der Befreite die Welt. Wer sein Selbst entwickelt hat, der zieht das Glück an.

Seelengold

Gold als edelstes aller Metalle ist ein weit verbreitetes und wohl bekanntes Symbol für das Selbst. Jede Zeit hatte ihre Art des Goldrausches – es ist zu vermuten, dass in der Gier nach Gold eine große Sehnsucht nach dem verlo-renen Selbst wirkt.

Ideal stellt sich das Seelengold in der goldenen Kugel dar. Hier sehen wir, wie ein archetypisches Bild Elemente anderer, ebenso mächtiger arche-typischer Bilder aufnimmt. Gold und Kugel wurden beide seit Urzeiten als archetypische Bilder des Selbst verstanden. Im Märchen vom Froschkönig (Brüder Grimm, KHM 1) verliert die Königstochter ihr Selbst, das sie vom

Tierischen wieder erhält. Dadurch werden die Königstochter zur Frau und der verzauberte Königssohn zum Mann. Anschaulich wird in diesem Märchen dargestellt, was die Bildung des Selbst ausmacht: In der Kindheit ist eine spielerische Ganzheit natürlich vorhanden. Das Weibliche neigt dazu, seine Natur, das Triebhafte und Unbewusste, zu unterdrücken. Die feine Balance des Selbst zwischen Kultur und Natur, zwischen bewusst und unbewusst, ist zerstört. Aber auch dem Mann geht es nicht besser: Er wird vom Tierisch-Triebhaften besessen und verliert so das Selbst. Jeder bekommt vom anderen das Gegenstück: die Prinzessin das Tierische vom Mann und dieser das Geistige von der Prinzessin (als Anima-Symbol). Die Ganzheit ist hergestellt, die goldene Kugel ist gerettet, das Selbst wirkt wieder.

Gold symbolisiert zugleich ein anderes verbreitetes Bild des Selbst, nämlich die Sonne.

Gold erhöht, und so ist Gold eine beliebte Farbe im Verpackungsdesign.

Psychologie

■ Psychologische Wirkung der Farbe Gold

Die Farbe Gold steht für die Sehnsucht nach Macht und Reichtum. Für Jung drückt Gold den inneren Reichtum, das Ideal der seelischen Ganzheit aus.

■ Lieblingsfarbe

Wer Gold liebt, hängt an materiellen Gütern. Er möchte mit ihnen Unsicherheiten überdecken.

Bei Gold als Lieblingsfarbe oder wenn Sie Gold ablehnen, sollten Sie sich Folgendes fragen:

- ■ Wie schutzbedürftig bin ich?
- ■ Reagiere ich häufig konventionell?
- ■ Bin ich neidisch?

Heilen

Wer Gold trägt, der stärkt sich auf homöopathische Weise mit der Kraft des Goldes.

■ **Aurum**
Das homöopathische Mittel Aurum ist bei den Menschen angezeigt, deren Ego gestärkt werden muss. Es ist Gift bei egoistischen Menschen.

Pflanzen

In Schatzsucher-Sagen spielt Gold eine wichtige Rolle, da es Symbolfarbe des Geldes ist. Häufig sind es drei gold blühende Blumen, die dem wissenden Sucher die Lage des Schatzes zeigen. Aber goldgelbe Blumen lassen nicht nur unterirdische Schätze finden, sondern sie öffnen auch die Türen zu verwunschenen Schlössern, in denen man wieder Schätze findet. Diese Bedeutung der goldenen Pflanze als magische Pflanze, die zu Reichtum verhilft, geht zurück auf die im Altertum beliebte Sage von Aeneas (Vergil, Aeneis VI), der sich mit dem goldenen Zweig die Schätze der Unterwelt erschließt.

Tipps für den Alltag

Gold ist eine Schutzfarbe, mit der sich der Magier von den Einflüssen der Außenwelt abschirmt. Wer sich jedoch zu sehr mit Gold umgibt und behängt, wirkt angeberisch und protzig. In der Kleidung ist Gold eine schwierige Farbe, die selten mit Würde getragen werden kann.

■ **Architektur und Umgebungsgestaltung**
In einer Wohnumgebung, in der warme Farbtöne vorherrschen, schaffen goldene Accessoires eine angenehme warme Atmosphäre.

220

▪ Die Farbe Gold mit anderen Farben

Gold und Schwarz bzw. Weiß

Schwarzes Gold wird Erdöl, weißes Gold wird Elfenbein und Porzellan genannt.

Weißgold war früher unbeliebt, da weißes Gold dadurch zustande kam, dass es mit Quecksilber gestreckt wurde. Heute ist Weißgold eine harte Legierung mit Palladium und Nickel.

Gold neben Schwarz war die Farbe der Abbasiden (Kalifengeschlecht) und wirkt auch für unseren heutigen Geschmack edel.

Gold und Rot

Rotgold entsteht durch Kupferbeimischung. Bis zum Anfang des vorigen Jahrhunderts galt die rotgoldene Farbe von Schmuck als begehrenswert. Schon die Römer stellten Rotgold her.

Gold neben Rot wirkt leicht aufdringlich.

Gold und Grün

Grüngold ist eine Legierung mit Silber und Kadmium. Es wird fast nicht mehr hergestellt und wurde aus Kontrastgründen in der Schmuckverarbeitung eingesetzt.

Gold und Blau

Blaugold ist eine Legierung mit Stahl, die nur selten hergestellt wird.

Farbmeditationen

Jeder kennt die Freimaurer-Meditation auf die goldene Kugel am Solarplexus. Das ist eine wirksame Schutzmeditation, die speziell Therapeuten anwenden. Man kann sich grundsätzlich schützen, indem man sich mit einer goldenen Farbwolke umhüllt. Ansonsten birgt die Meditation auf Gold die Gefahr, abzuheben und seine Situation zu idealisieren.

Mond

Nacht

Frauen

Schimmer   Hoffnung

Silberstreif am Horizont

Schnelligkeit   Rasanz

Moderne Technologie

Demut

Ehre

Reinheit

Unschuld

Silber

Lage im Spektrum:	außerhalb des Spektrums
	Steigerung vom unbunten Grau
Körperfarbe:	Metallfarbe
Farbreichweite:	gering (verliert schnell seinen Charakter
	bei Mischung mit anderen Farben)
Temperatur:	kalte Farbe
Entsprechende Form:	nach Eva Heller entspricht »das Eckige«
	dem Silber
Volkstümliche Symbolik:	kleiner Gewinn
Esoterische Symbolik:	Mond
Moderne Symbolik:	Technik
Götter:	Mondgöttinnen

Farbbezeichnungen und Pigmente

Silberpulver aus echtem Silber kann wie Goldpulver zum Schreiben und Malen verwendet werden. Es deckt gut, muss aber gefirnisst werden, da es sonst nachdunkelt (anläuft).

Einführung

■ Wortstamm

Das Farbwort Silber ist ein altes Lehnwort, das auf eine unbekannte nichtindogermanische Sprache zurückgeht, die das Metall bezeichnete.

■ Bildende Kunst

Die Farbe angelaufenen Silbers war in der Malerei des Mittelalters ein Symbol für Trägheit.

■ Farbtöne

Aluminium und Chrom gehören farbtheoretisch ebenfalls zur Farbfamilie Silber.

Silber symbolisiert das Rasante. Es besitzt eine hohe Energie und wird deswegen seit den frühmittelalterlichen Alchemisten mit der Schnelligkeit assoziiert. Es ist die Farbe des postmodernen Zeitalters der Beschleunigung.

Silber gibt den Eindruck von Schnelligkeit und moderner Technologie. »Schnelligkeit« ist die erste Eigenschaft der Farbe Silber, die Probanden in Versuchen einfällt (mehr als jeder Dritte produziert diese Assoziation). Silber ist nicht nur die Farbe von Silber, sondern auch die moderner Leichtmetalle, aus denen Flugzeuge und Raketen gebaut werden.

Allgemeine Symbolik

Silber besitzt wenig Eigenständigkeit. Eva Heller, eine der wenigen Farbforscherinnen, die über Silber nachdachten, bringt es auf den Punkt, wenn sie nach dem Anführen vieler Beispiele schreibt:

»Die dem Silber zugeschriebenen Eigenschaften sind oft keine Eigenschaften des Silbers, nur Kontraste zum Gold.«[121] Silber wirkt neben Gold bescheiden.

Das Element Silber ist nicht so rar wie Gold. Es kommt über zwanzigmal häufiger als Gold vor. Es ist das meist verwendete Edelmetall, und deswegen steht die Farbe Silber für Funktionalität. Wir sind von silbernen Objekten umgeben: Nägel, Wasserhähne, Alufolie, um nur einige zu nennen.

Das meiste Silber verbraucht die fotochemische Industrie. Da Silber ein guter Leiter ist, wird es häufig in der Elektroindustrie gebraucht. Silber ist ein praktisches Metall. Ohne Silber wäre unser Spiegelbild stumpf. Silber ist die Farbe, die am besten Licht reflektiert.

■ Das positive Silber

Silber ist hell und klar. Wir sprechen von der silbernen Stimme. Der *Silberstreif am Horizont* (der Ausdruck wurde 1924 von Gustav Stresemann geprägt) ist ein Ausdruck der Hoffnung auf eine helle, positive Zukunft. Positiv ist auch der Glanz dieser Farbe in Ausdrücken wie silberne Locken.

Ferner wurde in einigen Sprachen – wie im Französischen – Silber (l'argent) zum Ausdruck für Geld.

■ Das negative Silber

Den Fluch des Silbers bekam Südamerika zu spüren, wo noch heute das meiste Silber gefördert wird. Solcher Reichtum zog die Gier an. In Bolivien entdeckten die Spanier 1545 die ergiebigste Silbermine der Welt (Potosi-Mine).

Mythologie, Religion und Aberglaube

Bei den Alchemisten war die Mondsichel das Zeichen für Silber. Da der Mond klassisch als weibliches Symbol betrachtet wird, wird auch Silber als weiblich angesehen. Es ist eine weibliche, wenn auch kühle Farbe.

In der Heraldik (Lehre von den Wappenfarben) gilt Silber als Farbe der Demut, Ehre, Reinheit und Unschuld.

Psychologie

■ Psychologische Wirkung der Farbe Silber

Silber wird mit der Konzentration der geistigen Arbeit verbunden.

Wie Blau bei den prismatischen Farben ist Silber bei den Metallfarben die kälteste. Silber wird als kühl und distanzierend angesehen.

■ Lieblingsfarbe

Bei Silber als Lieblingsfarbe oder wenn Sie Silber ablehnen, sollten Sie sich Folgendes fragen:

- ■ Lebe ich bewusst?
- ■ Wie steht es mit meiner Bescheidenheit?

Heilen

Silber wird als Argentum in der Homöopathie verwendet.

225

Tipps für den Alltag

■ Architektur und Umgebungsgestaltung

Wenn zu viel Silber in einer warmen Farbumgebung vorkommt, wirkt es unharmonisch.

Kommt zu viel Silber in einer kalten Farbumgebung vor, wirkt es kalt und steril.

■ Die Farbe Silber mit anderen Farben

Silber wirkt kühl und distanziert, aber auch hell und klar, deswegen lässt es sich bestens mit kalten Farben kombinieren.

Silber und Weiß

Von der Wappenfarbe zur Flaggenfarbe wird Silber zu Weiß und symbolisiert den Frieden. Silber und Weiß geben nebeneinander gesetzt Leichtigkeit wieder.

Silber und Schwarz

Diese Kombination wirkt edel. Schwarz lässt Silber noch mehr glänzen.

Silber und Blau

Passen gut zusammen. Diese Kombination wirkt sehr kühl.

Silber und Gelb

Wirken nebeneinander gesetzt häufig unpassend.

Silber und Rot

Passen dann gut zusammen, wenn es sich um ein dunkles Rot handelt.

Farbmeditationen

Auf Silber wird selten meditiert – es sei denn, man meditiert auf den Mond, was in einigen Frauengruppen extensiv getan wurde. Man kann auf die Farbe Silber meditieren, um sich zu reinigen.

Heilen

Gefühlswärme

Venus

Harmonie

Erfolg   Lebensfreude

Münzen

Kupferstich

Draht

Patina

Kupfer

Lage im Spektrum:	außerhalb des Spektrums
Körperfarbe:	Metallfarbe
Farbreichweite:	groß
Temperatur:	warme Farbe
Volkstümliche Symbolik:	Heilfarbe
Esoterische Symbolik:	Gefühlswärme
Moderne Symbolik:	Erfolg und Lebensfreude
Götter:	Venus

Kupfer ist wie Rotgold eine warme Farbe und stellt den Gegensatz zu Silber dar. Als Farbe der Venus schafft es Wohlbefinden durch Harmonie, besonders wenn es mit warmen Farbtönen kombiniert wird.

Kupfer ist ein Farbton, der heute nur selten benutzt wird.

Unbunte Farben

Es war die Stunde kurz vor Sonnenaufgang, wo die Welt plötzlich der Farbe beraubt scheint, ja, wo sie das genaue Widerspiel des Farbigen darstellt. Die reichen Tönungen der Nacht sind dahin, sind weggesickert wie die Wellen vom Meeresstrand, und die Farben des Tages liegen noch alle in der Landschaft verborgen.

(Tania Blixen, Der Dichter)

Wenn ich über Farben spreche und Schwarz und Weiß erwähne, kommt stets der Einwand, dass dies doch keine Farben seien. Schwarz und Weiß sind einesteils Oberflächenfarben wie alle anderen Farben. Und doch sind sie es nicht, denn wir haben es mit unbunten Farben zu tun. Den unbunten Farben Schwarz, Weiß und Grau ist etwas Abstraktes zu eignen. Sie sprechen nicht unsere Gefühle an wie die sechs bunten Farben des Regenbogens. Der schwarze Farbeindruck kommt dadurch zustande, dass die schwarze Oberfläche alle bunten Farben absorbiert und somit kein Farblicht reflektiert. Die Impressionisten mit ihrem Interesse am Licht lehnten deswegen schwarze Pigmente ab und mischten sich eine »schwarze« Farbe aus roten, blauen und gelben Pigmenten. In Claude Monets Gemälde »Gare Saint-Lazare« wurde der schwarze Farbeindruck der Lokomotive mit der Mischung von Rot, Blau und Grün erzeugt.

Der weiße Farbeindruck entsteht im Gegensatz zu schwarz dadurch, dass das Licht aller Farben reflektiert wird. Im physikalischen Sinne ist Weiß keine einzelne Farbe, sondern die Summe aller Lichtfarben. Schwarz ist so gesehen, deren Abwesenheit.

Unbunte Farben kamen als Modefarben mit dem städtebildenden Bürgertum des späten Mittelalters auf. Jeder brauchte gemäß ritterlicher Tradition seine Farben. Der Adel hatte Anrecht auf die bunten Farben sowie Gold und Silber, das Volk trug Ungefärbtes und sah braun oder undefinierbar grau aus. So blieben für das aufkommende Bürgertum Weiß und Schwarz. In diesen Farben des Geistes fühlt der Bürger sich seitdem zu Hause. Die Zusammensetzung gilt bis heute als edel und elegant. Daran richtet sich der Geschäftsbereich aus, bei dem speziell im Bereich des Finanzwesens und Rechts die Farben Schwarz und Weiß beliebt sind, da sie Gediegenheit und die abstrakte Welt der Daten symbolisieren.

Finsternis Tod Trauer
Teufel
Angst Schatten

Verbindung von Leben und Tod

Fruchtbarkeit Natur

Glück Schornsteinfeger

Odins Raben
Lilith Isis Kybele
Die schwarze Göttin
Die schwarze Madonna
Priester/Pfarrer
Der schwarze Mann

Macht Amt Business
edles Design wertvoll

Verführung
Schwarze Magie

Schwarz

Lage im Spektrum:	außerhalb des Spektrums
Körperfarbe:	subtraktive Farbmischung aller Farben
Druckfarbe:	K (Kontrast)
Lichtfarbe:	Abwesenheit von Licht
Farbreichweite:	größte aller Farben (verliert am langsamsten seinen Charakter bei Mischung mit anderen Farben)
Temperatur:	reines Schwarz ist kalt
Komplementärfarbe:	Weiß
Goethes Farbenlehre:	Finsternis
Volkstümliche Symbolik:	Tod, Trauer
Esoterische Symbolik:	Materie, Teufel/Finsternis, Trauer/Freude
Chakra:	Kronen-Chakra (in der esoterisch-mystischen Tradition des Hinduismus)
Moderne Symbolik:	Macht, Amt, Business, edles Design (wertvoll)
Psychologie:	Unbewusstes, Angst, Kreativität, Schatten (C. G. Jung)
Götter:	Unterweltsgötter wie der Teufel

Farbbezeichnungen und Pigmente

Die beliebtesten schwarzen Pigmente sind Beinschwarz/Elfenbeinschwarz und Kernschwarz/Rebschwarz. Sie sind lichtecht und gut mischbar mit anderen Pigmenten. Vorsicht jedoch bei Verwendung als Wandfarbe: Es kann zu Salzausblühungen kommen. Alle schwarzen Pigmente weisen beim näheren Hinsehen minimale andere Farbanteile auf.

■ Elfenbeinschwarz

Elfenbeinschwarz wird auch Beinschwarz genannt und hat einen leicht blauen Schimmer. Es ist das bekannteste und meist gebrauchte Schwarz in der klassischen Kunstmalerei. Das Pigment wird aus entfetteten Knochen gewonnen. Nach Plinius soll bereits 350 v. u. Z. Apelles, der Hofmaler Alexander des

Großen, aus erhitztem Elfenbein Elfenbeinschwarz hergestellt haben. Bein-
oder Elfenbeinschwarz ist noch heute im Handel erhältlich, wenn auch der
ursprünglichen Farbe nachempfunden.

■ Kernschwarz

Das tiefschwarze Pigment soll nach Plinius aus verkohlten Weintraubenkernen
hergestellt worden sein. Es wurden später verkohlte Pflanzenteile und Braunkohle benutzt.

■ Rußschwarz

Die tiefschwarzen Pigmente aus Ruß heißen Kienruß (Holz), Lampenruß (Öl)
und Azetylenruß (Gas).

Seit der steinzeitlichen Höhlenmalerei bis heute wurden Ruße als Farbstoffe benutzt, da sie wegen ihrer feinen Struktur eine hohe Deckkraft besitzen.
Tusche wird häufig aus Ruß hergestellt.

Einführung

■ Wortstamm

Das Farbwort Schwarz geht auf das gemeingermanische Adjektiv *swarz* zurück,
das »dunkel«, »schmutzig« oder »dichter Nebel« bedeutet.

■ Bildende Kunst

Erasmus von Rotterdam (1466–1536) meinte anerkennend von seinem Zeitgenossen Albrecht Dürer (1471–1528), dass Dürer wegen seines Umgangs mit
der Farbe Schwarz der größte Künstler seiner Zeit sei. Erasmus bezog sich speziell auf die Holzschnitte Dürers.[122]

■ Schwarz ist die Farbe des Todes

Der schwarze Tod ist eine archetypische Gestalt, der wir in den Märchen, Mythen
und Träumen der Völker begegnen. In einer Gesellschaft, die den Tod zu verdrängen sucht, wird die Farbe Schwarz negativ besetzt. Die Assoziation Schwarz
mit Tod hängt mit menschlichen Grunderfahrungen zusammen: Der helle Tag
bedeutet Leben, nachts schläft man, das wird als Tod des Egos erfahren. Der
Schlaf ist in der griechischen Mythologie der kleine Bruder des Todes.

In Volksbräuchen sieht man deutlich die assoziative Verbindung von Schwarz und Tod: Im Totenhaus darf nur schwarze Kleidung getragen werden. Frauen, die das Totenhaus besuchen, müssen sich mit schwarzen Tüchern verhüllen. An der Tür des Sterbehauses wird ebenfalls ein schwarzer Flor befestigt. Die Leichenträger tragen schwarze Lederhandschuhe. Die schwarze Trauerkleidung soll nicht nur an den Tod bzw. den Toten erinnern, sondern sie soll auch die Trauernden in dieser schweren Zeit beschützen.

In der katholischen Kirche wird zur Totenliturgie und am Karfreitag der Altar schwarz verhängt. Seit Innozenz III. (13. Jahrhundert u. Z.) gehört die Farbe Schwarz zu den vier liturgischen Farben.

Allgemeine Symbolik

■ Geiles Schwarz

Heute wie schon zu Beginn unserer Kultur ruft Schwarz sexuelle Assoziationen hervor. Es werden Erinnerungen an das fruchtbare Schwarze angesprochen. Die schwarzen Göttinnen und Götter, welche die heiligen Orgien und den heiligen Geschlechtsverkehr beseelten, wirken nach.

■ Schwarz als Glücksfarbe

Das Schwarze ist notwendig, damit der Mensch aus der Fülle des eigenen Inneren zu leben vermag. Wenn das weiblich-fließende Schwarze und das starre Männliche aufeinander zukommen, hat man den Schatz seines Lebens gefunden. In diesem Sinn ist Schwarz eine Glücksfarbe.

Schwarz als Glücksfarbe zeigt sich noch heute an unserer Einstellung zum Schornsteinfeger, der bekanntlich Glück bringt.

Es sollte jedoch beachtet werden, dass in unserem abendländischen Kulturkreis häufiger die Farbe Weiß als Glücksfarbe gedeutet wird, während Schwarz oftmals Unheil ankündigt. Das hängt weitgehend mit der Dämonisierung des Schwarz durch das patriarchalisch ausgerichtete Christentum zusammen. Das Heidentum hatte offensichtlich in seiner natürlichen Weisheit, in der das Weibliche noch eine wichtige Rolle spielte, eine enge Verbindung zur schwarzen Qualität. Das Christentum, das zur Entfremdung von der Natur neigt, ordnete dagegen alles Gute dem Weißen zu.

■ Böses Schwarz

Schwarz wird in der abendländischen Kultur häufig als »böse« Farbe ange-
sehen. Keine Farbe kann als gut oder böse bewertet werden; dafür sind Far-
ben in ihrem Bedeutungsgehalt zu komplex. Eine Kultur, die eine Farbe wie
Schwarz abzuwerten versucht, sagt damit viel über ihre kollektiv verdrängten
Seelenanteile aus. Den Ursprung der negativen Betrachtung des Schwarz kann
man historisch in dem zarathustrisch-dualistischen Mythos vom erlösenden
Lichtgott belegen, der die Seele aus der dichten, schwarzen Materie befreit.
Diese Vorstellung begegnet uns in den Mysterienreligionen, wurde danach im
Umkreis der Gnosis weiterentwickelt und führte letztlich zur Ablehnung des
Schwarz.

Ahriman – Verkörperung des bösen Schwarz

Der bekannteste böse Geist in der Mythologie ist Ahriman. Er ist in der persischen Mythologie der Name für Ahura Mazdas Widersacher.

In Persien liegt der Ursprung der großen Lichtreligionen, in denen das
Weiße wie das Gold als Symbol des Lichtes und des guten Herrschers verehrt
wird. Der schwarze Ahriman als böser Geist setzt jeder Schöpfung seine ver-
neinende Antischöpfung entgegen. Er wohnt in der anfangslosen Finsternis
– Sinnbild des beängstigenden Unbekannten – und bringt das Schwarze als
Tod und Krankheit in die Welt.

Symboltiere des Bösen

Die weiße Taube findet viele schwarze Gegenspieler, die das Böse darstellen.
Zunächst sind die schwarzen Vögel wie Dohlen, Krähen und Raben zu nennen, die nach dem Volks- und Hexenglauben Teufel und Hexen beherbergen
können. Die schwarzen Raben werden jedoch auch positiv gesehen: Sie gelten
wie Merkur in manchem Märchen als Totenführer, was auf das Bild der beiden
Raben Hugin und Munin als weise Begleiter Odins zurückzuführen ist.

Im deutschsprachigen Aberglauben gilt die schwarze Kuh als Symbol des
Bösen. So sagte man noch bis ins 20. Jahrhundert hinein: »Die schwarze Kuh
drückt ihn«, und meinte damit, dass die betreffende Person Mangel und Not
leide. Diese Assoziation der Farbe Schwarz mit Mangel und Not ist aus der
Beobachtung zu verstehen, dass alles, was verrottet und verkommt, eine Tendenz zur Schwarzfärbung aufweist. In spätmittelalterlichen und frühneuzeit-
lichen Berichten von Hungersnöten ist oft die Rede vom Getreide, das durch

ständigen Regen schwarz verfault ist. Auch an Mutterkorn-Epidemien muss in diesem Zusammenhang gedacht werden. Die Entstehung von Viehseuchen wird im Volksglauben auf einen schwarzen Stier mit verwestem Hinterteil zurückgeführt, der durchs Land zieht.

Den Zug der bösen schwarzen Tiere führt der schwarze Bock als Symboltier des Teufels an, ihm folgen die schwarzen Hunde und Katzen als Hexentiere und Kobolde. Den Schluss bilden die Seelen der Armen oder Sünder als schwarze Fische, Kröten und Schlangen. Über diesen Zug der verdammten Tiere flattern schwarze Vögel wie Dohlen, Krähen und Raben.

■ Avantgardistisches Schwarz

Schwarz ist zur edlen und coolen Kleiderfarbe vieler Gruppen und Szenen geworden. »Black Magic« durchzieht alle Bereiche vom Auto bis zur Unterwäsche. Schwarz wird zum Signum für Individualismus mit Zeitgeist-Bewusstsein.

Schwarz hat als geheimnisvolle Farbe ihre Anziehung nie verloren. Durch ihre tiefenpsychologische Dynamik, die Erotik, Leben und Tod miteinander verbindet und gleichzeitig einen starken Freiheitsimpuls anklingen lässt, bleibt sie aktuell. Ein schwarzer Gegenstand ist durch seine Farbe etwas Besonderes: Mit Schwarz kann man seine Individualität ausdrücken. Schwarz signalisiert etwas Wertvolles, Erotisches und Spezielles – eben das Exklusive, wonach viele verlangen. Gerade das Subtile dieser unbunten Farbe macht Schwarz zu einer extravaganten, geheimnisvollen und zauberischen Farbe. Kein Symbol eignet sich besser, diese Haltung des Besonderen auszudrücken, als Schwarz. Als Beispiele dafür seien die meist intellektuellen Anarchisten genannt sowie die Existentialisten. Schwarz-avantgardistisch geben sich heute Punker und andere Gruppen der »schwarzen Szene«.

Wenn in Großbritannien eine der erfolgreichsten Pralinensorten unter dem Namen »Black Magic« in tiefschwarzer Verpackung angeboten wird, auf dem bundesdeutschen Markt schwarze Zigarettenpackungen und schwarz lackierte Personenwagen erfolgreich vermarktet werden, ist dies der Ausdruck jener Macht des Schwarz, der sich keiner entziehen kann. Dabei wirkt ein schwarzer Gegenstand zunächst optisch kleiner, als er in Wirklichkeit ist. Gleichzeitig steigt das Image des Aggressiven. Man denke nur an kleine Autos in schwarzem Sportwagenlook. Bei den großen Limousinen dient die schwarze Lackierung der Repräsentation. Hier wird das Schwarz in Kombination mit Chrom zum Leuchten gebracht.

Beim Umgang mit der Farbe Schwarz und bei ihrer Bewertung trennen sich die Geister: Der eine findet sie »echt toll«, der andere »fürchterlich«. Eine neutrale Einstellung scheint Schwarz nicht zuzulassen. Mit Schwarz muss man sich auseinandersetzen, man kann es nicht übergehen.

■ Schwarz in der Geschichte

Es scheint beim Schwarz die Tendenz zu geben, in der befreiten Form meistens dem Weiblichen, in der verzauberten Form eher dem Männlichen nahe zu stehen. Die schwarze Madonna und der schwarze Tod bilden die Eckpunkte der beiden Antagonismen »weiblich – männlich«.

Zur Zeit der neolithischen Jäger und Sammler wie noch zur Zeit der ältesten Hochkulturen von Ägypten, Babylon und Mesopotamien war Schwarz die Farbe von Tod, Geburt und Fruchtbarkeit. Der Fruchtbarkeitsaspekt des Schwarz ist in den wüstenhaften Gebieten wegen ihrer Geographie verständlich: Der schwarze Schlamm der großen Ströme brachte Fruchtbarkeit, wohingegen die Sonne alles absterben ließ. Aus der Naturbeobachtung stammte das Wissen, dass Keime zunächst im Dunkeln aufgehen und wachsen. In dieser Frühzeit der Geschichte entstanden die schwarzen Gottesbilder, welche die Vorstufe zu den späteren schwarzen Gottesvorstellungen in Demeter, Kore (Persephone) und Ariadne als weibliche Formen und Hermes (Merkur), Pan und Dionysos als männliche Formen bildeten. Zur christlichen Zeit wurden diese weiblichen Gottheiten zu den meist wundertätigen schwarzen Madonnen. Alle männlich-schwarzen Gottesvorstellungen wurden auf den Teufel projiziert, der die diesseitige Lust von Pan und Dionysos sowie den jenseitigen Geist- und Todesaspekt von allen heidnischen Göttern der Unterwelt erbte. Die alten schwarzen Gottheiten gerieten in Konflikt zu den Interessen der kulturschaffenden Kulte, die auf Sublimation hinarbeiteten. Diese »modernen« Kulte verdrängten den schwarzen chthonischen Aspekt des Todes und schufen dafür ein jenseitiges Heil im Himmel. Dem Himmel wird das männliche Element Luft zugeordnet. Das Patriarchat schaute zu seiner Erlösung in den Himmel oder zumindest nach oben, wo es Götter und Heroen im Licht fand.

Im Mithraskult, in den früh- und mittelpersischen Religionen bis hin zu den römischen Sonnenkaisern wurde das Weiße, das Licht, angebetet und zum Symbol der guten Herrschaft. Das Schwarze wurde als Symbol der Herrschaft des alten, weiblichen Unbewussten in Form schwarzer Fruchtbarkeits- und Todesgottheiten verdrängt und so zum Symbol der Gegenordnung. Das ist der

Widerspruch von Kultur (weiß) und Natur (schwarz). Es setzt sich die archetypische Assoziation von Schwarz mit Tod und Teufel auf Kosten aller positiven Bedeutungsebenen durch. Schwarz wird moralisch abgelehnt. Das weibliche Schwarz wird zur großen Hure, das männliche Schwarz wird zum Teufel, der nach und nach zum Kinderschreck verkommt und als schwarzer Mann durch Kinderreime und Märchen irrt. Das wilde Schwarz wird dem Kulturfortschritt geopfert, der sich als Durchsetzung der Werte des Männlichen versteht.

Die Verehrung des Schwarz kann, wie bei den Anarchisten und Seeräubern deutlich wird, eine Gegenordnung zu dieser neuen Ordnung symbolisieren. Die heidnische Freude an der Körperlichkeit und Fruchtbarkeit lebt in Unterströmungen fort, in denen das Archaische der Farbe Schwarz nachklingt.

Schwarz ist im Grunde eine komplexe Chiffre für das Leben im Naturzustand, es ist die »Prima Materia«, die sich gegen die Entfremdung oder aber gegen eine Kultivierung und Entwicklung zu wehren versucht.

Am Anfang des alchemistischen Prozesses befinden sich Seele und Materie im Chaos. Dieses Chaos, aus dem alles hervorgeht, das die Mutter aller Dinge ist (Tao Te King), wird mit der schwarzen Farbe symbolisiert. In der Sprache der Alchemisten heißt der ungeordnete Zustand Nigredo, zu deutsch: die Schwärzung. Bei einigen der mittelalterlichen Alchemisten bekämpfen sich die Elemente hier auf das Fürchterlichste.

Mythologie, Religion und Aberglaube

■ Mitteleuropäische Mythologien

Christliches Schwarz

Das Christentum grenzt zwar das Schwarze als Teufel aus seinem Gottesbegriff aus, auf der anderen Seite hat das Schwarze seinen gesicherten Platz als Verführer im christlichen Kosmos. Es ragt als die böse Versuchung in die Gott geschaffene Welt hinein. Insofern hat es einen heilsgeschichtlichen Wert. Immerhin müssen die katholischen Priester und die meisten Ordensleute noch heute Schwarz tragen. Die Kirche lebt damit den mütterlichen Archetyp als die große Beschützerin aus. So holt man sich das schwarze Weibliche, das man zuerst bekämpfte und abspaltete, wieder (in domestizierter Form) zurück. Keine Massenbewegung kann ohne Schwarz auskommen, das Ursprung und Mutterleib assoziieren lässt. Schwarz war deshalb die Farbe des Faschismus im mütterlich geprägten Italien, während die schwarzen Uniformen der deutschen SS die okkulte, »schwarz-magische«, todbringende Macht symbolisierten.

Im Gegensatz zum klassisch-christlichen Weltbild, das um die Macht des Schwarz weiß, leugnen moderne Sekten wie die Mormonen und Scientologen und Medien wie Jane Roberts die Existenz des Schwarz. Für sie ist das Schwarze eine Fiktion des nicht-erwachsenen Menschen. Schwarz besteht einzig in deren Vorstellung, aber nicht wirklich in unserer Welt, die vom weißen Licht Gottes beherrscht wird.

Weibliches Schwarz

Als der merowingische König Dagobert II. aus dem irischen Exil zurückkam, belebte und unterstützte er die alte Tradition der Gallier, in der die Anbetung einer schwarzen Frau/Göttin essentiell war. Fast alle wichtigen schwarzen Madonnen Frankreichs werden in Zusammenhang mit merowingischen Ursprüngen (ca. 500–750) gebracht und leiten von daher ihre zauberische Macht ab. Zu dieser Verbindung der schwarzen Madonnen mit den Merowingern passt gut die Ansicht von Baigent, Leigh und Lincoln (adaptiert von Dan Brown in seinem Bestseller »Das Sakrileg«). Sie glauben, dass vom ersten Kreuzzug an die Templer den Kult um das schwarze Weibliche wieder nach Mitteleuropa brachten, wo er sich zur Grallegende wandelte.

Heidnischer Einfluss

Eine weitere Annahme verbindet die schwarzen Madonnen mit den heidnischen Göttinnen, unter denen besonders Isis, Kybele und Diana wichtig sind, da sie immer schwarz dargestellt wurden. Es fällt eine bildliche Kontinuität der heidnischen schwarzen Göttinnen mit den christlichen Madonnendarstellungen auf. Isis und Horus waren das Grundmodell für die Darstellung von Mutter und Kind.

Bei einer der ältesten dieser Statuen, der schwarzen Madonna von Walcourt, die noch heute verehrt wird, ist diese Verbindung zu heidnischen Göttinnen gut belegt: Die Bischöfe von Köln und Tongeren ließen auf dem Platz, wo zuvor eine heidnische schwarze Frau/Göttin verehrt wurde, eine Kirche bauen und stellten die schwarze Madonna von Walcourt auf den Altar. So leicht konnte aus heidnischem Brauchtum christliches werden. Die Bevölkerung verehrte weiterhin das schwarze Weibliche, ob heidnisch oder christlich kümmerte sie wenig. Es wurden die gleichen Prinzipien verehrt. Ähnlich mag es in Arfeuilles zugegangen sein, wo die heutige schwarze Madonna in einem früheren Zentrum druidischer Kultur steht. Die christlichen schwarzen Madonnen konnten also die Kraft ihrer heidnischen Vorfahren übernehmen. Sie wurden gar wundertätig, indem sie die Zauberkraft alter Mutterimagos erbten. Als jedoch die Kirche im Spätmittelalter begann, schwarze Madonnen weiß zu streichen, hörte ihre Wundertätigkeit auf. Das mussten sogar die kirchlichen Autoritäten einsehen, wie es die Geschichte der schwarzen Madonna von Einsiedeln dokumentiert. Weiß gestrichen wirkte diese Madonna keine Wunder, schwarz gestrichen war sie wundertätig.

Schwarz ist männlich

Im männlichen Schwarz wird der Geistaspekt der schwarzen Farbe verdeutlicht. Man könnte vom Paradox des schwarzen Lichts reden. Das erinnert an die schwarze Madonna von Verviers, die derart poliert ist, dass ihre schwarze Oberfläche stark reflektiert. Schwarzes kann göttliches Licht reflektieren, oder psychologisch gesprochen: Die dunklen, unbewussten Seiten in uns sind ebenso göttlich wie unsere lichten Seiten. Deutlich tritt der Geistaspekt des Schwarz in kabbalistischen Vorstellungen auf, nach denen das Schwarze aus dem Licht heraus geschaffen wurde.

Als Farbe der religiösen Geistigkeit wird Schwarz im Islam angesehen, wo der schwarze Stein der Kaaba im Zentrum des Innenhofes der Moschee von Mekka verehrt wird. Hierbei handelt es sich um einen schwarzen Meteoriten, der schon in vorislamischer Zeit verehrt worden ist.

Am Gegenpol zu den Personifikationen des männlich-schwarzen Geistes im Himmel finden wir das männlich Schwarze in der Unterwelt wieder. Hier strahlt und leuchtet es, wie die Vorstellungen von Luzifer als dem Lichtbringer oder Lichtträger zeigen. Der Teufel als Herrscher der Unterwelt wird schwarz oder rot dargestellt.

Das männliche Schwarz ist nicht nur vergeistigt und fruchtbar, es kann auch furchtbar sein, wie wir an den »menschenfeindlichen« Zwergen und Elben sehen, die als Schwarze beschrieben werden. Dies ist eine Vorstellung, die J. R. R. Tolkien in »Der Herr der Ringe« in dem Bild der Schwarzelben gestaltete. Männliche Aggressivität ist auch in den schwarzen Segeln und Fahnen der Seeräuber ausgedrückt, die das weibliche Element des Wassers verunsichern. Gleichzeitig wird aber mit schwarzen Seeräuber- und Anarchistenfahnen der Freiheitswille des Männlichen symbolisiert, der sich durch keine Konventionen binden lässt.

Die Verbindung von Schwarz mit Gegenordnung und Chaos geht auf die Zeit der großen Sonnenkaiser – von Mithras angefangen bis zu den römischen Kaisern – zurück. Das Licht wurde mit der Herrschaft identifiziert, der gute Herrscher nannte sich Sonnenherrscher. Das Schwarze dagegen drückte die böse Gegenordnung aus.

Hexen

Wie zuvor erwähnt, sind die Hexen schwarz (oder rot) und werden als »die Schwarzen« bezeichnet. Nach volkstümlichem Aberglauben werden auf den Hexenversammlungen Brote aus schwarzer Hirse gereicht. Dies stellt das Gegenbild zur weißen Hostie der christlichen Kirche dar. In Mecklenburg meinte man, dass Hexen Schwarzbrot essen und alles Brot in Schwarzbrot verwandeln würden. Den Hexen werden schwarze Kerzen geopfert (auch wieder ein Gegenbild zu den weißen Kerzen, die in der Kirche abgebrannt werden).

Aber gleichzeitig versuchte sich das Männliche mithilfe einer Art Analogiezauber mit der schwarzen Farbe vor dem Hexischen zu schützen.

Lilith

In Lilith tritt uns die bekannteste aller schwarzen Göttinnen gegenüber. Die ausführlichste Darstellung von ihr finden wir im Sohar, dem kabbalistischen Buch des Glanzes. Es sind Worte der Warnung, von Männern geschrieben, an Männer gerichtet. Lilith ist ein Nachtdämon, ein »Succubus«, eines jener Wesen, die sich der kabbalistischen Literatur des 13. Jahrhunderts zufolge aus dem Chaos erhoben.

Lilith ist eine schwarze Frau von großer Schönheit vom Kopf bis zum Nabel, vom Nabel abwärts ein flammendes Feuer. Die schwarze Lilith stellt das Gegenbild zum strafenden Vatergott dar. Sie ist das verzauberte Weibliche, abgrundtief verführerisch und von gleicher Kraft wie der patriarchalische Jahwe. Lilith ist der dunkle Schatten des weiblichen Selbst, der mit dem Teufel vermählt ist. Lilith ist Verkörperung von Adams sexueller Lust. Sie ist als schwarzer Vampir die Männlichkeit verzehrende weibliche Sexualität, eine Meisterin der Verführungskünste.

Mythologisch ist Lilith eng mit dem schwarzen Spiegel verbunden. So wird im Sohar (I, 24 a) Lilith als der *schwarze Spiegel der Prophezeiung* bezeichnet, womit verdeutlicht wird, dass das minderwertige Weibliche als schwarzer Schatten einzig in der Projektion erfahren werden kann.

242

In deutschen Landen treffen wir die geschmähte Lilith als Unholda wieder, die finstere, böse Gottheit, die Hel ist, die Jenseitsgöttin. Ursprünglich wurde Hel (mit den milden, freundlichen Seiten wird sie Holda genannt) als Erdgöttin erlebt, zu der bei Winterbeginn alles Leben zurückkehrt. Erst mit zunehmender Entfremdung vom alten ganzheitlichen Verständnis ist Hel zur finsteren Todesgöttin herabgewürdigt worden, zur langhaarigen teutonischen Nachtdämonin, die Kinder angreift. Immer ist es das Schwarze, das diese sexuell wilden Frauengestalten verbindet und das um die beiden Seiten der Großen Göttin weiß: ihre fruchtbare und ihre furchtbare Macht.

Kali

Die Fruchtbarkeitsgöttinnen der Griechen, wie Demeter und Persephone, wurden schwarz dargestellt oder »die Schwarzen« genannt. Ebenso wird in der indischen Mythologie das weibliche Schwarz in Form der Kali dargestellt. Kali ist die Mutter, das Weib, diejenige, die alles verschlingt oder den Mann in sein Unbewusstes zurückschlingt, seine Triebe entfacht, um ihn zu töten. Demeter und Persephone wirken dagegen domestiziert.

Kali verkörpert das unberechenbare Weibliche. Um den Hals trägt sie eine Schädelkette, die auf Tod und Wiedergeburt verweist. Wie alle großen Muttergöttinnen drückt die schwarze Kali das Spannungsfeld zwischen Tod und Fruchtbarkeit aus. Als Kalaratri – was »die schwarze Nacht« bedeutet – stellt Kali den Anfangs- und Endzustand der Schöpfung dar. Schon mit ihrem Namen verweist Kali darauf, dass das schwarze Weibliche mit der Zeit verbunden ist. »Kala« (Sanskrit) bedeutet die Zeit. Kali stellt wie ihr europäisches männliches Pendant Chronos (Saturn) den ewigen Wandel der Zeit dar und steht zugleich über der Zeit.

Die schwarzen Gottheiten, welche die Zeit verkörpern, drücken die Spannung zwischen Leben und Tod aus.

■ Moderne Mythen

Die sexuellen Nebenbedeutungen der Farbe Schwarz, die schon den heidnischen Göttinnen zugeschrieben wurden, finden wir heute unter anderem in der Zurschaustellung schwarzer Haut. Hier wirkt mehr der Trivialmythos »Schwarz ist geil« als die schwarze Haut selber, denn das archetypische Bild für das Begehren ist in der weißen Haut, die sich schwarz verhüllt, am besten wiedergegeben. Das Weiße ist begehrenswert, das Schwarze sündig, beides auf seine Art lustvoll.

Das Schwarze als Symbol der weiblichen Sexualität, die sich anatomisch im Dunkel verbirgt, scheint archetypisch in unserem Unbewussten verankert zu sein. So ist auch die Kontinuität der Anbetung und Verehrung des weiblichen Schwarzen zu verstehen, das trotz aller Verbote nicht zu unterdrücken war.

Stichworte zur Mythologie
1. Unbewusstes/Weiblichkeit
2. Begehren und Verführung
3. Fruchtbarkeit
4. Tod

Psychologie

■ Psychologische Wirkung der Farbe Schwarz

Einerseits engt Schwarz ein und macht depressiv, andererseits erzeugt Schwarz ein Uterusgefühl der Geborgenheit. In schwarzer Kleidung kommt man sich häufig schön und mächtig vor, worauf auch die Wirkung schwarzer Anzüge, Dessous und Mäntel beruht.

Zur Individuation ist es wesentlich, die schwarzen Aspekte (die unbeleuchteten, das heißt die verdrängten oder unbekannten Seelenanteile) zu betrachten.

Es zeigt sich, dass Personen mit einem guten Verhältnis zu ihrem Körper Schwarz lieben, da Schwarz erotisiert.

- **Positiv:** fördert den Kontakt mit dem Unbewussten, stärkt Klarheit und Selbstsicherheit
- **Negativ:** wirkt deprimierend, man fühlt sich verloren

Heilen

Da schwarze Tiere des Teufels sind – wie der Pudel im Faust –, wirkt auf Grund des Analogiezaubers das Opfer eines schwarzen Tieres heilend. In vielen magischen Heilrezepturen wird das Blut einer schwarzen Katze oder das Ei einer schwarzen Henne als Heilmittel angesehen. Das Opfer schwarzer Hühner, Hähne und Kühe soll bösartigen Krankheiten vorbeugen. Hippokrates empfahl, bei schweren Krankheiten die Milch schwarzer Kühe zu trinken.

Im Badischen hielt sich bis in das 19. Jahrhundert hinein der Brauch, schwarze Wolltücher und schwarze Wollfäden zu Heilzwecken einzusetzen. Gegen die Kropfbildung sollte man ein schwarzes Band um den Hals tragen, das zugleich gegen Zahnschmerzen schützte. Einen Nachklang dieser Sitte finden wir im österreichischen und süddeutschen Raum, wo zur weiblichen Tracht, dem Dirndl, das schwarze Halsband aus Wolle oder Seide gehört.

Hinter dieser vermuteten Heilkraft des Schwarz steckt die psychosomatische Einsicht, dass die Beschäftigung mit dem Unbewussten Krankheiten vertreiben kann. Man könnte weiter folgern, dass die Verbindung mit dem weiblich-schwarzen Urgrund zu heilen vermag.

Steine

■ **Jet**

Nach dem Tod von Albert (Dezember 1861), Prinzgemahl von Königin Victoria, durfte am englischen Hof nur der Jet (eine bitumenreiche, tiefschwarze Braunkohle) getragen werden. Der Jet wurde zum Modestein.

Jet und Obsidian sind die wichtigsten Steine der Farbe Schwarz.

Pflanzen

Schwarz ist keine natürlich auftretende Pflanzenfarbe, was Züchter nicht davon abhielt, Tulpen und Rosen mit schwarzen Blütenblättern zu züchten. Allerdings waren die Ergebnisse nie befriedigend.

Tipps für den Alltag

■ **Körperlicher und seelischer Nutzen der Farbe**

Schwarz beruhigt. Es vermittelt ein Gefühl der Geborgenheit. Allerdings kann Schwarz speziell denjenigen beängstigen, der Angst vor den Regungen seines Unbewussten zeigt. Je mehr man seinen Schatten integriert hat, desto weniger Schwierigkeiten hat man mit Schwarz.

■ Kleidung

Schwarz besitzt den Flair des Feierlichen und Exklusiven, was in der Mode im schwarzen Abendkleid, im schwarzen Anzug, Frack und Smoking ausgedrückt wird. Die schwarze Farbe schafft Distanz und wirkt autoritätsbildend. Dies kann jeder nachvollziehen, wenn er schwarz gekleidet auftritt. Führen Sie folgendes Gedankenexperiment durch: Stellen Sie sich eine aggressionsgeladene Situation vor. Ihnen stehen schwarz gekleidete und hell gekleidete Menschen gegenüber. Welche Gruppe würden Sie eher wagen anzugreifen?

Frauen berichten oft, dass sie schwarz gekleidet seltener »angemacht« werden. Jeder kennt das Gefühl, dass er sich schwarz gekleidet stark und mächtig vorkommt. 1813 trug Lützows Freikorps schwarze Uniformen. Beim Volk wurde diese Truppe deshalb als »schwarze Schar« bezeichnet. So wählten auch die italienischen Faschisten – wie die deutsche SS – Schwarz als ihre Uniformfarbe.

Schwarz als Farbe des Triebs und der ungehemmten Sexualität wurde besonders von dem Freud- und Reichkenner Jim Morrison zur Schau gestellt. Der Sänger der berühmten Rockgruppe The Doors pflegte in hautenger schwarzer Lederhose aufzutreten, um obszön zu wirken. Jim Morrison setzte das Schwarz so ein, dass er bei seinen Fans die Assoziationen schön, sexy, böse und lebendig hervorrief.

■ Make-up

Schwarzer Lidschatten (z.B. Smoky Eyes) steht nur schwarzhaarigen Frauen oder Frauen mit blonden Strähnchen gut. Blauäugige oder rothaarige Frauen sollten statt schwarz besser Anthrazit benutzen. Beim schwarzen Lidschatten muss sehr genau geschminkt werden, da jeder Schminkfehler auffällt.

Ein schwarzer Lidstrich lässt die Augen optisch länger erscheinen.

Wer Gothic Chic liebt, der kann durch schwarzen Lippgloss auffallen, wenn man diesen über roten Lippenstift aufträgt.

■ Architektur und Umgebungsgestaltung

Schwarz ist als Raumfarbe ungeeignet, wenn es großflächig verwendet wird. Es kann jedoch für kurze Zeit eine geborgene Atmosphäre verbreiten. Schwarze Gegenstände wirken edel, speziell wenn es sich um einen matten Schwarzton handelt.

■ Die Farbe Schwarz mit anderen Farben

Schwarz lässt alle anderen bunten Farben leuchtender hervortreten. Besonders stark ist dieser Effekt bei den warmen Farben.

Schwarz mit Weiß

Schwarz-Weiß ist bei der Kleidung eine klassische Farbkombination, die zu jeder Gelegenheit gut aussieht – die allerdings auch als »Klassiker für Einfallslose« belächelt wird. Die starken Kontraste dieser beiden Farben intensivieren beide Farben wie im Hahnentrittmuster und Pepita.

Die Eleganz dieser Farbkombination wird durch Materialien wie Seide, weiches Leder und/oder Kaschmirwolle noch gesteigert.

Als »Schwarz-Weiß-Malerei« wird ein Denken in Gegensätzen und Klischees bezeichnet.

Schwarz-Weiß war seit dem ausgehenden Mittelalter die Tracht der Zunft der Buchdrucker (was noch im 19. Jh. in Gottfrieds Kellers Roman »Der grüne Heinrich« anschaulich geschildert wird). Ansonsten stellt sich die germanischen Mythologie Hel, die Göttin der Unterwelt, halb weiß und halb schwarz vor.

Schwarz mit Rot (siehe genauer unter Rot)

Schwarz mit Rot ist eine klassische erotische Kombination, die zugleich die Farben der syndikalistischen Anarchisten darstellte.

Farbmeditationen, Malen und Wahrnehmungsübungen

Auf Schwarz meditieren die Fortgeschrittenen. Im »normalen« Bewusstsein kann man eine Meditation auf Schwarz nicht ertragen.

Um sich mit der Farbe Schwarz vertraut zu machen, versuchen Sie, eine größere Fläche mit Buntstiften oder anderen Farben schwarz einzufärben. Welche Gefühle steigen in Ihnen beim Ausmalen hoch? Betrachten Sie diese schwarze Fläche. Welche anderen Farben können Sie in ihr entdecken? Sie bemerken, dass es kein reines Schwarz gibt. Im Schwarz schimmern stets andere Farben durch. Wenn Sie sich in Ihrer Wohnung umschauen, nehmen Sie alle schwarzen Gegenstände wahr. An welchen Gegenständen gefällt Ihnen Schwarz, an welchen finden Sie es fehl am Platz?

Licht   Geist

Freude   Glück   Reinheit   Tod

Unschuld   Verführung

Neuanfang   Vollendung

Macht   Leere

Abstraktion

Schnee   Eis   Kälte

Reinigung

Heilung

Verblendung

Warnung

Einhorn   weiße Taube

weißer Schwan

Weiße Magie

weiße Weste   Weißes Haus

Die weiße Frau   Gespenster

Dämonen   Sibyllen

Merlin

Moby Dick

Weiß

Lage im Spektrum:	außerhalb des Spektrums
Körperfarbe:	wurde oft nicht als Farbe betrachtet
Lichtfarbe:	additive Farbmischung aller Farben, deswegen enthält weißes Licht (Sonnenlicht) die Wellenlängen aller Farben
Farbreichweite:	geringste aller Farben (verliert am schnellsten seinen Charakter bei Mischung mit anderen Farben)
Temperatur:	kalte Farbe
Komplementärfarbe:	Schwarz
Goethes Farbenlehre:	Licht
Volkstümliche Symbolik:	Unschuld, Tod
Esoterische Symbolik:	Ausstrahlung Gottes und der Heiligen, reine Freude, Abstraktion, Reinheit
Chakra:	Kronen-Chakra (in der populären modernen Esoterik)
Moderne Symbolik:	Neuanfang, Vollendung, Leere, Macht
Götter:	Aureole des christlichen Gottes, Nirvana

Farbbezeichnungen und Pigmente

Kein weißes Pigment ist beim genauen Betrachten wirklich reinweiß. Es gibt stets einen leichten Glanz einer anderen Farbe, mit dem der Künstler spielen kann.

Das berühmteste weiße Pigment ist giftig: Das beliebte Bleiweiß des Mittelalters hat einige Malergehilfen und Maler das Leben gekostet, obwohl bereits Plinius in seiner Naturgeschichte vor dieser süßlich schmeckenden, giftigen Farbe warnt, und so wurde Weiß auch auf dieser Ebene mit dem Tod verbunden.

Weiß kann aus Kreide, Zink, Blei, Barium, Titan, Reis und Muschelkalk hergestellt werden.

☐ Bleiweiß

Ein gut deckendes Weiß, das nur als Ölfarbe zu verwenden ist, wurde 1994 von der EU gebannt! Tyrtamos (372–287 v. u. Z.), ein Schüler von Aristoteles, Plinius und sein Zeitgenosse Vitruv berichten vom Bleiweiß. Es entwickelten sich unterschiedliche Verfahren, um dieses Pigment zu gewinnen, die jedoch alle unrentabel waren, bis das Füllungsverfahren entwickelt wurde, nach dem noch heute Bleiweiß hergestellt wird (aber nur in Ausnahmefällen verwendet werden darf).

Bleiweiß war auch von der ägyptischen Zeit bis zum Ende des 19. Jahrhunderts als Schminke beliebt. Römische Frauen, Geishas und die Ladys der viktorianischen Zeit liebten es, da es einen ätherischen Eindruck vermittelt oder dekadent wirkt.[123] Diese Schminke wirkte auf die Dauer tödlich.

☐ Chinesischweiß

Bei Aquarellfarben benutzter Namen für Zinkweiß (siehe unten).

☐ Kreideweiß

Das Pigment mit einem stumpfen Weißton wird für Malgrundierungen, zum Malen und Zeichnen benutzt. Den weißen Kreidestift kann man gut korrigieren. Sein Name ist jedoch irreführend, die klassische Kreide ist eigentlich ein Gips.

☐ Titanweiß

Titanweiß hat teilweise einen leichten Gelbstich und besitzt die höchste Deckkraft aller Weißpigmente. Es wird erst seit den zwanziger Jahren des 20. Jahrhunderts in Norwegen und den USA in großen Mengen industriell hergestellt. Eine besonders beständige und leicht zu vermalende Form ist das Rutil oder genauer das nach der Rutilmethode hergestellte Titanweiß, das im Fachhandel erhältlich ist.

☐ Zinksulfidweiß

Zinksulfidweiß wird auch Sachtolith genannt. Es hat einen leichten gelblichen oder bläulichen Schimmer und ist gut deckend. Von den Malern wird es seit der Mitte des 19. Jahrhunderts bis heute verwendet.

☐ Zinkweiß

Dieses Pigment hat einen leicht bläulichen Schein, damit ist es ein kaltes Weiß, seine Leuchtkraft erhält es durch leichte Fluoreszenz.

Zinkweiß wird zum Grundieren und Malen benutzt. Die Farbe ist seit dem späten Mittelalter bekannt, wird aber erst seit Mitte des 19. Jahrhunderts in großen Mengen fabrikmäßig hergestellt. Wegen ihrer hohen Deckfähigkeit ist Zinkweiß seit der frühen Neuzeit bis heute bei Malern beliebt.

Einführung

☐ Wortstamm

Das Farbwort Weiß geht auf das gemeingermanische Adjektiv *wiz* zurück, was »licht« und »hell« bedeutet.

☐ Weiß ist Unschuld und Verführung

Es besitzt die Eigenschaft zu blenden. In dieser Farbe besitzen Mann und Frau einen Spiegel, in dem sie ihr eigenes Begehren erleben können. Weiß ist nicht nur die Farbe des Lichts, Weiß strahlt auch Aggressivität aus.

☐ Weiß als Glücksfarbe

Weiß verheißt im Orient Glück wie bei uns eine weiße Turmschwalbe oder ein weißer Hahn. Man opferte früher ein weißes Tier, um das Glück zu bestechen. Und auch im weißen Hochzeitskleid der Braut wird das Glück beschworen. Jenes weiße Hochzeitskleid kam erst im 19. Jahrhundert durch die Heirat Königin Victorias (1840) auf, die als erste Frau einen weißen Schleier während der Zeremonie trug. Von da an wollte jede Frau für einen Tag Königin sein.

Hier wird der sich ausbreitende Charakter der Farbe Weiß angesprochen, um die jedem Glück immanente Mehrung zu symbolisieren. Glück stellt man sich ganz in Weiß vor. Es gibt ein eigenartiges Leuchten auf dem Gesicht des Glücklichen. Weiß macht alles größer, es bringt Fruchtbarkeit und Macht. Als Farbe des Glücks bezeichnet Weiß den Gewinner oder den Ersten im Spiel: Weiß zieht im Schach zuerst, und im Spiel bedeutet die weiße Seite des Steines oder der weiße Stein meist Glück oder Gewinn.

Weiß als Glücksfarbe steht unter dem Motto: Wer den Weg des Lichtes wählt, der hat Glück.

Im alten China wurde allerdings Weiß als Unglücksfarbe angesehen, da Weiß dem Alter und dem Herbst, also dem Absterben, verbunden ist.

Weiß ist allerdings auch Hingabe, wer die weiße Fahne zeigt, kapituliert. Sollte das weiße Hochzeitskleid auch die Aufgabe von Unschuld, Namen und Unabhängigkeit ausdrücken?

□ Weiß ist schön

Das Einhorn ist kein fest umrissenes Wesen, es stellt ein vielfach variiertes Fabelwesen dar. Zunächst steigen Bilder von einhörnigen Pferden in uns hoch, aber in finsteren Winkeln unserer Seele mögen wir einhörnige Drachen, Fische und Skarabäen finden. Eins ist allen diesen Einhörnern gemein: Sie besitzen ein weißes Horn und sind von schneeweißer Farbe.

Nach C. G. Jungs alchemistischen Studien symbolisiert das Einhorn den Merkur, jenen quicklebendigen Wandlungsgeist. Später in der christlichen Tradition hat sich dieser Wandlungsgeist in die weiße Taube verwandelt. Es ist der männliche Geist, der alles durchdringt und reinigt. Es heißt: Die Nahrung des Einhorns ist rein geistiger Natur. Nur mit solcher Nahrung kann man rein weiß werden und bleiben.

Das Einhorn ist ein komplexes Tier: Einmal treffen wir es sanft im Schoß einer Jungfrau, dann heißt es wieder von ihm, dass es als wildes Tier Böses gegen die Menschen sinne. Deswegen muss es, wenn nicht gleich getötet, so doch zumindest gezähmt werden. Allerdings glaubt der Autor, dass mit der Zähmung die Natur domestiziert wird. Aus dem wilden Einhorn wird in christlicher Allegorik die zahme weiße Taube.

Das Schillernde dieses Fabeltieres passt gut mit der Farbe Weiß zusammen. Das Einhorn lebt aus viel schillernden Widersprüchen und drückt den Schatten der Farbe Weiß aus.

Das weiße Einhorn wird als androgyn angesehen. Nur das kann reinigen, durchdringen und wandeln, was sich nach allen Seiten hin offen hält. Was wandeln will, muss sich selbst wandeln können. Kein Mensch weiß, wie sich die Einhörner fortpflanzen. Das weiße Einhorn ist einfach da: eine Geistgeburt. Alle diese Vorstellungen treffen bestens auf die Farbe Weiß zu: Weiß ist einerseits weiblich als Farbe der Hingabe – die Farbe, die sich nur allzu leicht vermischt –, und andererseits verkörpert es die blendende Eigenschaft des Lichtes, die als männlich gedacht wird.

Das Christentum mit seinem großen Bedarf an weißen Symbolen übernimmt das alchemistische Bild des Einhorns, da es ihm um Reinigung als Läuterung von den dunklen Trieben geht, die durch Vergeistigung überwunden werden sollen. Wir wollen uns alle gerne reinigen und weiß sein. Es ist die Sehnsucht nach dem einfachen Leben ohne Verführungen. Wir leben jedoch als komplexe Wesen in einer komplexen Welt, die uns häufig verunsichert und in der wir, ob wir es wollen oder nicht, schuldig werden. Wer kann rein und weiß durchs Leben gehen? Da uns das nicht gegeben ist, versuchen wir in der Farbe Weiß unsere Zuflucht zu nehmen. Wer eine strahlend weiße Weste trägt, der fühlt sich unschuldig. Hier wird die Befreiung von Schuld, Triebhaftigkeit und all den kleinen alltäglichen Quälgeistern des Gewissens nach außen verlagert.

Man entfernt sich mit dem reinen Weiß von Natur und Natürlichkeit. Das beginnt beim schneeweißen Einhorn, das man sich als höheres Tier, als Verbesserung der Natur dachte. Das Einhorn steht für den menschlichen Kampf gegen die triebhafte Natur. Dieser Kampf ist gegen den eigenen Körper und denjenigen anderer gerichtet.

Allgemeine Symbolik

Weiß ist also rein, klar, gesund und gut. Es wird mit Geradlinigkeit und Gediegenheit assoziiert. Die negative Seite von Weiß wird in unserer Gesellschaft selten nur betrachtet. In orthodoxen religiösen Gruppen gelten Weiß wie Schwarz als akzeptabel und asketisch, die bunten Farben jedoch als gefährlich oder zumindest zu weltlich und emotional. Diese Farbsymbolik prägt auch Wim Wenders Film »Der Himmel über Berlin«, in dem das Reich der emotionslosen Engel in schwarzweiß präsentiert wird.

□ Weiß ist schaurig

Wer sich in die Farbe Weiß versenken möchte, der sollte die schauerliche Geschichte von Moby Dick lesen. In »Moby Dick« steht die Gesellschaft todessüchtiger Männer dem weißen Tier und der Natur gegenüber. Alle diese »Fast-noch-Helden« fühlen sich unwiderstehlich vom Weißen angezogen.

Dabei fängt die Geschichte harmlos an: Der Erzähler flieht die Karriere als Dorfschulmeister und heuert an. Gleich wird ihm Weiß zum Verhängnis: Mit blütenweißem Hemd, etwas anderes besitzt er nicht, tritt er zum Dienst an und muss in das schwarze Teerfass langen. Dann trifft er auf die *Pequod*, ein vornehmes Schiff voller Schwermut, an dem vieles aus weißen Wal-Knochen geschnitzt und gezimmert ist. Das fahle Weiß des Walbeines gemahnt nicht nur an den Tod des Wals, sondern auch an den vieler tapferer und kühner Männer. Kapitän Ahab, ein wahnsinnig-todessüchtiger alter Mann, hatte im Kampf mit dem weißen Wal ein Bein verloren, das jetzt durch weißes Walfischbein ersetzt worden ist. All das Makabere und Schaurige, diese andere Welt, zieht den Erzähler an. So heuert er auf der Pequod an, um sich an der besessenen Jagd nach dem Weißen beteiligen zu können.[124]

Dieser Schauer des Weißen und somit der Polargebiete faszinierte speziell die Romantiker. Sie projizierten auf die großen Eisflächen die schaurige Vorstellung von der weißen Hölle. Die Eismassen werden zum Bildthema, das Melancholie und Beunruhigung ausdrückt wie in Caspar David Friedrichs Gemälden »Die gescheiterte Hoffnung« (1820, verschollen) und »Das Eismeer«(1823/24).[125]

Die weiße Farbe bei Tieren der Arktis kommt durch ein Fehlen des Pigments Melanin zustande, das die ideale Tarnfarbe für ein Leben in den Eiswüsten schafft.

Robert Ranke-Graves vertritt in »Die weiße Göttin« die Ansicht, dass der Dichter der weißen Göttin verfallen muss, sonst ist das große Werk nicht zu vollenden. Melville sieht diese weiße Göttin im weißen Wal als eine unheimliche, unerklärliche Kreatur, die allgegenwärtig zu sein scheint, sich in tiefsten Tiefen bewegen kann, die gar unsterblich sein soll, die voll Tücken und Schlauheit ist, die hinterhältige Rückzüge liebt und dann wieder teuflische Angriffe. Melville spricht von der Verkörperung des Bösen in dieser weißen Kreatur.

☐ Weiß spiegelt

Das böse und das verführerische Weiß – sind das Projektionen des männlichen Geistes? Zumindest sind diese Bilder in Kunst, Literatur und Werbung verbreitet. Wer hat seine Männlichkeit bis hinein in die Bilderwelten schon so domestiziert oder kastriert, dass er einzig das Reine und Unschuldige im Weiß sehen kann?

Weiß hat immer auch etwas Verführerisches. Im weißen Kittel geben sich die Ärzte distanziert und autoritär. Alle Autoritäten sehnen sich nach der Verführung durch die Macht. Weiß will aber auch selbst verführt werden. Das Weiß ist zu rein, zu blendend, zu übermenschlich, es muss sich beschmutzen, sich um der Menschlichkeit willen auf das Dunkel einlassen. Das Reine ruft nach dem Unreinen, das Weiße nach dem Schwarzen, das Keusche nach der

Unzucht, der Drang zur Vollständigkeit ist unwiderstehlich. Wir sehen die weiße, entblößte Haut, die spätestens seit dem Mittelalter männliche Blicke und Phantasien anzieht. Weiß ist das Begehrenswerte. Weiß verblendet. Auch der wackere Ahab wird in seinem letzten Kampf mit dem weißen Wal geblendet. Der Autor erinnert sich an einen Besuch des Taj Mahals in Agra. Jenes Bauwerk der Liebe war in der Mittagssonne Indiens derart gleißend, dass das Hinschauen schmerzte. Ein beleuchtetes Weiß baut viel Rhodopsin (Sehpurpur) in den Stäbchen des Auges ab. Weiß zerstört in aggressiver Weise den Sehpurpur.

□ Weiß ist Macht

Wie sich Weiß mit dem Weiblichen verbinden kann, so kann es sich genauso gut mit dem Männlichen liieren. Jedem ist sicherlich aufgefallen, dass Autoritäten und Machtträger wie Könige, Ärzte und Wissenschaftler Weiß tragen. Hierhin gehört auch das Weiße Haus (Washington/D.C.) als Symbol männlich-aggressiver Macht.

□ Das schillernde Weiß

Weiß ist die nährende Milch; weiß ist das gebleichte Gerippe des Todes, der nährende, versengende und blendende Strahl der Sonne; weiß ist das Licht einer atomaren Explosion.

Das Weiße besitzt die störende Tendenz, sich zu beschmutzen, so wie die weiße Farbe im Malkasten nicht lange weiß bleibt. Weiß zieht Schmutz an. In den Großstädten finden wir kein reines Weiß mehr, es sei denn im kalten Neonlicht der Geschäfte, Büros und der Werbung.

Weiß schillert: Dämonen und Engel, üble Geister und die Geliebte wandeln ganz in Weiß. Die Geliebte ist Engel und Dämon, da sie im weißen Kleid die Hingabe symbolisiert.

Weiß ist jedoch nicht nur der hehren Haltung der Hingabe verbunden, sondern auch der massiven Verführung. In einer deutschen Badeordnung von 1758 heißt es: »Weißes zartes Tuch schickt sich nicht dazu (zur Badekleidung), weil es sehr am Leibe klebt und dessen Beschaffenheit zeigt.« In Familienbädern waren noch zu Beginn des 20. Jahrhunderts weiße Badetrikots verboten.

□ Weiß ist Unschuld und Verführung

Weiß symbolisiert Unschuld als fehlende sexuelle Erfahrung. Aber man kann den Begriff der Unschuld noch weiter fassen: Rein und unschuldig ist derjenige, der sich nichts Böses denkt, der absichtslos und nicht berechnend handelt. Schuldig ist der Verführer. Das Gegenbild zu ihm ist das Mädchen, die Nymphe, die das Männliche mehr oder weniger bewusst sucht, um aus der Fessel der Unschuld erlöst zu werden. Das sind Lolita und Eva, die Adam zum Genuss ihrer Frucht verführt. Unschuld und Verführung, diese beiden Begriffe stellen zwei Pole des Bedeutungsspektrums der Farbe Weiß dar: passiv und aktiv, männlich und weiblich, Moral und Lustprinzip treffen aufeinander und entfalten sich in ihrer Spannung.

Das ganze Mittelalter hindurch sah man eine Person, die nur mit einem weißen Hemd bekleidet war, als nackt an. Das weiße Hemd wurde mit der hoch-sexualisierten weißen Haut gleichgesetzt. Dass die weiße Haut unter dem weißen Hemd verführerisch wirkt, wussten die Damen schon im Mittelalter.

Erinnern wir uns an Merlin und Viviane: Merlin begehrte Viviane. Viviane ist als weiße, listige Fee bekannt. Sie ließ sich von Merlin einen Weißdorn zaubern, um sich dann den Bindungszauber zeigen zu lassen, mit dem sie Merlin nach ihrer Hingabe band. Die weiße Fee verzaubert, verführt, sie gibt sich hin und bindet. Es fällt ins Auge, wie stark die Farbe Weiß in dieser Erzählung präsent ist: Die beiden Protagonisten Merlin und Viviane werden als weiße Wesen geschildert, und alles geschieht hinter dem Weißdorn, der seit jener Episode »Merlins Busch« genannt wird.

In jedem alten Zauber klingt eine sexuelle Ebene an, die der Motor des Zaubers ist. Weiß will verzaubern und verzaubert werden. Da sind wir wieder bei der weißen Unterwäsche, den Dessous und der weißen Bettwäsche angelangt. Weiß besitzt wie nur noch Rot und Schwarz eine enorme sexuelle Aufladung. Verführung und Unschuld werden in einer Farbe miteinander vereint.

□ Weiß ist die Todesfarbe

Weiß ist die Farbe des Todes, da von den Toten nur gebleichte Knochen übrig bleiben. Diese werden zum Gleichnis für die letzten Prinzipien. Sie versprechen ewige Dauer und werden zum Symbol des Todes, wie sie auch über den Tod hinausweisen. Sie sind die Struktur, die bleibt. Das Fleisch verwest, die Knochen werden weiß.

Die Toten wurden in frühen Zeiten der menschlichen Geschichte weiß angemalt, um sie vor bösen Dämonen zu schützen. Weiß tritt als Farbe des Abwehrzaubers auf. Später wurden die Leichen in weiße Tücher gewickelt. Weiß ist die Leere, das Nichts. So verstanden, ist Weiß dem Tode verwandt.

256

Es besitzt eine Beziehung zur unsichtbaren Welt. Weiß bietet sich als ideale Todesfarbe an, zumal sein Lichtcharakter auf die Auferstehung hoffen lässt. Es ist verstädlich, dass Weiß – genauso wie Schwarz – eine Trauerfarbe in vielen Kulturen darstellt. Aber nicht nur das Totenkleid zeigt uns Weiß als Farbe des Todes, sondern ebenso die vielen Orakel, die der Volksglauben pflegt. Ein solches Orakel sagt uns durch ein weißes Blatt an einer Pflanze oder gar durch weiße Nesseln am Zaun, dass bald jemand aus der Familie sterben wird. Das Orakel kann sich weiterhin durch weiße Flecken auf den Fingernägeln kundtun, die bereits in vorchristlicher Zeit als Todeszeichen angesehen wurden und die man in nordischen Ländern als »Nornenspuren«, im Waldeck als »Totenblumen« zu bezeichnen pflegte. Die Anzahl der weißen Flecken soll die Zahl der noch beschiedenen Jahre anzeigen.

Gemäß der volkskundlichen Literatur scheinen alle weißen Tiere die Bedeutung von Todesboten besitzen zu können. Im Traum soll der normativen Traumdeutung zufolge jeder weiße Gegenstand einen baldigen Tod ankündigen. Dass Weiß mit dem Tod verbunden ist, hängt ferner mit dem Winter zusammen: Der weiße Schnee bedeckt wie ein Leinentuch die tote Erde. Die Natur wartet wie abgestorben auf ihre Wiedergeburt.

Mit Weiß verbundene, auf Schnee und Winter bezogene Wetterregeln kennen alle europäischen Völker. Wenn sich weiße Wolken am Jakobstag (25. Juli) bilden, wenn man weiße Vögel im November sieht und wenn man ein weißes Wiesel sieht, dann gibt es einen harten, schneereichen Winter.

Die Totenwelt stellte man sich seit der Antike weiß vor. Alle Boten dieser weißen Welt, wie Totengeister und Wiedergänger, finden wir als weiß beschrieben (selbst in Schwarzafrika). Wer kennt nicht den weißen Spuk aus den Schauergeschichten, der dort am deutlichsten auftritt, wo eine Kinderleiche vergraben wurde? Die weißen Totengeister bilden das Paradox der weißen Schatten. Der weiße Schatten stellt den verkehrten Schatten dar, da doch das Dunkel dem Schatten wesenhaft ist. Die Totenwelt kann als die verkehrte Welt angesehen werden, in der die real-weltlichen Bezüge nicht nur außer Kraft gesetzt sind, sondern verkehrt werden. Die weiße Welt der Toten ist die Anderswelt, die Welt der weißhäutigen Götter, wie die Azteken sie sahen. Diese weißhäutigen Götter erschienen planmäßig nach den astrologischen Voraussagen »in gewaltigen Schiffen unter weißen Segeln wie große weiße Vögel«. Diese weißen Götter, die in Mexiko vor Anker gingen, waren Cortez und seine Männer, die wie die Todesgötter mordend, vergewaltigend und raubend durchs Land zogen.

☐ Weiß ist Licht

Bei den alten Ägyptern wurde Weiß als der Herold der Sonne angesehen. Sie verehrten dieses Weiß in dem heiligen Stier Buchis in der ägyptischen Stadt Hermontis bei Theben. Dieser reinweiße Stier ist der Botschafter und Repräsentant des Sonnengottes Ra (oder Re).

Wenn auch der Körper von Buchis reinweiß leuchtete, so soll sein Kopf der Überlieferung nach tiefschwarz gewesen sein: Das Weiße trifft das Schwarze. Diese Verbindung von Schwarz und Weiß stellt eine archetypische Konstellation dar, die uns in vielen Träumen und Mythen begegnet.

Mit einem weißen Opferstier soll der Jungfrauen verschlingende Minotauros gezeugt worden sein, als die Gemahlin des Königs Minos mit ihm Unzucht trieb.

☐ Weißer Fürst und weißes Heer

Weiße Geister sah der Stadtschreiber Petri von Mühlhausen im 17. Jahrhundert. Er beschreibt einen Geisterkampf, bei dem ein Heer von weißen Geistern einem Heer der roten Geister gegenübersteht. Die Vorstellung von roten Geistern lässt uns an die Teufel denken. Das weiße Heer besteht aus den guten Geistern, die die Teufel bekämpfen. Solche Bilder kennt schon die Johannes-Apokalypse, in der das Heer der himmlischen Heerscharen für Treue und Gerechtigkeit gegen den Antichristen streitet. Als das erste der apokalyptischen Siegel aufgebrochen wird, sieht der Prophet ein weißes Pferd, auf dem der siegreiche König sitzt: Der weiße Held ist angesprochen, der das weiße Heer anführt. Diese Vorstellung kennen wir ebenfalls von den friesischen Sagen, wo ein weißer König auf einem Schimmel (nach der Endschlacht) gerecht das Land regiert. Solche Vorstellungen gehen auf die Apokalypse zurück und legen Weiß als Farbe der Reinheit, Gerechtigkeit und Unschuld fest.

Ganz kämpferisch tritt uns das Weiß in den Anzügen fernöstlicher Kampfsportarten wie Judo und Karate gegenüber. Das Weiß soll hier daran erinnern, dass der wahre Kampf innerlich und geistig zu führen ist.

Wer denkt nicht beim weißen Heer sogleich an die himmlischen Heerscharen der Engel? Die Gewänder der Engel bei der Auferstehung und Himmelfahrt Christi können nur weiß wie der Schnee sein. »Weiß wie der Schnee« – genau mit diesen Worten werden Christi Kleider bei seiner Verklärung auf dem Berg Tabor bezeichnet.

Aber nicht nur das Christentum kennt die Vorstellung vom weißen Heer und vom weißen Heerführer. Bei den Germanen reitet Wotan als wilder Jäger auf einem weißen Ross. Er wird in einem Gefolge weiß gekleideter Frauen und weißer Hunde dargestellt. Alle Gottheiten und Dämonen des Gewitters finden wir wegen der grellweißen Farbe des Blitzes, wenn auch nicht immer als weiße Heerführer, so doch als weiße Jäger symbolisiert. Bei nächtlichem Sturm und Gewitter sollen weiß gewandete Mädchen auf weißen Pferden in den Kronen der Bäume umherreiten.

Im heidnischen Bereich wird die Farbe Weiß bei der Beschreibung des weißen Heeres zur Charakterisierung der wilden Naturmächte gebraucht. Hier finden wir das undomestizierte Weiß, das noch nicht seiner Kraft und Wildheit beraubt worden ist. Dieses Weiß wirkt beängstigend, es ist das Weiß des weißen Wales, des weißen Hais und des gleißenden Lichtes der grausamen Eiswüsten.

☐ Die drei Grundbedeutungen der Farbe Weiß

Es ist erstaunlich, wie viele Schattierungen Weiß aufweisen kann. Es scheint uns immer gerade jene Seite zu zeigen, der wir als Betrachter nacheifern. Was wir im Weißen sehen, das ist unser eigenes Gesicht: Deswegen ist die Beschäftigung mit der Farbe Weiß wichtig: Weiß ist der reine Spiegel, das Nichts, das wir zu füllen trachten.

Die drei Grundbedeutungen der Farbe Weiß

1. Das Göttliche
   - ☐ **Weiblich:** der schützende Aspekt (Licht, das Gute), der weibliche Geist (weiße Taube, Sophia), Mond- und Lichtgöttinnen
   - ☐ **Männlich:** die Macht, das Ideal, der männliche Geist
2. Sexualität
   - ☐ **Weiblich:** Unschuld, Fruchtbarkeit, Verführung, Geilheit
   - ☐ **Männlich:** der weiße Samen und der weiße Verführer, der Schimmel als Traumsymbol (das weiße Einhorn)
3. Der Zauber
   - ☐ **Weiblich:** die weißen Frauen bzw. Hexen, Fruchtbarkeitszauber, Heilzauber und Schutzzauber, (die Wandlung)
   - ☐ **Männlich:** der weiße Magier, der weiße Heiler; weiße Dinge, die gemäß der Analogiemagie weiße Schwingungen übertragen; weiße zauberische Tiere im Märchen und im Traum, die sich durch ihre Wandlungsfähigkeit auszeichnen

Weiß ist schwer fassbar, uneindeutig, es wird bisweilen als farblos betrachtet. Dennoch tritt es uns als Farbe in der Natur entgegen, z. B. bei den weißen Blütenblättern der Margeriten, Schnee- und Maiglöckchen, bei weißen Schafen, den weißen Tieren der Schneewüsten und bei Albinos (Tiere und Menschen, denen die dunklen Hautpigmente fehlen), die immer als etwas Besonderes angesehen wurden. Das Unfassbare und zugleich Abgründige der Farbe Weiß wurde unter dem Einfluss des Christentums domestiziert.

Wie das Christentum einen tiefen Einschnitt in der Betrachtung der Farbe Weiß darstellte, so brachte vor etwa 150 Jahren die Daguerreotypie einen weiteren Einschnitt in die Sichtweise des Weißen.

□ Schwarz-Weiß

1830 hatte der Franzose Louis J. M. Daguerre (1787–1851) zusammen mit seinem Landsmann J. N. Niepce (1765–1833) die erste Kamera entwickelt, die er »Camera obscura« nannte. Damit wurde nicht nur der heutigen Photographie der Weg bereitet, sondern auch die Augen der Menschheit wurden für einen Blick auf die Welt in Schwarz und Weiß geöffnet. Man meinte, mit diesem »schwarz-weißen Blick« die Welt als Wirklichkeit ohne Illusionen darstellen zu können. Wen verwundert es da, wenn eines der wichtigsten Teile der Kamera »Objektiv« genannt wird?

Vom Beginn der Photographie bis in die fünfziger Jahre des 20. Jahrhunderts – also für über einhundert Jahre – wurde das »objektive Bild der Wirklichkeit« aus den komplementären Farben Schwarz und Weiß zusammengesetzt. Alles, was hell wirkte, wurde weiß, alles, was dunkel wirkte, wurde schwarz. Die Realität wurde als Spannung zwischen Licht und Schatten aufgefasst. Es wurde gezeigt, wie Weiß und Schwarz stellvertretend alle anderen Farben wiedergeben können. Damit wurden Weiß und Schwarz zu »Überfarben«, das heißt zu Farben, die von ihrem Informationswert alle möglichen Farben beinhalteten.

Die ersten Photographen wollten mithilfe der »objektiven« Farben Schwarz und Weiß die Geheimnisse der Bilderwelten erforschen. Sie wollten mit diesen beiden Überfarben in die Tiefe der Bildstrukturen vordringen, in das Abstrakte, die Idee – in das, was hinter den Bildern steht.

Was man schwarz auf weiß sehen kann, als Photographie, als gedrucktes Wort, das ist nach Meinung der meisten Menschen wahr und gilt als dokumentarisches Abbild der Wirklichkeit.

Stichworte zur Symbolik
1. Licht
2. Tod
3. das Reine und Unschuldige
4. die Verführung
5. das Dämonische
6. das Abstrakte, die Idee

Mythologie, Religion und Aberglaube

☐ Mitteleuropäische Mythologien

Weiße Vögel

☐ Weiße Taube

Die weiße Taube mit dem grünen Ölzweig im Schnabel – heute als Friedenssymbol vermarktet und zum Autoaufkleber verkommen – tritt zunächst als Verkünder vom Ende der Sintflut auf (1. Mose 8,10–12). Auch bei der Taufe Jesu im Jordan schwebt sie nach dem Evangelium des Matthäus (3,16) über Jesu Haupt. Szenen dieser Art gehören zu den am häufigsten dargestellten in der christlichen Kunst. Von Nikolaus von Verdun (Emaille-Altar von 1181) bis Tizian (Maria della Salute, Venedig 1560) nahmen sich Malerei, Mosaik und Fresken dieses Themas an. Einflussreich war das Mosaik des Triumphbogens von St. Maria Maggiore zu Rom, auf dem im Augenblick der Verkündigung der Heilige Geist sich in Gestalt einer weißen Taube herabsenkt. Diese Darstellung inspirierte eine unübersehbare Menge ähnlicher Bilder. Die weiße Taube schwebte fortan über den Charakterköpfen von so unterschiedlichen Heiligen wie den Evangelisten (als Zeichen der Inspiration), Dunstan, Hilarius von Arles, Teresa von Avila, Basilius dem Großen, der heiligen Aldegunda und den Heiligen Irlands und vielen mehr bis hin zu Thomas von Aquin. Sie alle bilden das weiße Heer, ein Ausdruck der unschuldigen und reinen Kraft der göttlichen Inspiration. Weiße Tauben verlassen der christlichen Ikonographie zufolge die Körper von Märtyrern bei deren Tod und werden so dem weißen Seelenvogel ähnlich, den schon die alten Ägypter als Ka bezeichneten.

»Auf der anderen Seite kennen aber die meisten Menschen hierzulande auch Hitchcocks Film ›Die Vögel‹, worin Vögel verschiedener Art, darunter auch weiße Vögel und Tauben, zum Zeichen der Angst, der Hysterie einer vernachlässigten Natur und eines wild gewordenen Geistes werden« (Evelin Bürger/Johannes Fiebig)[126].

☐ **Weißer Adler**

Der weiße Adler repräsentiert den Sonnen- bzw. Lichtgott. In Heliopolis, dem Hauptsonnentempel Ägyptens, wurde ein Adler mit weiß gefärbten Flügeln lebendig verbrannt. Damit wurde der alte weiße Adler getötet. Die Vergangenheit sollte gereinigt werden, auf dass ein neuer weißer Adler aus der Asche des toten entstehe. Der beherrschte wiederum ein neues Zeitalter, bis auch er verbrannt wurde.

Das Bild des weißen Adlers oder Phönix symbolisiert den Unter- und Aufgang der Sonne. Es ist logisch, dass die frühen Christen an diesem Phönix festhielten, den sie im Laufe der Zeit zum wiederauferstandenen Christus werden ließen.

Der weiße Adler – Jupiters heiliger Vogel – ist der reine, aber doch mächtige Bote Gottes. Im Grunde stellt er das Gegenstück zur harmlosen weißen Taube dar. Da er ein körperloses Geistwesen ist, kann er sich nicht durch seinen Körper beflecken.

☐ **Weißer Schwan**

Als weiterer symbolbeladener weißer Vogel sei der weiße Schwan genannt, der uns im Märchen begegnet und der durch Lohengrin so bekannt wurde, dass sich Richard Wagner seiner annahm. Der weiße Schwan, wie ihn auch Leonard Cohen wehmütig besingt, stellt das Urbild ländlicher Romantik dar.

Während in Bechsteins Märchensammlung in »Die sieben Schwäne« die Königssöhne durch die Verwandlung in weiße Schwäne gerettet werden, so ist in Grimms Märchen »Die sechs Schwäne« Weiß eine böse Zauberfarbe. Die Tochter der Hexe, die den König heiratet, näht der Hexenkunst ihrer Mutter folgend kleine weißseidene Hemdchen, in die sie einen Zauber hineinwebt. Als die Königskinder diese Hemdchen überziehen, werden sie in weiße Schwäne verwandelt.

In beiden Märchen werden die Königskinder in weiße Schwäne verzaubert, einmal zu ihrer Errettung, einmal zu ihrem Schaden. In beiden Fällen soll die Verwandlung in weiße Schwäne die Unschuld und die Natürlichkeit der Königskinder andeuten. Der Initiationsweg eines Königssohns beginnt mit dem unschuldigen Sicheinfügen in die Natur. Dies stellt den Anfang und das Ende des Individuationswegs dar.

Die weißen Vögel sind wie Merkur Boten Gottes: Sie kommen vom Himmel und können für kurze Zeit auf der Erde wandeln. So gleicht ihnen der Götterbote Merkur (Hermes) mit seiner Flügelkappe und den Flügelstiefeln. Weiße Vögel besitzen einen merkurischen Charakter: Sie wandeln den Sinn des Menschen durch ihr Vorbild an Reinheit und Unschuld. Aber der menschliche Geist, den der weiße oder schwarz-weiße Merkur symbolisiert, kann sich auch böse und zauberisch zeigen. Dann reinigt Weiß nicht, sondern es verzaubert in seiner Eigenschaft als Hexenfarbe. Dann tritt die Scheinheiligkeit hervor, die eine besondere Vorliebe für Weiß besitzt, denn man zeigt nach außen, woran einem innerlich mangelt.

Weiß als magische Farbe

Weiß bietet sich als Zauberfarbe an, da es aus dem Unsichtbaren kommt – wie das durchsichtige Wasser zum weißen Schnee und Eis gefriert – und in das Jenseitige (als Todesfarbe) hineinreicht. Weiß kann sich leicht verändern, seine Farbreichweite ist gering. Es ist von seinem Wesen her eine Farbe der Veränderung und des Übergangs: die ideale Zauberfarbe. Die kleine Alice trifft in Lewis Carolls Roman »Alice im Wunderland« im Zauberland zuerst auf das weiße Kaninchen mit seinen eleganten weißen Glacéhandschuhen. In diesem Zauberland wächst ein weißer Rosenbaum, den drei Gärtner rot anzumalen versuchen. Das weiße Kaninchen führt Alice in diesem Zauberland herum, in das nur ein weißer Führer einen führen kann. So sah es im 19. Jahrhundert der Mathematiklehrer Lewis Carroll, der intuitiv die Magie der weißen Farbe erfasst hatte.

Wir begegnen drei Arten des weißen Zaubers:
1. dem Schutz- und Abwehrzauber,
2. dem Fruchtbarkeitszauber,
3. dem Heilzauber.

In diesen drei Formen des weißen Zaubers wird wie in der Alchemie der Wandlungscharakter des Weißen betont.

☐ Schutz- und Abwehrzauber

Weiß ist eine Farbe, die das einfallende Licht vollständig reflektiert. Genauso soll der ideale Schutzzauber aussehen: Alles Böse, das gegen jemanden gerichtet wird, soll abprallen und reflektiert werden. Aus diesem Grunde trägt man in Syrien bis auf den heutigen Tag weiße Steine an einer Kette um den Hals, und noch heute nehmen farbige Völker an, dass ihre Magie nicht bei Weißen wirkt. An der weißen Haut prallen die magischen Energien ab.

Anschaulich wird in den Weinbaugegenden Badens gezeigt, wie man sich mit der Farbe Weiß als Farbe des Bewusstseins gegen sein Unbewusstes schützt. Dem Brauch nach trägt der Weinbauer einen weißen Schurz, wenn er im Keller arbeitet. Auch Priester und Zauberer tragen Weiß, da der Verkehr mit den Göttern und Dämonen gefährlich ist und man nur in absoluter Reinheit am Göttlichen teilhaben kann. In den Laboratorien trägt der Wissenschaftler weiße Schutzkleidung. Man soll nur die Naturkräfte befragen; es geht um Objektivität und Klarheit, um die »Reinheit der Forschung und Lehre«, um all das, was die Farbe Weiß vorzüglich darstellt. Man sollte in diesem Zusammenhang nicht die engen Verbindungen des Weißen zur Macht vergessen. In aller Welt tritt der Volksglaube auf, dass weiße Gegenstände Macht verleihen, da der Besitzer sich mit deren Hilfe Götter, Dämonen und Menschen dienstbar machen kann. Macht stellt den besten Schutz- und Abwehrzauber dar.

☐ Fruchtbarkeitszauber

Weiß ist die Mutter aller Farben. Aus dem weißen Licht entsteht durch prismatische Brechung der Regenbogen. Aus dem einen Weiß entstehen alle Farben. Weiß ist zugleich Symbol für das neugeborene Kind: Weiß entstand als erste Farbe durch die Verdichtung eines Durchsichtigen (Goethe), so wie weißer Nebel aus der Verdichtung durchsichtiger Wassertröpfchen entsteht.

Weiß vermag sowohl die Mutter als auch das Kind zu symbolisieren. Es ist schon von seinem Charakter her dazu prädestiniert, ein Fruchtbarkeitssymbol zu sein. Im deutschen Spätmittelalter war Weiß derart eng mit der Fruchtbarkeit assoziiert, dass man bei Nachweisen der Fruchtbarkeit das Ejakulat auf seine Farbe hin überprüfte: Gesundes und fruchtbares Ejakulat ist rein weiß, während das ins Gelbliche spielende Ejakulat steril ist.

Ein Beispiel für die Verbindung des Fruchtbarkeitszaubers mit der Farbe Weiß finden wir in der Baseler und alemannischen Fastnachtstradition. Dort tanzen die Mädchen reinweiß gekleidet um den Johannisbaum.

Man könnte diese Belege im übertragenen Sinne deuten und feststellen, dass nur auf dem Boden der Unschuld und Reinheit etwas Fruchtbares entstehen kann. Unschuld und Reinheit segnen die Fruchtbarkeit. Früher schlief man meistens in blütenweißer Bettwäsche: Reinheit bringt Fruchtbarkeit. Noch mein Großvater meinte, ordentliche Leute, die es zu etwas bringen, schlafen in makellos weißer Bettwäsche. Er dachte, das Blütenweiß würde sich als fruchtbar erweisen, indem es ökonomischen Zugewinn bringt: Ein weißer Kreis wirkt größer als ein dunkler Kreis gleicher Größe. Weiß stellt schon von seinen Farbeigenschaften her die Farbe der Mehrung dar.

Wir sind bei einer der ältesten Bedeutungen der Farbe Weiß angelangt. Da die Erfahrung der weißen, nährenden Milch die Menschheit seit Anbeginn geprägt hat, wird diese Farbe mit der Fruchtbarkeit assoziiert. Dazu kommt, dass die Farbe des männlichen Samens ebenfalls Weiß ist, wie auch Eier meistens eine weiße Farbe aufweisen. Weiß ist ein archetypisches Farbsymbol der Fruchtbarkeit.

Weiße Göttinnen

Im Buddhismus finden wir eine auffällige Häufung weißer weiblicher Gottheiten. Das mag daran liegen, dass die Buddhisten den klaren Bewusstseins- und Geistaspekt betonen. Das weiße Licht ist das reine Licht des Geistes, das sich auf Erden als Weisheit kundtut. Dieser Geistaspekt wird verstärkt im Weiblichen gesehen, so wie die Griechen in ihrer Göttin Sophia die weibliche Verkörperung der Weisheit sahen. Gleichzeitig wohnt dem Geistaspekt die magische Tendenz zur Wandlung inne. Der Geist ist zauberisch. Er wandelt sich ewig. Das sagen die weißen Mondgöttinnen aller Kulturen.

Der weiße Zustand der Unschuld kann durch Meditation und einen ruhenden Geist erreicht werden, so lehrt die weiße Tara. Locana und Ushnisha-vijaya, diese weißen Göttinnen, die über den ruhenden Geist in der Meditation wachen, können die Welt für einen Moment anhalten.

Alle weißen Göttinnen beschützen den Fluss des Lebens, der sich im weißen Samen und der weißen Milch ebenso wie im vielfältig bewegten Geist manifestiert. Alle weißen Göttinnen besitzen zauberische Kräfte. Das spiegelt sich in den weißen Hexen wider, da die Kenntnis des Flusses des Lebens die Grundvoraussetzung zum wirksamen Zauber darstellt.

☐ **Sibylle**

Im Volksglauben unserer Kultur sind die weißen Göttinnen in den Sibyllen präsent, die auf antike Vorstellungen zurückgehen (die Sibyllinischen Bücher verbrannten 83 v. u. Z. in Rom). Die Sibylle ist ein nicht recht greifbares heidnisches Wesen aus der mittelalterlichen Volksüberlieferung. Populär gemacht wurde die Sibylle oder »die Weiße« – wie sie oft genannt wurde – durch den Oppenheimer Drucker Johann Köbel, der das Volksbuch »Zwölf Sibyllen Weissagungen« herausgab und es von Oberösterreich bis nach Norwegen und Finnland verbreitete. Im 15. Jahrhundert waren diese Sibyllen den zwölf Aposteln gegenübergestellt worden, und noch im 19. Jahrhundert waren einige Kopien dieses Volksbuches im Umlauf.

1956 erschien in Stockholm Pär Lagerquists viel beachteter Roman »Sibyllan«. Lagerquist kombiniert in diesem Text alle möglichen Vorstellungen über die Sibylle, die weiße Seherin, die bei ihm in Liebe zu einem Sterblichen entbrennt. Wegen dieser Liebe wurde sie aus dem Heiligtum des weißen Apolls vertrieben. Der Gott rächt sich an ihr, indem er ihr als Ziegenbock erscheint und sie zwingt, sich hinzugeben. Die weiße Sibylle gebiert einen ebenfalls weißen Sohn, der ein hilfloser Idiot ist.

Die Sibylle scheint mir eine der besten Verkörperungen der Farbe Weiß darzustellen: Sie ist schwer fassbar, viel schillernd und facettenreich. Bei Pär Lagerquist drückt die Sibylle wesentliche Eigenschaften der Farbe Weiß aus:

1. Die Sibylle lebt als Seherin. Weiß ist die Farbe derjenigen, die die Zukunft voraussehen. Deswegen wird auch Merlin »der Weiße« genannt, deswegen spricht man in den Sagen und Märchen vom weißen Mann. Damit ist ein Elb (oder: Elbe) gemeint. Der Volksüberlieferung nach können die weißen Elben die Zukunft voraussagen. **Weiß ist die Farbe der Zukunft oder zumindest des Blickes in die Zukunft.**

2. Die Sibylle lebt als Priesterin des weißen Sonnengottes Apoll. Die weiße Sibylle weist auf den Gott der Sonne hin. **Weiß wird als Farbe des Lichtes und des Geistes gebraucht.**

3. Die Sibylle verliebt sich in einen Sterblichen. Da treffen wir wieder auf **die Farbe Weiß, die sich vermischen möchte, die verführt werden und verführen will. Ferner ist in diesem Roman mit der Schilderung von Schwängerung und Geburt auch Weiß als Farbe der Fruchtbarkeit angesprochen.** Der weiße Samen des göttlichen weißen Ziegenbocks wächst in der weißen Sibylle zum weißen Kind heran.

4. Apoll erscheint der Sibylle als weißer Ziegenbock (der geile Bock): **Weiß wird als Farbe des Opfers und der Hingabe gebraucht und zugleich als Farbe der Macht.**

5. Der Geliebte der Sibylle wird getötet: **Weiß tritt als Farbe des Todes auf.**

6. Das weiße Kind ist ein Idiot, das heißt, es stammt aus einer anderen Welt. **Weiß ist die Farbe, die aus der anderen Welt in diese Welt des Sichtbaren hineinragt.**

Weiße Götter

Es schien bis jetzt, als ob die weiße Farbe hauptsächlich dem Weiblichen verbunden ist. Dies ist nicht der Fall. Weiß kann uns als männliche Farbe entgegenleuchten. Man denke nur an die weiße Lichtgottheit Apoll und an Vairocana, den weißen buddhistischen Weltenherrscher.

Das männliche Weiß symbolisiert den klaren Geist. Der christliche Schöpfergott präsentiert sich im weißen Gewand. Der weiße Geist führt die Menschheit dem Guten zu. Diese geistige Macht weist in ihrer männlichen Form die Tendenz auf, sich in Institutionen ordnen und perfektionieren zu wollen. Weiß ist Machtdemonstration: Es fällt auf und vergrößert.

Bei den Taoisten ist es selbstverständlich, dass Weiß sich dem Yang, also dem Männlichen, zuordnet. Im alten China (Shang-Dynastie) bildete das Zeichen für Weiß ein nur wenig stilisierter Phallus.

□ Moderne Mythen

Weiße Bruderschaft

In der europäischen Esoterik hat besonders die Weiße Bruderschaft ihr »Weiß-Sein« betont. Alle guten männlichen Eigenschaften werden auf die Meister dieser Bruderschaft projiziert. Sie sind weise und mächtig, da sie mit dem planetarischen Logos verkehren und den großen Plan der Welt kennen. Sie sind nach Alice A. Bailey (1880–1949) gute oder »hohe« Inkarnationen, die dem Menschen von der geistigen Ebene her helfen. Die Meister agieren als Weltenlehrer. Die Betonung der Farbbezeichnung Weiß lässt ein Ideal vermuten, auf die unsere Wunschwelt projiziert wird.

In der weißen Bruderschaft steht das Bild des weißen Animus vor uns, der immer als Kollektiv auftritt, denn er ist das Teilende, Unterscheidende und

Analytische. Dieser weiße Animus ist die theosophisch geprägte Verkörperung des guten Mannes, des weisen Vaters und Lehrers, das männliche Gegenstück zur Großen Mutter. Typisch an der Verkörperung des Männlichen ist die Betonung der (Bewusstseins-)Hierarchie.

Das Licht der weißen Götter dringt in die Finsternis ein. Dies macht die phallische Qualität der weißen Farbe aus.

Die Farbe Weiß zeigt also in ihrer männlichen Seite folgende Aspekte: die männliche Zeugungs- und Schöpferkraft, den Geist, die Autorität und Klarheit, den Ausweitungsdrang, die Weisheit und das Alter, den Zorn und die Milde.

So ergänzt sie die verführerische, unschuldige, mütterliche und nährende Seite des Weiß. Wie beim Yin-Yang-Zeichen sind beide Seiten zugleich vorhanden. Das männliche und das weibliche Weiß stellen zwei Seiten des einen Archetyps dar.

Das männliche Weiß besitzt Verführungs- und Bindekraft wie das weibliche Weiß. Die weißen Götter können verführen, binden und zerstören, wie der weiße Wal Kapitän Ahab verführt, gebunden und zerstört hat. Der Farbe Weiß scheint in allen ihren Aspekten die Kraft der Verführung innezuwohnen.

Stichworte zur Mythologie
1. Farbe des Geistes
2. Farbe der Macht/Autorität
3. Farbe der Verführung
4. Farbe der Reinheit

Psychologie

☐ Das ewig Weibliche – die weiße Anima

Bei C. G. Jung tritt die Anima sowohl in der weißen als auch in der schwarzen Form auf, wobei Erich Neumann (1905–1960) in seiner grundlegenden Studie zur Anima »Die große Mutter« (Erstauflage Zürich 1956) die weiße Anima mit der fruchtbaren, die schwarze Anima mit der furchtbaren Mutter verbindet. Der Autor betrachtet in diesem Abschnitt das idealisierte, fruchtbare Weibliche, das in unserer Kultur stets weiß erscheint.

Die Anima – das, was Mann und Frau als weiblich erleben – wird projiziert. Man sieht seine eigene innere weibliche Seite in die konkrete Frau der Außenwelt hinein. Christen projizieren kollektiv ihre innere weibliche Seite auf die Darstellungen der weißen Maria. Die Buddhisten gestalten diese Projektion in der weißen Tara, Kapitän Ahab im weißen Wal.

Immer ist die Anima mit dem Mond assoziiert. Die weißen Tiere wie der weiße Vogel, die weiße Schlange oder der weiße Wurm, in den sich eine Frau in einer Geschichte von Bram Stoker verwandelt, sind weiße Wesen des Mondes. Die Anima ist ein Wesen der Reflexion, deswegen weiß gestaltet. Alle weißen Frauen kann man als Animaprojektionen interpretieren. In ihnen vereint sich das vielfältige Bild des Weiblichen zwischen fruchtbarer und furchtbarer Mutter.

Zum ersten Typ der weißen Frau, der Verführerin oder Dämonin, gehören Frau Holle und die Natur im Bild des weißen Wals. Gerade in »Moby Dick« finden wir die Naturgewalt der negativen Anima gestaltet. Es ist die Angst und der Schrecken vor dem Weiblichen, der die Männer auf den Walfänger fliehen lässt und sie in die nördlichen Eiswüsten treibt, um sich dort vom weiblichen Weiß tödlich faszinieren zu lassen.

Zum zweiten Typ, dem Totengeist, gehören leichte, luftige Wesen, die von unseren Projektionen geformt werden: die Geister und Gespenster. Diese Projektionen treten mit Vorliebe auf Schlössern und Burgen auf. Zu wichtigen Gelegenheiten, wie vor einer Geburt oder einem Tod, offenbart sich die weiße Frau als Geist der Urahnin, zum Beispiel auf den Schlössern in Ansbach und Bayreuth.

Dies zeigt uns, wie viel Projektionsenergie eine Urahnin auf sich ziehen kann, so dass sie sich als weiße Anima mithilfe der weißen Geisterfrau manifestiert. Dort, wo eine bestimmte Frau idealisiert wird, dort wird sie mehr oder weniger deutlich zum geistigen Wesen, zur weißen Frau: Mag sie sich als Maria, als weiße Tara oder als Schlossgeist zeigen – das sind Gedankenbilder, die Aspekte der Anima zeigen.

Weiß gibt Weite, regt den Intellekt an, wirkt aggressiv, aber auch unschuldig; die wenigsten Menschen fühlen sich in einer weiß dominierten Farbumgebung wohl.

Positiv: Offenheit
Negativ: Weiß wirkt aggressiv, da es ins Auge sticht.

☐ Die Weißwäscherei

Man betont in Äußerlichkeiten oft das, was man nicht hat: Wenn innerlich und äußerlich die gesamte Welt verschmutzt ist, wird alle Hoffnung in das Weiße gesetzt. Weiß ist das Andere, die Leere. Es ist das, was wir nicht sind, wohin wir aber wollen. Die weißen Seelen leben im Paradies wie im Schlaraffenland, während die schwarzen und roten in der Hölle braten. Weiß ist Thanathos, dem Todestrieb, verbunden, aber es bringt auch Glück.

Das Männliche musste sich anstrengen, um das Schwarz des Frucht-barkeitskultes der Großen Göttin zu verdrängen. Denn ihre Kulte zogen zu viele sexuelle Projektionen an. Mit der Propagierung des Weißen konnte die schwarze Natur verdrängt werden. So wurde Weiß die Farbe der Unschuld, des Geistes – aber letztendlich des Todes.

Spätestens seit der Mitte des 19. Jahrhunderts verfolgt man besessen al-len Dreck, denn jede Unreinheit verschärft den Widerspruch von Körper und Geist. Das Ideal des Gleichklangs von Körper und Geist wird im reinsten Weiß gesehen, das schon den Anflug von Sündhaftigkeit vertreibt. Menschen fühlen sich durch weiße Kleidung »rein«, was nur den Sauberkeits- und Reinigungs-wahn beschleunigte, der sich erst im 20. Jahrhundert auf den makellos reinen Körper ausdehnte. Das Ideal »Weiß« führte zum chemisch weißen, holzfreien Papier, das hohe Gewässerbelastung mit sich bringt, ebenso wie das Titanoxid (Weißmacher für Textilien), das als »Dünnsäure« in den Meeren entsorgt wird. Waschmittel enthalten zudem Bleichstoffe, die ein Weiteres zur Umweltver-schmutzung beitragen. Das bei Waschmitteln, Lebensmitteln und Papierher-stellung angestrebte Weiß wird zur Farbe des Todes.

Heilen

Das weiße Licht als Symbol des Geistes ist der mächtigste Heiler. Im Volksglau-ben wurde der Geist materialisiert. Man glaubte, dass jegliche weiße Materie heilt. Gegen die englische Krankheit (verbreitete Mangelernährungskrankheit) gab man noch vor 80 Jahren Kindern den Absud von weißem Hundekot zu trinken. Auch nahm man an, dass weiße Wolle Hautausschlag heile und dass eine geriebene weiße Rettichscheibe, ins Genick gebunden, Zahnschmerzen verscheuche. Es gibt fast keine Krankheit, gegen die gemäß dem Volksglauben Weiß nicht Mittel der Wahl wäre.

Ursprünglich waren alle Pillen und Tabletten weiß gefärbt, um durch die Farbe Gesundheit zu suggerieren. Man nimmt etwas Weißes ein und wird gesund. Von der Einnahme des Weißen versprach man sich auch magische Kräfte. Weiß gibt Weite, regt den Intellekt an, wirkt aggressiv, aber auch unschuldig; wenige Menschen fühlen sich in einer weiß dominierten Farbumgebung wohl.

Wird Weiß zu rein, wird es synthetisch und lebensfeindlich. Das schützende, heilende und nährende Weiß blendet nicht, es ist ein mildes, warmes Weiß, das einen leichten Stich ins Gelbe aufweisen kann. Das harte, kalte Weiß, das im Extrem einen leichten Blauschimmer besitzt, ist das synthetische Weiß, welches wir von den Nyltesthemden der 1950er Jahre und vom Neonlicht kennen.

Steine

Mit rein weißen Steinen wie Milchopal, Milchquarz, Schneequarz und Selenit wird fast nie geheilt.

□ Marmor
Für uns ist der weiße Marmor mit dem idealen Körper antiker Statuen verbunden, die freilich in ihrer Zeit bunt bemalt waren. Mit ihrer edlen Einfalt und stillen Größe drückten diese weißen Marmorstatuen für die Gelehrten wie Johann Joachim Winckelmann (1717–1768) das Ideal der Klassik aus.

□ Weißer Hyazinth
Der Überlieferung folgend lag im Granitschrein der Kaaba zu Mekka ein weißer Hyazinth (Zirkonart). Dieser Hyazinth verfärbte sich durch die Sünden der Menschen schwarz. Wie in allen monotheistischen Religionen werden im Islam Weiß zur guten und Schwarz zur bösen Farbe.

Pflanzen

□ Weißdorn
Vom Weißdorn wird im Volk gesagt, er halte alles Böse ab, helfe gegen Fieber und Zahnschmerz, verschaffe den Wöchnerinnen eine leichte Geburt (Sympathiezauber) und schrecke die Hexen. Heute werden Tees aus Weißdornblüten zur **Herzstärkung genutzt und Weißdornblätter gegen Arteriosklerose und Bluthochdruck** eingesetzt. Bei den Germanen war der Weißdorn dem Totenkult verbunden.

Die wichtigsten Pflanzen dieser Farbe

1. Schneeglöckchen – giftig
2. weiße Lilien – Symbol der Maria
3. Maiglöckchen – Herzstärkung (giftig)
4. Holunder – Tee aus Blüten gegen Erkältung
5. Kirsche – Kirschblütenfest in Japan

Tipps für den Alltag

☐ Ernährung

Die weiße Speise charakterisiert das heilige Mahl als das heilende Mahl. Man bereitete früher vom Fleisch weißer Opfertiere ein heiliges Mahl, das Glück bringen sollte. Bei der Hochzeit wird der weiß glasierte Hochzeitskuchen gegessen, das Weiß wird verinnerlicht, und so trägt man das Glück unverlierbar in sich.

In der Nahrungsmittelindustrie führt der Trend zu weißen Lebensmitteln zu gesundheitsschädlichen Reinigungsritualen. Der Autor gibt den modernen Ernährungswissenschaftlern Recht, die behaupten, dass fast alle weißen Lebensmittel ein Körper belastendes Gift darstellen. Weißes Mehl, weißer Zucker und Weißbrot sind ungesund, weil sie von allen Nähr- und Ballaststoffen »gereinigt« sind.

☐ Kleidung

Weiß und Schwarz als klassische Dessousfarben drücken Verführung aus. Das erotische Weiß ist in zweierlei Hinsicht die Urfarbe der Verführung: Es regt aktiv zur Verführung an, wie es passiv sich dem Verführtwerden hingibt. Eindeutigkeit ist der Farbe Weiß fremd. Sie treibt ihr schelmisches Spiel, wenn sie nicht gerade in der Moral erstarrt. Bei dem weißen Dessous, jenem Nichts, gibt sich die Farbe Weiß fast durchsichtig. Weiß beschreibt den Raum der erotischen Imagination, den Ort der Illusion, der das Unerreichbare umweht, das man zu sehen und bald schon zu berühren glaubt. Mit dem weißen Nachthemd steigt die Frau als Braut ins weiße Bett und signalisiert ihre Hingabe. Die Frau im weißen Nachthemd, die Frau im weißen Kleid und mit der weißen Leibwäsche stellt das Trugbild einer überhöhten Frau dar. Da steht die weiße, sakralisierte Frau vor uns, deren Körper erhoben ist. Weiß negiert die Anziehungskraft des Körpers und steigert sie zugleich.[127]

Die weiße Unterwäsche stellt die zweite weiße Haut dar. Sie zieht eine Grenze: Wenn man die weiße Unterwäsche abstreift, hat man einen Teil seiner Unschuld abgelegt. Weiß symbolisiert Unbeflecktheit, besonders in der »verborgenen« Welt der Unterwäsche, in der jeder Fleck als Überschreitung angesehen wird.

□ Braut und Hochzeit

Weiß ist die klassische Farbe der Braut – denkt man. Was uns heute selbstverständlich scheint, hat sich jedoch erst im 19. Jahrhundert eingebürgert: das weiße Hochzeitskleid. Vor ein paar Jahrhunderten, auf der glanzvollsten Hochzeit des späten Mittelalters zwischen Lucretia Borgia und Alfonso d'Este (1502), demonstrierte Lucretia Borgia durch ein schwarz-samtenes Hochzeitskleid wirkungsvoll ihre Macht. Avantgardisten allerdings geben sich auch heute nicht mit Weiß zufrieden. So schuf der Münchner Modeschöpfer Siegfried Oselka 1985 ein kühnes Hochzeitskleid aus viel schwarzem Stoff, das im Münchner Stadtmuseum zu bewundern ist. Aber lassen wir uns nicht von solchen Extravaganzen ablenken: Eine Frau aus gutem Hause heiratet ganz in Weiß, mindestens so romantisch wie Sissi (Elisabeth von Österreich). Die beiden angeblich schönsten Frauen des 19. Jahrhunderts, die Kaiserin Eugenie und die Kaiserin Elisabeth, heirateten ganz in Weiß, wie Elisabeth II. von England (1947) und Lady Diana Spencer (1981).

Heute wird das hochzeitliche Weiß mit der Unschuld und der Reinheit erklärt, obwohl die meisten Bräute diese Voraussetzung zum Tragen des weißen Kleides nicht erfüllen. Hier schimmert eine viel ältere Tradition als die der christlichen Moral durch. Ursprünglich galt nämlich Weiß als eine kraftvolle Schutzfarbe. Bei der Entjungferung wird die Braut „geöffnet". Wo etwas offen ist, kann leicht ein böser Geist einfahren. Aber jenseits dieser sexuellen Ebene schwingen noch andere, viel tiefere Bedeutungen mit: Die Hochzeit stellt den Übergang zu einem neuen Lebensabschnitt dar. Bei solchen Übergängen im Leben benötigt man besonderen Schutz. Weiß ist willkommen. Nicht zuletzt soll die Braut auch das Licht in das Eheleben und die zu gründende Familie bringen.

Die Farbe Weiß zeigt sich beim Hochzeitsritual in vielen Funktionen:
- □ Die **Schutzfunktion** in Bezug auf böse Geister und Dämonen bzw. den Teufel. Alle diese Personifikationen der inneren Spannungen werden durch die Farbe des reinen Lichtes verscheucht.

- ▢ **Die Lichtbringerfunktion,** bei der das Licht die Dunkelheit erhellt. Die weiße Braut verheißt, das Licht in den grauen Alltag zu bringen. Sie stellt sozusagen die weibliche und zugleich erlöste Form des schwarzen Luziferprinzips dar.
  - ▢ **Weiß als Farbe der Vergeistigung.** In der Taufe wie bei der Hochzeit hofft man, dass der Geist Gottes sich segnend herabsenken möge.
  - ▢ **Die moralische Funktion:** Weiß ist das Unberührte, das Reine und Jungfräuliche.
  - ▢ Weiß als Schutzfarbe wird im Laufe der Geschichte zu Weiß als **Farbe des Festes, des Feierns und nicht zuletzt der Schönheit.** In Mozarts Zauberflöte wird das schöne Mädchen als weiß wie Kreide besungen.

▢ Architektur und Umgebungsgestaltung

Weiß ist eine klassische Wandfarbe, die allerdings empfindlich ist und oft kalt und steril wirkt. Weiß bietet sich stets dort in der Wohnung an, wo etwas größer und heller wirken soll oder wo viele farbliche Impulse vorherrschen (z. B. Wand mit vielen Bildern).

▢ Die Farbe Weiß mit anderen Farben

Schwarz und Weiß

Zwischen Schwarz und Weiß spielt sich das Leben ab. Beide Farben symbolisieren zugleich Anfang und Ende des Lebens. Schwarz und Weiß ziehen sich an, da sie zusammen ein Ganzes ergeben. Das sagt die Lehre des Tarot, diejenige von Yin und Yang und die analytische Psychologie C. G. Jungs. Im Schwarz und Weiß der Hochzeit wird diese Einsicht im alltäglichen Leben inszeniert.

Es liegt im Wesen der Farbe Weiß, dass sie das Dunkle sucht, um besser leuchten zu können. Weiß lebt aus seiner Kontrastwirkung zum Schwarzen. Weiß kann sich erst neben Schwarz entfalten: Reines Weiß, neben eine neutrale Farbe (wie z. B. Grau) gesetzt, wirkt nicht so weiß wie ein Weiß, das neben Schwarz gesetzt wurde. Diesen Schwarz-Weiß-Effekt nutzten die Pop-Art und Op-Art (Optical Art) aus.

Weiß und Rot

Außer zum Schwarz scheint Weiß einen Hang zur Verbindung mit Rot zu besitzen. Rot und Weiß sind die Farben der Alchemie, die die Vereinigung der Gegensätze auf die Materie projiziert.

Nach der vollzogenen Hochzeit musste in manchen Gegenden das schneeweiße Laken mit dem blutigen Fleck geradezu als Fahne öffentlich sichtbar aufgehängt werden - zum Beweis der verlorenen Unschuld und der Potenz des Bräutigams. Und natürlich zum Beweis des Vollzugs der Hochzeit. Nach katholischem Kirchenrecht ist ohne Beischlaf mit Samenerguss die Hochzeit nicht vollzogen. Das heißt, es besteht geradezu eine Verpflichtung, dass das Weiße sich befleckt und seine Unschuld verliert.

Farbmeditationen, Malen und Wahrnehmungsübungen

Meditation

Weiß ist eine Farbe der Zentrierung und der Meditation. Weiß drückt Reinheit und Klarheit aus. Die von der Idee der Reinigung und Reinheit Ergriffenen lieben Weiß als Meditationsfarbe und praktizieren die Meditation auf weißes Licht.

Malen

Man kann sich dem Weiß auch vom Malen her nähern. Malen Sie graues oder braunes Packpapier mit einem Stift oder mit Aquarell- oder Acrylfarben weiß an.

Wahrnehmungsübung

Nun schauen Sie sich diese Fläche längere Zeit genau an, und versuchen Sie, alle andere Farben zu entdecken, die im Weiß noch mitschimmern.
Danach können Sie in Entspannung mit geschlossenen Augen ein warmes Weiß vor Ihrem inneren Auge entstehen lassen, das langsam in kaltes Weiß übergeht.

Theorie

Mittelmaß

Hemmung

Niedergeschlagenheit

Totenreich

Blutleere   Trübe

Alter

Armut   Bescheidenheit

das Grauen

Angepasstsein

Tristesse   Eleganz

graue Eminenz

Graue Panther   graue Maus

Grautier   Dienen

Grauzone

Grauschleier   Nebel

Asche

Unbuntes Grau

Lage im Spektrum:	außerhalb des Spektrums[128]
	zwischen Schwarz und Weiß
Körperfarbe:	Mischfarbe besonderer Trübe
Farbreichweite:	groß (verliert langsam seinen Charakter
	bei Mischung mit anderen Farben)
Temperatur:	rein unbuntes Grau ist kalt
	buntes Grau ist eher warm (siehe Braun)
Goethes Farbenlehre:	Farbe der Theorie
Esoterische Symbolik:	Hemmung, Niedergeschlagenheit
Moderne Symbolik:	Mittelmaß
Götter:	Götter und Dämonen des Totenreichs

Farbbezeichnungen und Pigmente

Es gibt keine eigenständigen Grau-Pigmente, sondern »nur« die von Schwarz und Weiß.

Einführung

▨ Wortstamm

Das Farbwort Grau stammt vom Althochdeutschen *griseus* ab, was »gering«, »unbedeutend« und »arm« bedeutet.

▨ Bildende Kunst

Grau in grau zu malen nennt man Grisaille-Technik, man spricht auch von »der Malerei in Totfarben«. Im Hochmittelalter kam diese Technik auf, als die grauen Zisterzienser begannen, keine Buntheit in ihren Kirchen zu dulden. Das Glas der Fenster, Wände und Pfeiler wurden in Grautönen gehalten. Besonders in Totfarben gemalte Ornamente wirken wie in Stein gehauen. Giotto (di Bondone, um 1265–1337) malte zu Beginn des 14. Jahrhundert die Arena-Kapelle zu Padua mit den sieben Todsünden aus – grau in grau. Nach Giotto passt Grau zum Bösen.

In der Moderne war es Wilhelm Ostwalds (1853–1932) Verdienst, Grau als wesentliche Farbe zu erkennen. Er beobachtete, dass jede Farbe einen Grauton besitzt. Da Ostwald für die niederländische Künstlergruppe »Stijl« zur Kultfigur wurde, brachte das eine Beschäftigung der damaligen Avantgarde mit Grau mit sich. Piet Mondrian, als berühmtester Stijl-Künstler, schuf um 1918 eine Reihe monochrom grauer Bilder (»Raute mit grauer Linie«). Er brach ferner weitgehend seine Primärfarben mit Grau.

■ Farbtöne

Alle Farbtöne von fast schwarz bis fast weiß ohne Anteile bunter Farben. Die meisten Grautöne sind bei genauerer Betrachtung nicht unbunt. Es bedarf jedoch einer längeren Erfahrung mit Farben, um die farblichen Anteile in einem Grauton erkennen zu können.

Grau und Silber werden als Auto- und Produktfarben seit 1998 zunehmend beliebter. Dennoch ist Grau eine unbeliebte Farbe. Als Lieblingsfarbe wird es selten gewählt, wenn es auch in der Herren- und Damen-Mode häufig vorkommt.

Allgemeine Symbolik

Schwarz und Weiß, eine Totenschau,
Vermischt ein niederträchtig Grau.
(Johann Wolfgang von Goethe)

Seit Goethe wird Grau mit der Theorie verbunden. Es wird als blutleere, langweilige Farbe ohne Charakter abgetan. Es gilt als trübe. Weiß und Schwarz gemischt ergeben die Trübe an sich. Schwarz und Weiß erscheinen im Grau als unrein.

Mit Grau wird unfreundliches Wetter verbunden. Man sagt: »Es ist grau in grau«, und bezeichnet damit Nebel und Nieselregen. Ferner ist Grau die Farbe des Alters, mit dem man im Zeitalter der Jugendkultur auf Kriegsfuß steht. Die »Grauen Panther« nahmen diese verbreitete Assoziation wieder auf und kehrten sie ins Positive. Aber dennoch haftet der Farbe Grau der Flair des Altmodischen an.

Des Weiteren verbinden wir Grau mit Mittelmäßigkeit, wie der diskriminierende Ausdruck »graue Maus« zeigt. Grau ist zudem wie Braun Symbol der Armut und Bescheidenheit. Die Grisetten waren schlichte graue Kleider, die arme Frauen bei der Arbeit trugen. Später wurde Grisette zum Ausdruck für die billigste Prostituierte.

Mythologie, Religion und Aberglaube

Nach antiker Vorstellung sind die Toten graue Geister, die im nebligen Schattenreich der Unterwelt leben. Grau ist dem »Grauen« und »Grausen« verbunden, bei dem sich das Gesicht aschgrau verfärbt.

Goethe verbindet im »Faust« Grau mit der Theorie und Grün mit dem Leben.

Im Faschismus wurde das Grau gegenüber der Klassik positiv umgewertet. Der Jugendführer des Deutschen Reiches, Baldur von Schirach (1907–1974), lobte zum Beispiel an dem völkischen Schriftsteller und Vorreiter des Antisemitismus Adolf Bartels dessen faszinierendes »Feldgrau des Geistes«. Das so genannte Feldgrau war im Nationalsozialismus äußerst beliebt.

In unserer jüngsten Geschichte wurde Grau auf die DDR projiziert. Das stammt von dem grauen Eindruck, den DDR-Städte auf westliche Besucher machten, da die bunte Reklame fehlte.

Psychologie

Der farbpsychologisch größte Gegensatz besteht zwischen Grau, das mit trüber Stimmung verbunden wird, und Orange, das die ausufernde Lebensfreude symbolisiert.

Grau steht für Anpassung, das Mittelmaß und für das Unlebendige, in seltenen Fällen für das Differenzierte.

▨ Lieblingsfarbe

Wer Grau liebt, der setzt sich der Gefahr aus, für langweilig gehalten zu werden.

Bei Grau als Lieblingsfarbe oder wenn Sie Grau ablehnen, sollten Sie sich Folgendes fragen:

279

- Halten andere mich für farblos?
- Kann ich neutral bleiben?
- Wie angepasst bin ich?

Heilen

Grau ist keine Heilfarbe.

Tipps für den Alltag

■ Kleidung

Grau kann man immer tragen. Dabei wird Grau häufig ungerechterweise abgelehnt, aber Grautöne wirken fein und strahlen eine zurückhaltende Eleganz aus. Es sind nicht nur die Männer in grauen Anzügen aus Michael Endes Roman »Momo«, die Grau als Zeichen der Angepasstheit tragen, sondern auch farb- und modebewusste Männer und Frauen, die z. B. graue Schals, einen grauen Mohairpullover oder ein hellgraues Jackett tragen.

■ Farbtypen

Den Frühlingstyp kleiden Grautöne. Besonders stehen sie ihm gut, wenn etwas Gelb eingemischt ist, so dass sich ein Beige ergibt. Alle kalten und warmen Grautöne stehen dem Sommertyp am besten.

■ Architektur und Umgebungsgestaltung

Grau wirkt in der Raumgestaltung edel, wenn es sparsam eingesetzt wird. Zur großflächigen Nutzung als Wandfarbe ist Grau ungeeignet, es sei denn, es handelt sich um ein sehr helles Grau.

■ Unbuntes Grau mit anderen Farben

Grau wirkt harmonisch, wenn es mit kalten Farben verbunden wird.

Grau und Silber

Diese beiden Farbtöne werden oft als ähnlich wahrgenommen. In der Farbsymbolik kann Grau Silber ersetzen. Man sagt: Silber ist die Oktave von Grau.

Grau und Blau

Diese Farbkombination wirkt edel und symbolisiert Klarheit und Sachlichkeit (kühle Distanz).

Grau und Schwarz

Da wir bei dieser Farbkombination im Ton bleiben, wirkt sie harmonisch, speziell dann, wenn ein helles Grau gegen Schwarz gesetzt wird.

Farbmeditationen, Malen und Wahrnehmungsübungen

Grau verführt dazu, mit ihm zu spielen und die unterschiedlichen Graustufen herzustellen. Versuchen Sie, vom hellsten Grau bis zum dunkelsten Grau möglichst viele Grauabstufungen zu malen. Was spüren Sie bei diesen verschiedenen Grautönen? Welches ist Ihr Lieblingsgrau? Sie können auch versuchen, andere Farben in Grau einzumischen. Was beobachten Sie dabei?

Anmerkungen

1   Gelb zog schon deswegen stets Exzentriker an (zu denen viele Künstler zu zählen sind), da es auffällt. Elsa von Freitag-Loringhaven – Freundin der Schriftstellerin Djuna Barnes – benutzte grell gelbes Make up zu schwarzem Lippenstift. Alfred Jarry (Autor von »König Ubu«) erschien auf Mallarmés Begräbnis mit leuchtend gelben Schuhen.

2   Frankfurt/M. 1995, S. 14f.

3   Einer der besten Kenner der Goethe'schen Farbenlehre, der deren erste Übersetzung ins Englische vornahm.

4   Rutherfurd, Edward: *Sarum.* London 1988, S. 183.

5   Aus: Nietzsche, Friedrich: *Zur Genealogie der Moral.* Berlin 1887

6   Fest, Joachim C.: *Hitler. Eine Biographie.* Frankfurt/Main 1973

7   Gelb gilt in China als Farbe der Mitte als die ideale »gute Farbe«.

8   Für van Gogh gehört jedoch Gelb zu den Jahreszeiten Sommer und Herbst. Gelb ist bei van Gogh Hitze und Wahnsinn.

9   1990 erschienen, das maßgebliche Werk über Bleistifte.

10   Riedel, I. : *Farben.* (Kreuz Vlg.) Stuttgart 1984, S. 71.

11   In China und der TCM wird allerdings Grün – die Symbolfarbe des Elements Holz – mit der Eigenschaft sauer verbunden.

12   Brennen kann der Laie schlecht nachweisen. Üblich ist es, aus Amethysten Zitrine zu brennen. Eine Nachfärbung, wie sie bei Türkisen üblich ist, kann auch der Laie leicht nachweisen. Spucken Sie auf den Stein, und reiben Sie die Stelle mit dem Daumen wieder trocken. Sehen Sie keine Farbrückstände am Daumen, können Sie der Echtheit des Steins trauen.

13   Safran wird heute in den heißen Hochflächen Ost-Spaniens professionell angebaut.

14   Bei der Elemente-Zuordnung ist zu beachten, dass Blau nur in einem Teil der gebräuchlichen Zuordnungssysteme das Wasser symbolisiert (dann entspricht Luft Gelb, Feuer Rot und Erde Grün). Daneben gibt es andere Zuordnungen. Danach entspricht Blau der Luft – dem Himmel (Wasser ist Grün, Feuer Rot und die Erde Gelb).

15   Siehe auch die Ausführungen über den Azurit bei den blauen Steinen auf S. 75.

16   Es besteht aus gerösteten Kobalterzen, die mit Quarz und Alkali geschmolzen werden.

17   Siehe Ausführungen zum Lazurit weiter hinten im Kapitel über Steine, S. 75.

18   Klein erzählte folgende Geschichte, wie er zu seinen monochromen blauen Bildern kam: Als er als Jugendlicher mit Freunden an einem Strand bei Nizza liegt, beschließen sie, die Welt unter sich aufzuteilen. Als Meditierender konzentriert sich Klein auf das grenzenlose Blau des Himmels. Er hält es in seiner Vorstellung fest, dreht dieses unendliche Blau des Himmels um und signiert es auf der Rückseite. »Das war mein erstes blaues Bild«, sagt er. Durch die blaue Farbe des Himmels konnte er sich vollständig mit der Weite identifizieren, die zugleich Freiheit für ihn war. Klein war der Ansicht, dass jede Farbe eine lebendige Welt darstellt, und die blaue Welt ist jene der unendlichen Weite und Freiheit. Ein tiefes Ultramarin drückt für ihn diese Weite und Unendlichkeit besonders gut aus. Aus dieser Farbvorliebe entstand IKB, das er nicht nur in seinen monochromen Bildern benutzte, sondern mit dem er auch Gegenstände und Körper bemalte.

19   Blaues und durchsichtiges Glas, wie wir es heute kennen, war im gesamten Mittelalter schwierig herzustellen. Es war zugleich das wertvollste Glas, da seine Produktion teuer war. Aber um Gottes Ehre darzustellen, konnte nichts zu teuer sein, und so spendeten die Stände

eifrig für das blaue Glas der Rosetten und anderer Fenster. Das kostspielige Ingrediens für dieses Glas war Kobalt, das aus Sachsen und Böhmen importiert wurde. Die besten Sorten kamen jedoch aus Persien. Zwar nicht so intensives, aber doch hinreichend gesättigtes Blau erhielt man allerdings auch aus einem weitaus billigeren Pigment: Man benutzte dafür Mangan und Kupfer. Die meisten blauen Fenster der »normalen Kirchen« wiesen ein derart gefärbtes Glas auf. Städte, die ihre Macht demonstrieren wollten, benutzten jedoch Kobalt. Die intensive tiefe Leuchtkraft dieser Farbe konnte von nichts übertroffen werden und kam der mystischen Einstellung der damaligen Menschen entgegen. Das blaue Glas solcher Kirchenfenster wurde häufig damals als »saphirene Tafeln« oder »saphirartige Materie« bezeichnet. Dieses durchsichtige Blau sah man als dem Edelstein verwandt an. Für die Masse der Ungebildeten bestand kein Unterschied zwischen der Materie von Edelsteinen und gefärbtem Glas.

20 Nicht nur das weibliche blaue Auge zog alle Bewunderung auf sich, sondern auch blauäugige Männer wurden bewundert. Der amerikanische Schriftsteller Henry Thoreau war von den blauen Augen des amerikanischen Philosophen Amos Bronson Alcotts so fasziniert, dass er ihn als den »schönen blauen Mann« bezeichnete. Gerade in den USA zogen blauäugige Männer die Aufmerksamkeit auf sich. Immer wieder wurden Abraham Lincolns tiefblaue Augen erwähnt. Diese Reihe ließe sich fortsetzen, und nicht nur für die USA. So waren z. B. Gertrude Stein, Ernest Hemingway und James Joyce von den stechenden fischblauen Augen des englischen Autors Ford Maddox Ford fasziniert.

21 In diesen Zusammenhang passt Charles R. Darwins Feststellung, dass blauäugige Katzen meistens taub sind.

22 Zum Azurit als Pigment finden Sie Genaueres auf S. 54.

23 Informationen zum violetten Veilchen finden Sie weiter unten im Kapitel Violett, S. 160.

24 Falange ist die Kurzbezeichnung der Staatspartei unter General Franco, deren Symbolfarbe Blau war.

25 Da gibt es das Blaurot, das Blutrot, Bordeaux- und Burgunderrot, Erdbeer- und Himbeerrot, Kardinals- und Knallrot, Kirsch- und Kupferrot, Scharlach- und Zinnoberrot, um nur einige im Deutschen gebräuchliche Farbbezeichnungen anzuführen.

26 Faber, Stephanie: *Mein Farbenbuch.* Goldmann, München 1987, S. 10.

27 Dem Volksglauben nach entstand der rote Fliegenpilz aus dem Blut der verletzten Füße der fliehenden Hunnen.

28 Vgl. hierzu genauer: Vollmar, Klausbernd: *Fahrplan durch die Chakren.* (rororo 8513) Reinbek 1990; Vollmar, Klausbernd: *Chakren. Lebenskraft und Lebensfreude aus der eigenen Mitte.* (Gräfe & Unzer) München 1989; Vollmar, Klausbernd: *Chakra-Arbeit.* (Goldmann) München 1999. In diesen Büchern wird das durch Rot gekennzeichnete untere Zentrum der Lebensenergie ausführlich besprochen.

29 Gylis, Jacques: *Die Geburt. Volksglauben, Rituale und Praktiken von 1500–1900.* (Diederichs) München 1989, S. 33.

30 Reage, Pauline: *Story of O.* (Olympia Press) London o. J. (ungekürzte Ausgabe).

31 Jesaja 1, 18.

32 Aus: Holl, Adolf: *Im Keller des Heiligtums – Geschlecht und Gewalt in der Religion.* (Kreuz Vlg.) Stuttgart 1991.

33 Nach der amerikanischen Hexe Selene Silverwind: *Liebesmagie.* (Ansata Vlg.), München 2005, S. 253.

34 Nation Geographic (deutsche Ausgabe), Sept. 2007, S. 24

35 Die Mutter der englischen Königin liebte es nicht nur, fast ausnahmslos Rosa zu tragen, sie lebte dazu noch in weitgehend rosa Räumen.

36 Sie wird in den Kupferminen in Falun hergestellt und deswegen »Faluröd« genannt.

37 Plinius der Ältere: *Naturgeschichte, 2, 29*. Plinius wird von den Alchemisten gerne zitiert, da er eine Fundgrube des Volksaberglaubens darstellt.

38 8. Gesang, Hölle.

39 14. Gesang, Hölle.

40 In Indien trägt die Kriegerkaste Rot.

41 Auch Asiaten kennen rote kriegerische Götter: Die indische Mythologie schildert den Furcht erregenden Rudra, den gefährlichen Bogenschützen, der die Krankheitspfeile abschießt und ein Meister des Tötens ist. Seine andere Seite ist – wie beim gallischen Mars – die des Fruchtbarkeitsgottes.

42 Ansata Verlag, München 2007

43 Im 9. Gesang (Hölle) von Dantes *Göttliche Komödie* finden wir als Ausnahme das aggressive Rot von Frauengestalten verbildlicht. In der Hölle treten die drei blutroten Furien auf. Hier wird das aggressive Rot als Schatten des Weiblichen gesehen.

44 Vergil: *Aeneis 5, 268 f.*

45 Das Christentum prägte keine eigene Symbolik, sondern übernahm diese von seinen Vorgängern und versuchte sie umzudeuten.

46 Der rote Jungstier ist z. B. in der baskischen Mythologie der Unterweltgott.

47 Vgl. Lature Dan in der indonesischen Mythologie, der ein roter Gott ist, der in der Unterwelt wohnt.

48 Bei den Jainas in Indien trägt die Unterweltgöttin Asura-Kumara Rot.

49 Der Autor möchte hier auf eine Parallele aufmerksam machen, die John Goldolphin Bennett in seinem Buch *Witness. The Story of a Search* (Hodder and Stoughton), London 1962, S. 368, andeutet: Der Heilige Geist des Alten und Neuen Testaments ist letztendlich dem Tao der Chinesen, dem Sattva der Hindus, Zat Ullah, der heiligen Essenz des Islams, und der Harmonie der Griechen gleichzusetzen. Bei allen diesen höchsten religiösen Prinzipien geht es um Harmonie und einen Ausgleich der Gegensätze, genauso wie in der Farbenwelt Rot unter anderem den Ausgleich zwischen Licht und Finsternis und warm und kalt darstellt.

50 Jesaja 1, 18.

51 Zu Pfingsten regnete es rote Feuerzungen auf die Gemeinde Christi, was als Beseelung durch den Heiligen Geist gedeutet wurde.

52 lichtempfindlicher Farbstoff in den Stäbchen der Augen, der für die Wahrnehmung von Helligkeit zuständig ist.

53 Ragnarök, die Götterdämmerung, wird ausführlich in der *Völuspá*, einem Abschnitt der *Edda*, geschildert.

54 Ray, Clarissa: *Die persönliche Magie der Farben. Symbolkraft, Psychologie und Heilenergie.* (Edition Tramontane) Bad Münstereifel 1991, S. 41.

55 Allerdings trugen die Preußen das nach ihnen benannte Blau und die Russen Grün.

56 Hilfreich informiert über das Thema Selbstverletzung die Website *www.selbstverletzung.com.*

57 Allerdings kann der Schliff eines Granats oder Rubins dessen Farbwirkung verstärken. Leider sind exakt geschliffene Steine – hier ist der facettenartige Diamantschliff dem runden Cabochon-Schliff vorzuziehen – teuer und nicht so leicht zu bekommen.

58 Vgl. hierzu genauer: Vollmar, Klausbernd: *Das Geheimnis der Farbe Weiß. Unschuld und Verführung.* (Bruno Martin Vlg.) Südergellersen 1989, S. 43–50.

59 Zur gelben Rose siehe Hinweise weiter oben im Kapitel über die Farbe Gelb.

60 Silverwind, Selene: *Liebesmagie.* Ansata, München 2005, S. 35.

61 Chaucer, Geoffrey: *Canterbury Tales* (zweisprachige Ausgabe), (Goldmann) München 1989, I. 88 f., ferner I, 742; I, 844; I, 1076.

62 Rosenberg, Alfons: *Einführung in das Symbolverständnis. Ursymbole und ihre Wandlungen.* (Herder) Freiburg 1984, S.58 f.

63 Targum zu 1. Mose 2, 7.

64 Vgl. zum Kronen-Chakra genauer: Vollmar, Klausbernd: *Fahrplan durch die Chakren,* a. a. O.; Vollmar, Klausbernd: *Chakren,* a. a. O.; Vollmar, Klausbernd: *Chakra-Arbeit,* a. a O.

65 Vogt, Hans-Heinrich: *Farben in ihrer Geschichte.* Stuttgart 1973.

66 Ein von Eva Heller geprägter Ausdruck. Vgl. dazu: Heller, Eva: *Wie Farben wirken. Farbpsychologie, Farbsymbolik, kreative Farbgestaltung.* (Rowohlt) Reinbek 1989, S. 163.

67 Je dunkler eine Farbe ist, desto schwerer wirkt sie.

68 Diese Vorträge sind in folgendem Band vereinigt: Steiner, Rudolf: *Das Wesen der Farbe.* (Rudolf Steiner Verlag) Dornach/CH 1980.

69 In der Parabel vom armen Lazarus und dem reichen Mann tritt der Reiche in Purpur gekleidet auf (im Evangelium des Lukas).

70 28 Bogenminuten im Vergleich zu Gelb mit nur 11 Bogenminuten.

71 Hld 3, 10.

72 Ri 8, 26.

73 Dan 5, 7; 16; 29.

74 Est 8, 15.

75 Nat. Hist. IX, 39.

76 Jung, Carl Gustav: *Gesammelte Werke,* Bd. 9/I. (Walter Vlg.) Olten, Freiburg 1976, S. 334.

77 Jung, Carl Gustav: *Gesammelte Werke,* Bd. 8. (Walter Vlg.) Olten, Freiburg 31979, S. 237.

78 Eine Person wird dann von der Zahl 6 bzw. 7 geprägt, wenn die Quersumme der Ziffern ihres Geburtstages eine 6 bzw. eine 7 ergibt. Ferner kann auch der Name zahlenmäßig gedeutet werden, indem den einzelnen Buchstaben bestimmte Ziffern zugeordnet werden und dann die Quersumme dieser Ziffern bestimmt wird. Vgl. dazu genauer: CHEIRO: Das Buch der Zahlen. Vlg. Hermann Bauer, Freiburg 1973 (A:1; B:2; C:3; D:4; E:5; F:8; G:3; H:5; I:1; J:1; K:2; L:3; M:4; N:5; O:7; P:8; Q:1; R:2; S:3; T:4; U:6; V:6; W:6; X:5; Y:1; Z:7)

79 Hulke, Waltraut-Maria: *Das Farben Energiebuch.* Windpferd, Aitrang 1992, S. 12

80 Die Kirlian- oder Aurafotografie wurde von dem sowjetischen Elektroingenieur Semjon D. Kirlian entdeckt, der mit seiner Frau Walentina Krisanowa eine Apparatur zur Fotografie der auratischen Abstrahlung lebendiger Objekte konstruierte.

81 Jones, Alex: *Die Geheimnisse der Farben.* Windpferd Vlg., Aitrang 1992, S. 50.

82 Ein Meister, der im Himalaya lebt und der öffentlich Wunder wie Materialisierungen vollbringt.

83 Fromm, Erich: *Haben oder Sein. Die seelischen Grundlagen einer neuen Gesellschaft.* DVA, Stuttgart 1976.

84 Aura Soma ist eine Gruppe von Farbheilern in Lincolnshire (Fenlands), die mit farbigen ätherischen Ölen arbeitet, die sie in die entsprechenden Körperstellen einreiben. Eine der Begründerinnen dieser Gruppe war das 1991 verstorbene Medium Viky Walls, die das Buch *The Miracle of Colour Healing* schrieb, das näher in diese Farbtherapie einführt. Vgl. dazu auch: Leviton, Richard: *The Healing Energies of Color.* In: Yoga Journal, Januar/Februar 1992 (dtsch. Übersetzung dieses Artikels: *Seele in Blau.* In: Spuren Nr. 24, Fällanden/Schweiz 1992, S. 21f.; leicht gekürzt).

85   Wilson, Annie; Bek, Lilla: *Farbtherapie. Der sanfte Weg der Heilung.* Scherz Vlg., Bern, München, Wien 1984.

86   Vgl. dazu genauer: Vollmar, Klausbernd: *Fahrplan durch die Chakren.* Rowohlt Tb., Reinbek 31991 und Vollmar, Kb.: *Chakren – Lebenskraft und Lebensfreude aus der eigenen Mitte.* Gräfe & Unzer, München 31991

87   Vgl. dazu genauer: Vollmar, Klausbernd: *Schwarz - Weiß. Bedeutung und Symbolik der beiden gegensätzlichsten Farben.* (Goldmann) München 1992; ders.: *Das Geheimnis der Farbe Schwarz.* (Bruno Martin Vlg.) Südergellersen 1988. Siehe auch weiter unten, S. 204 ff.

88   Riedel, Ingrid: *Farben.* (Kreuz Vlg.) Stuttgart 1983, S. 138 f.

89   ebd. S. 139

90   Heimdahl, E.: *Licht und Farbe.* Berlin 1961.

91   Ray, Clarissa: *Die persönliche Magie der Farben. Symbolkraft, Psychologie und Heilenergie.* (Edition Tramontane) Bad Münstereifel 1991, S. 57.

92   Merlin als Zauberer trägt in alten und zeitgenössischen (Kitsch-)Darstellungen fast ausnahmslos einen violetten Zaubermantel. Oft dazu noch einen violetten spitzen Hut oder andere auffällige violette Accessoires.

93   Itten, Johannes: *Die Kunst der Farbe.* Ravensburg 1961, S. 136.

94   ebd., S. 136.

95   Frieling, Heinrich: *Mensch und Farbe.* (Wilhelm Heyne Vlg.) München 1972, S. 123.

96   Lüscher, Max: *Die Lüscher Farben – Zur Persönlichkeitsbeurteilung und Konfliktlösung.* (Mosaik Vlg.) München 1989, S. 144 f., 158 f.

97   Sun, Howard & Dorothy: *Colour Your Life.* (Piatkus) London 1992.

98   Hunt, Roland T.: *The Eighth Key to Colour. Self Analysis and Clarification Through Colour.* (L. N. Fowler & Co. Publ.) Romford/Essex 1965, S. 85.

99   Saint-Germain gab selbst vor, über eintausend Jahre alt und im Besitz hoher Zauberkräfte zu sein. Er behauptete, ein Hochgrad-Freimaurer zu sein. Den Theosophen gilt Saint-Germain als der Meister des siebten Strahls. Er wird in der theosophischen Literatur M. Rakoczi genannt und als Inkarnation von Francis und Roger Bacon angesehen.

100 Die Energie der Photonen ist von der Wellenlänge des Lichts umgekehrt proportional abhängig: Licht mit kurzer Wellenlänge besitzt höhere Energie als Licht mit langer Wellenlänge. D. h. je höher die Frequenz des Lichts, umso höher die Energie der Photonen. Dabei stellen die Photonen eine Art Atom der Lichtkorpuskel dar.

101 Frieling, Heinrich: *Mensch und Farbe.* (Heyne) München 1972, S. 121.

102 Unter ultravioletter Bestrahlung (UV-Bestrahlung) versteht man eine Bestrahlung mit unsichtbarem Licht der Wellenlänge zwischen 320 und 250 Nanometern.

103 Vgl. hierzu auch: Kraaz, Ingrid S.; Rohr, Wulfing von: *Die richtige Schwingung heilt. Das große Praxisbuch für Bach-Blüten, Farben und andere Energien.* (Goldmann) München 31989, S. 112, S. 175.

104 Muths, Christa: *Mit Farben heilen - der sanfte Weg zur Gesundheit.* (Heyne) München 21989, S. 76 f.

105 Diese Amethystbecher wurden genauso hoch wie die legendären Becher aus dem weißen Horn des Einhorns geehrt, die ebenfalls durch ihre Verfärbung tödliche Gifte anzeigten. Vgl. dazu: Vollmar, Klausbernd: *Das Geheimnis der Farbe Weiß.* (Vlg. Bruno Martin) Südergellersen 1989, S. 46.

106 Laroche, Agathe: *Die persönliche Magie der Schmucksteine. Ihre wohltuenden und heilenden Wirkungen auf den Menschen.* Edition Tramontane, Bad Münstereifel 1989, S. 33

107 Anmerkungen zum blauen Veilchen finden Sie weiter oben im Kapitel zur Farbe Blau, S. 71 f.

108 Bächtold-Stäubli, Hanns: *Handbuch des deutschen Aberglaubens.* (Walter de Gruyter) Berlin, New York 1987 (Studienausgabe), Bd. VIII, S. 1537.

109 Einen ähnlichen Brauch kennen wir von Rosenhecken, wobei die Rosen rot sein müssen.

110 Busbequius wurde berühmt, weil er die Tulpe in Europa verbreitete.

111 Dieser Heidelbeer-Farbstoff färbt Stoffe blauviolett, und zwar in einem etwas helleren und violetteren Ton als die Farbe der Beeren.

112 Goethe, Johann Wolfgang von: *Farbenlehre,* Bd. 1. (Vlg. Freies Geistesleben) Stuttgart 31984, S. 281 (§ 790).

113 R. Heiss; P. Halder: *Der Farbpyramidentest.* Stuttgart 1975.

114 Zu Safran siehe genauer im Kapitel Gelb, S. 45.

115 Gouache auf Baumwolle, 51 cm x 43 cm; Abbildung in: Rhie, Marylin M., Thurman, Robert A. F.: *Weisheit und Liebe. 1000 Jahre Kunst des tibetischen Buddhismus.* (DuMont) Köln 1996, S. 51, Abb. 14.

116 aus: *Eruditio didascalia, XII.*

117 Die Beispiele für Grün als Symbol des Anfangs und des Unreifen ließen sich noch fortführen. Vielfach gehen sie auf alchemistische Vorstellungen zurück. In der Alchemie ist es der grüne Löwe oder grüne Drache, der den Beginn des großen Werkes symbolisiert.

118 Uyldert, Mellie: *Verborgene Kräfte der Edelsteine.* (Hugendubel) München 1983, S. 61 f.

119 Werte nach DIN 5033.

120 Goethe: *Farbenlehre,* a. a. O., S. 220 (§ 566).

121 Heller, Eva: *Wie Farben wirken.* (Rowohlt) Reinbek 1989, S. 245.

122 Abschnitt über Holzschnitte und Künstler in: Erasmus von Rotterdam: *Dialog über die richtige Aussprache lateinischer und griechischer Sprache* (1528).

123 Besonders der Geister-Roman von Wilkie Collins *The Woman in White* (1862) machte weiße Schminke für die Viktorianer attraktiv. Im gleichen Jahr hatte der amerikanische Maler James Abbot McNeal Whistler Joanna Heffernan portraitiert und seinem Bild den gleichen Titel gegeben.

124 Der schauerlichen Seite der Farbe Weiß widmet Herman Melville das gesamte Kapitel 42 (H. Melville: *Moby-Dick oder: Der Wal.* Übersetzt nach dem Original. [Zweitausendeins] Frankfurt/Main 2004, S. 265-276). *Moby Dick* ist der Roman der Farbe Weiß, wie *Heinrich von Ofterdingen* das Romanfragment der Farbe Blau darstellt.

125 Neben Friedrich wandten sich zur gleichen Zeit die amerikanischen Landschaftsmaler Frederic Church und William Bradford, der Franzose Barthèlèmy Lauvergne und der Deutsche Franz Wilhelm Schirz dem Thema Eis und Polargebiete zu.

126 Bürger, E./Fiebig, J.: *Tarot – Wege des Glücks. Die Bildersprache des Waite-Tarot.* (Königsfurt Verlag) Krummwisch, 7. Aufl. 2005, S. 16 f.

127 Der Modehistoriker Philippe Perrot widmete im 19. Jahrhundert ein ganzes Kapitel seines Buches zur bürgerlichen Mode der weiß-leinenen oder weißen Baumwollleibwäsche der Frau. Er stellte in seinen Reflexionen zur weißen Wäsche die Spannung zwischen Aufstachelung und Unterdrückung der Begierde in den Vordergrund. Vgl. dazu genauer: Perrot, Philippe: *Il sopa e il sotto della borghesia,* Milano 1981.

128 Grau kann wie alle unbunten Farben nicht im Farbenkreis, aber auf einer Farbengerade dargestellt werden. Von Schwarz zu Weiß zieht sich diese Gerade, die auch Graulinie genannt wird. Vgl. dazu genauer: Küppers, Harald: Das Grundgesetz der Farbenlehre. (Dumont) Köln 1978, S. 63 ff.